校长的专业写作

谢凡/著

北京师范大学出版集团
BEIJING NORMAL UNIVERSITY PUBLISHING GROUP
北京师范大学出版社

图书在版编目（CIP）数据

校长的专业写作 / 谢凡著. —北京：北京师范大学出版社，
2023.1（2025.8 重印）
　　ISBN 978-7-303-27770-4

　　Ⅰ.①校…　Ⅱ.①谢…　Ⅲ.①中小学－校长－教育研究－
论文－写作　Ⅳ.①G632.0

中国版本图书馆 CIP 数据核字（2022）第 013844 号

出版发行：北京师范大学出版社 https://www.bnupg.com
　　　　　北京市西城区新街口外大街 12-3 号
　　　　　邮政编码：100088
印　　刷：北京虎彩文化传播有限公司
经　　销：全国新华书店
开　　本：787 mm × 1092 mm　1/16
印　　张：16.5
字　　数：272 千字
版　　次：2023 年 1 月第 1 版
印　　次：2025 年 8 月第 5 次印刷
定　　价：58.00 元

策划编辑：郭　翔　　　　　责任编辑：郭　翔
美术编辑：陈　涛　焦　丽　　装帧设计：陈　涛　焦　丽
责任校对：陈　民　　　　　责任印制：马　洁

序 1

改革开放以来，我国教育有了很大的发展，特别是教师队伍有了很大的提升。过去教师把课本中的知识讲好，就算完成了任务。现在许多教师都在研究怎么把课讲得更好，怎样既教书又育人，成为一名研究型的教师。特别是许多校长也在研究怎么把学校办好，办出特色，提高质量，办人民满意的学校。几十年来，他们积累了丰富的教育经验。许多校长和教师总想把自己的教育经验总结出来，但是既缺乏理论的指导又缺乏写作的技能，往往不能把自己的经验表达出来。《中小学管理》杂志编辑部主任谢凡有鉴于此，撰写了《校长的专业写作》一书，希望帮助校长们总结经验，发表文章。

教育实践是教育写作的源泉，如何把这个源泉挖掘出来，就要靠教育理论的指导。因此，校长在写作的时候，首先要想想，经验是从何而来的？是什么教育理论指导的？想清楚这个问题，写作就很容易了。许多校长和教师写的文章，往往就事论事，罗列事实，缺乏理论的提升。其实校长要把学校办好，教师要把课讲好，总是会有一个指导思想。把这个思想抓好，就能提纲挈领地把经验写出来。至于写作的技能技巧，就请看谢凡的《校长的专业写作》一书吧。

顾明远

2021 年 4 月 10 日

序 2

　　没有丝毫犹豫，欣然接受了为谢凡的《校长的专业写作》一书写序之邀，实在是情不自禁，是从心底涌动出来的欣赏与喜爱使然！相识十余载，一直欣赏谢凡灵动的文笔与脱俗的才气，她的写作平实不失深度，流畅不缺跌宕，自然不乏现代；喜爱谢凡纯粹的心智与怡人的热情，她的处世勤勉真诚又情浓意厚，为人柔心侠骨又思想深刻。她常年奔波在一线，深入学校了解校长，被很多校长视为挚友，相处中又常会在带给你轻松与惬意的同时一语中的。

　　谢凡的这本《校长的专业写作》问世，源于校长们的需要，亦能为校长们解疑释惑，读来突出感觉有三。

　　一是有高度，能够从专业表达的角度为校长写作建立底层支撑。

　　专业写作是校长应该具备的基本能力之一。很多优秀校长都有良好的专业表达能力，他们不仅有扎扎实实的实践，而且善于总结、反思和提炼，能够实现经验的传播；他们将研究和写作当作一种工作和生活方式，在推进学校管理和教育教学工作改进的同时，实现自我修炼和专业提升。

　　此书正是从校长领导力提升和专业成长的理论视角，阐述校长作为学校领导者不断提升自身专业写作能力的重要性。这一切入点将专业写作提升到了校长领导力发展的层面，关注如何通过专业表达来传播学校领导者的思想和观点，从而既可促进学校共同愿景的形成、办学思想的构建、教育理念的落实，又可为校长领导力的培养和提升提供一个非常有意义的理论与实践方向。书中内容既有理论高度又有实用价值，为校长提升思维水平、养成反思总结的习惯提出了可行路径。

二是针对性强，能够从专业编辑的视角提供实用、好用的解决方案。

谢凡从报社的教育记者、主编，到核心期刊的编辑部主任，多年来一直"浸泡"在一线鲜活的教育管理实践中。正因为非常熟悉校长这个群体，懂得这个群体写作的困难，知道校长在写作中容易出现的问题，因此她所写的这本书针对性非常强。

此书共有九章，各章就校长面临的各类写作需求和写作中会遇到的各种问题，逐一进行解析，给出了实用的方法指南和具体的操作策略。但是书中内容又不仅仅只是"术"的呈现，而是首先从"道"的层面告诉校长们"为什么要写"。一线校长有很多繁杂的事务，也有很多宝贵的实践经验。对于广大校长来说，在纷扰中保持一份宁静，将自己的实践经验进行系统性的总结提升，在繁重的工作中乐于阅读和写作，并将其作为提升自身专业能力的重要修炼，这是非常重要的职业素养提升与自我成长的有效路径。

那么，到底写什么？如何写？怎样写得更好？怎样做到言之有物、言之有序、言之有料？关于这些问题，书中都有"解渴"的回答。特别是此书首先从一个编者的视角，生动形象地为校长们呈现了编辑审稿视角下"好文章的模样"，让校长们在写作之前了解期刊选稿的要求和基本标准；然后详细阐述了如何写出一篇好文章，从选题的确立到标题的制作，从框架的搭建到文采的彰显，既有方法和规律的总结，也有实操技巧和实际案例。这样细致深入地对文章写作中的各个环节进行深度解剖，非专业之力无以达到。读完前面三章，你可能就会忍不住想要立即操起"笔"来一试身手。

后面几章则从校长专业写作中经常遇到的文体切入，对各种具体文体的写作方法进行分类讲解，涉及学术论文、研究报告、公文写作、管理案例、新闻通讯等各个领域，内容全面、阐述翔实、方法具体、案例鲜活，最后还不忘对校长专业文章的发表给予指导，可谓全面而精到。作为一本易懂易操作的专业写作工具书，本书对一线校长乃至教师都具有突出的实践指导意义。

三是文风典范，能够以专业写作者的笔触呈现真实生动、可学可鉴的方法。

谢凡是一位优秀的写作者。十余年前，她曾经作为报社记者采访过我，写过一篇人物通讯。这些年里，很多采访报道的文章我都已经忘记了，但当时她对我的教学思想的精准把握、对我的管理实践的生动刻画，让我最为欣赏，至今仍记忆犹新。这么多年来，我眼见她一步一个台阶地成长、成熟，从理论素养的提升到实践经验的历练，她的每一篇作品都是扎根于一线实践的精心之作。这本书也可以说是她多年理性思考与实践经验的系统总结。

本书语言自然流畅，简约而不单调，用词准确而不枯燥；文章深入浅出，丰富形象，大到研究报告，小到教育故事，没有云集的术语，没有空洞的说教，每个重要观点、每个具体方法，都会配上生动的现实案例；再加上作者一针见血地深入剖析，能够在聊天式的娓娓道来中告诉我们道理和做法，潜移默化浸润肺腑。无论是理论层面的原理解析，还是实战应用的写作方法，读来让人易于理解、乐于接受，非常适合一线教育工作者作为"案头书"随时查找翻阅。

我曾将此书的目录和其中几个篇章分享给几位校长，得到了高度赞誉，一致好评。他们说——

"常常为了写作而苦恼，费心费时费力地写了好长时间，但最终不知为何达不到效果。拿起此书，许多萦绕在头脑中的问题豁然开朗，清晰而又系统地了解了怎样才能写出一篇好的文章。"

"也许因为这些顿悟犹如许多散落的珍珠，而今终于被一条美丽的线串了起来，让它发挥了更大的价值，所以在读此书时有一种幸福感。这种幸福感让我不愿离开书桌，让我在此慢慢地享受。"

"在慢慢地品读中我感受到了一种美妙，也让我有了一种写作的冲动。"

⋯⋯⋯⋯⋯

专业阅读能让校长站在巨人的肩头思考、学习、行动，而专业写作更是一种高级的阅读反刍，是行走于教育之途的见证，是教育管理之美的思考，是对教育研究的成果记载，是相互学习借鉴的财富分享，是反思总结与提升的成长路径，更是为教育后继者的传承与发展提供素材与营养，亦是校长职业生涯美好的记录与记忆。

愿校长们都能在阅读与反思中成长，在研究与写作中"成家"，让每一篇凝聚着实践智慧的作品传播教育思想、教育理念、教育经验。让教育之根深深扎于大地，让教育之花盛开于沃土，让教育之果惠及所有的家庭和孩子！愿我们，一起遇见美好的教育，一起见证教育的美好！

（李烈，曾任国务院参事、北京第二实验小学校长，现任中国教育学会学术委员会常务副主任、中国教育学会小学教育专业委员会理事长、北京市正泽学校校长）

前　言

　　作为一名资深编辑，每次打开邮箱，我都会被一些稿件"惊艳"，也会狠下心"枪毙"许多稿件。时日久了，编与审的稿件多了，便会自然生成一种对稿件的敏感性。有的文章只需粗略浏览一遍，便知道它是不是符合用稿需求；有些文章则需要经过反复推敲，才能发掘其内在价值；还有一些文章可能顺利通过了初审，但是在编辑部的议稿会上又被集体"枪毙"……对于一本专业期刊来说，一篇好稿件的出炉往往要历经"千锤百炼"。

　　作为一个长期与文字打交道的人，我自然深解写作之苦。我也知道，每一篇稿件背后都有一颗跃动的心灵，作者愿意耐得冷板凳，将读、写、思视作生命的意义，于热闹和繁华之间为自己保留一份独立思考的空间，这原本就格外难能可贵。因此，对于一些具有"挽救"可能的稿件，我也会努力从文章中找寻其独特的亮点与价值，为作者提供详尽的修改意见，进而引导作者完成一篇优质作品。但是更多时候则心有余而力不足。对于大量的稿件，每位编辑终究无法做到一一回复、个别建言，而那些笼而统之的回复意见由于缺乏针对性，往往无法真正满足作者希望得到具体写作指导的愿望。

　　"写作指导"的需求在校园里也极为普遍。在报社、期刊社工作的这二十年里，我走访了全国各地各种类型的几百所中小学校。在与一线校长和教师们交流时，我经常深切地感受到他们"想写"而又"不会写"的苦恼。我也曾在许许多多电话和无数条信息中，反反复复回应相似的"写什么"与"如何写"的诉求。

我们常说，一位好校长要勤思、肯做、能说、善写，但是"写"始终是一块难以突破的短板。如何基于自己的学校管理和教育教学实践开展研究，如何梳理自己的反思与感悟，将其上升为系统性的经验，是许多校长难以跨越的一道"坎"。我越来越感觉到，在校长和教师专业成长的链条上，"写作"这一环的指导是缺失的，一线教育工作者们极为渴望得到专业、具体而又翔实的写作指导。

于是，我基于这些年来写稿、编稿、审稿的一些所见所思，将自己对于专业写作的理解以及实践进行系统总结，在一些校长和教师的培训中探索进行"实践研究与专业表达"的分享，同时针对部分地区和学校的需求开展了一些专业讲座。但是，由于每次讲座时间有限，而且需要覆盖全体，很多时候只能停留在基本原则和实施路径的普遍性传递上，针对不同个体的启示和指导极为有限。

当然，目前市面上有各式各样的写作类书籍出版，各类 App 中也有不少关于写作的研修训练，但是其中最热门的，多是与时俱进地教授大众如何讲故事、写"流量文章"。这些内容并不能满足校长和教师进行经验总结、写学术论文的需求。因此，近几年也有一些理论研究者和实践工作者针对教师群体的写作需求，零零散散出版了为数不多的指导教师开展研究与写作的书籍，但是目前还没有一本专门针对校长群体的写作指导书。这也是我下决心写这本书的初衷。

校长由于工作岗位、性质、内容、方式等的不同，他们的写作角度、写作内容和表达方式与教师还是有较大差异的。本书主要针对校长这一特定群体，根据校长工作中所要面临的与"写"有关的内容进行框架搭建。书中内容既包括普遍意义上的写作方法论，也有针对校长具体工作中相关写作需求的分层解读；既有理论层面的规律性梳理，也有实践层面的案例剖析。除了带领校长们从期刊编辑的视角来审视优质稿件的根本特征，探寻一篇专业文章的写作路径，了解学术论文的基本规范，而且基于校长日常工作中经常遇到的应用文体写作分门别类进行介绍，如研究报告、日常公文、教育故事、学术专著等的撰写，此外还为校长们呈现了如何利用微信公众号等传播媒介进行学校宣传，以及论文投稿与发表中的一些注意事项。

需要说明的是，本书中所指的校长，是学校管理者的统称，不仅包括学校的正职书记、校长，而且包括在学校负责各项专门工作的副校长，以及中层干部、年级组长、学科组长、备课组长等各层级管理者，对于学科教师如何跳出本学科开展教学研究、进行经验提炼也提供了较为具体实用的指导。

因此，这本书既可以作为"初始化阶段"的写作入门书，也可以作为"进阶与提升"的写作工具书，还可以作为校长和教师"从工作实践走向理论表达"的指导手册，希望能够对学校管理者和一线教师写作能力的提升有所助益。

目　录

一、专业写作的力量：一项赋能成长的自我修炼　　　　1

(一)写作力是终身受用的能力　　　　1

(二)支撑写作能力的几个关键要素　　　　7

(三)教育写作是一种专业表达　　　　8

(四)专业表达力是重要的校长领导力　　　　12

二、专业写作的追求：好文章到底什么模样　　　　18

(一)衡量文章优劣的编辑视角　　　　18

(二)优质专业写作的内在特质　　　　22

(三)专业写作要从转换思维方式开始　　　　27

(四)优质素材来源于日积月累　　　　37

三、专业写作的路径：好文章是怎样炼成的　　　　40

(一)寻找和提炼有价值的选题　　　　40

(二)好标题可以让文章神采飞扬　　　　54

(三)框架结构体现着思维逻辑　　　　57

（四）干练的开头和有力的结尾　62

（五）如何让你的文章更具文采　66

（六）好文章是反复修订的结果　71

四、了解基本规范：写出高质量的学术论文　82

（一）学术论文的"八股"结构　82

（二）摘要写作重在展示"精要特色"　87

（三）文献综述的写作要点　92

（四）寻找数据背后的故事　97

（五）呈现更有价值的结论和建议　104

（六）参考文献著录有矩可循　110

五、提炼教研成果：呈现规范化的研究报告　114

（一）课题研究报告的撰写要点　114

（二）教育教学成果的提炼与表述　124

（三）出版自己的学术专著　129

六、对接关键事务：轻松驾驭日常公文写作　137

（一）如何写一份有效的工作计划　137

（二）述职报告不要写成流水账　144

（三）讲话稿怎样写更有力量　148

（四）写出一份优质的规划方案　156

（五）常用公文写作要遵循基本规范　165

七、讲好教育故事：实现教育经验的理论表达　169

（一）教育叙事：讲出故事背后的意义　169

（二）管理案例：凸显典型情境的独特价值　177

（三）教育反思：记录高质量的工作日志　184

八、做好新闻宣传：提升学校的"颜值度" 192

　(一)写好消息：让公众号上的新闻亮点纷呈 193

　(二)写好通讯：让师生成为校园新闻的主角 197

　(三)案例分析：校园里的人和事可以这样写 202

九、走向专业发表：让文章赢得编辑青睐 215

　(一)知己知彼：与高契合度的期刊完美相遇 215

　(二)彼此读懂：如何更好地与编辑互动 218

　(三)坚持原创：避免学术不端行为 221

后　记 229

参考文献 232

附录 1：关于专业表达 234

附录 2：关于专业成长 241

一、专业写作的力量：一项
赋能成长的自我修炼

有人说，当代社会最重要的能力是表达能力。写作作为一种书面表达方式，也愈发凸显其价值和意义。对于教育领域的工作者而言，写作又被赋予了独特的内涵，教育写作成为一种更加专业的表达方式。

很多人对此心有疑虑：我离开学校走上工作岗位后，工作内容好像与写作没有多大的关联度，这时候还需要再写作吗？其实，每个人的生活和工作中，都离不开"写"的任务。个人简历、竞职演说要写，工作总结、述职报告要写，给孩子的家庭评语、与老师的微信沟通要写。无论是详略得当、逻辑有序、辞章真切的工作报告，还是写给孩子的一封爱与力量并存的温暖书信，还是日常互动中恰如其分的表达沟通，都是一个人能力和水平的彰显。当舞台已经铺设好时，你需要足够的能量翩翩起舞，而写作能够赋予你充足的底气。

因此，我们需要从一个更加专业的视角来谈谈写作。

（一）写作力是终身受用的能力

近几年，写作似乎变成了一件挺热门的事情。有些人通过写作打造了百万粉丝公众号，有些人靠着妙笔生花，不仅年入千万，而且成功创业……各种 App 里的"成功学"课程和写作公开课，一些热门畅销书中通过写作打造个人品牌的"花式励志"，既激荡人心，也让人不由地衍生出一些焦虑感。

写作是一项重要的能力，也是我们从小到大必须面对的功课。无论你喜欢还是抗拒，我们都曾在语文老师的严格教导下，经历了各种文体的训练和检验。写作水

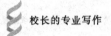

平不仅仅反映着一个人的语言文字功底、遣词造句能力，而且综合考验着一个人的素养底蕴和思维水平。然而，大多数人都知其重要，却很少有人愿意花工夫去提升。因为这似乎又是一个人人都"会"的技能，只要具备基础的语言文字能力，每个人都提笔能写，从应考作文到毕业论文，勉强过关好像也不是难事。

　　的确，不是每个人都需要将写作当作谋生的工具。那么，对一个成年人来说，为什么我们一定要再谈写作呢？对于教育工作者而言，又为什么一定要去写作呢？对于校长而言，写作又有什么重要意义呢？

1. 写作是一种表达方式

　　每个人都有自己与世界沟通的方式。这是一种表达。所谓表达，就是表示思想或者感情。对人、对事、对自然、对万物，呈现我们的所思、所想、所悟、所感，这是一种情绪的交流和情感的互动。画笔、音符、文字，都是一种表达，而写作是一种更容易被"读懂"，也更容易引起共鸣的表达方式。

(1) 写作是生活的记录

　　人生行旅，从来没有回程票。为了让每一步足迹刻画印痕，很多人用"日记"的方式来积攒回忆。毕竟好记性不如烂笔头。当然，这是一种没有特别规定性的记录，随心随意就好。小时候老师布置写日记的作业，我们总是将它当作必须要完成的功课；青春期里，很多少男少女都还有一本不为人知的"秘密日记"，避开父母审视的目光悄悄书写，寻找一个隐蔽的角落收藏。从初中到高中的那段时间，我曾经留下了十余本日记和两本青春诗集。虽然后来再翻起时，记忆早已云淡风轻，但是那些文字却忠实地记录了一个少年的成长。

　　如今，技术的迭代更新，不断刷新各种记录方式，从博客到微博，到微信朋友圈，都可以成为心路历程的"日记本"。只不过网络之上无私密，更多的人将其作为一种展示"人设"的工具。因为关乎个人形象甚至内涵品位，所以便需要多一些字斟句酌，与私密日记相比，这些表达虽说多了些刻意的味道，但也增加了一些对文字的追求。

(2) 写作是工作的复盘

　　复盘是一个围棋术语，近两年用得比较多。所谓复盘，就是一盘棋下过之后的复演，在呈现"过程"与设计思路的同时，检查优劣得失，为再一次的对弈寻找最佳方案。记录工作日志，就是一种很好的复盘。在日复一日的重复性工作中，很多人容易陷入"忙、茫、盲"的状态。动笔写，需要调动脑回路，回顾细节、反思得失，记录的过程，既是一种有意识的梳理，也完成了一次无意识的检视。当然，我们也没必要刻意追求某种固定周期或者特定形式，毕竟不是每件事都需要通过文字复盘，天天复盘也难以持续，详略可视事情重要程度而定，周期亦可因人而异。

苏格拉底曾说，未经审视的人生不值得过。反思之于成长和成功的意义，很多著作中都有专门论述。没有自觉的反思，难有真正的成长。站在过往经验与成绩的高墙上，避免多次跳进同样的错误河流，才能实现不断的超越。写作，既是反思的起点，也是反思的过程和结果。

(3) 写作是思维的舞蹈

我们经常在听一些人即兴演讲或者陈述观点时，感叹其"思路清晰"；也会在看到一些文章时，夸赞其"逻辑严谨"。这体现的就是一种精准的"表情达意"能力。有很多人习惯性地将"表达不清晰"或者"逻辑混乱"的问题，归结于自己"不会写""不会说""不擅长表达"。其实，呈现在文章中的思路和逻辑，体现的是一个人的思维过程。思维能力的高低，决定着表达水平，决定着一个人是否能够"讲得清楚""写得明白"。

要写得清晰明了，首先要想得清楚通透。"动笔写"的过程，倒逼着我们要思考"是什么""为什么""怎么样"。这样的表达常态，是一种非常好的思维训练，也会让我们在自然中养成习惯，在习惯中提升能力。

2. 对写作的认识误区

这是一个好像什么都可以"速成"的年代。前一阵子，有朋友给我发来两个关于"写作训练营"和"培养写作高手"的推介页面，向我咨询是不是值得去体验一下。因为好奇一些"网络大V"如何将写作这件事打造成"网红品牌"，我也曾经专门在某App购买了一个包括九节课内容的"写作课程"，买回几本关于"写作投资""高效写作"的书籍。不得不承认，很多课程内容鲜活，通俗易懂，讲得也颇具渲染性，让人很容易"心动"。但是不知道为什么，这种批量化"生产故事"的经验，却与我当初读清华大学李希光教授的《找故事的艺术》有完全不一样的感觉。

为什么会这样？我想，可能最主要的原因在于价值认知的差异吧。对于写作这件事，初心不同，路径不同，结果可能也会大相径庭。因此当下谈写作，尤其是教育者的写作，我觉得有几个我们不得不说的误区。

(1)误区一：将写作当作成功的捷径

借助微信公众号的红利，一批写手脱颖而出，有一些人得以凭借"10W＋"的故事"扬名立万"，踏上人生坦途。其中当然不乏以笔躬耕勤奋写作的人。以笔为刀，让伏案写作的"爬格子"之苦成为可以炫耀的技能，这本身也是对写作者最大的褒奖。但不可避免的是，有一部分人抱着投机心理，为收割粉丝、赢得赞赏，刻意迎合受众的猎奇心理，故意制造吸引眼球的故事情节，精心包装博人情绪情感的标题，甚至出现丢弃学术伦理的照搬照抄。这样的内容或许可以赢得短暂的"红利"，但绝对不会留存永恒的价值。

教育是一项严肃的事业，教育者的写作也是一件认真严谨的事情。躬耕笔端，可以助推你跨越成长的阶梯，但写作却绝非成功之捷径。时下有些所谓"名师"希望以"名作佳篇"包装人生履历，但却又耐不得坐冷板凳的清冷寂寞，因此将急功近利的人生追求，转化成了铤而走险的抄袭行动。这样的"写作"方式是我们坚决摒弃的。毕竟为人做事，真实真诚为首要品质。

(2)误区二：写作一定需要有天赋

很多人认为写作与绘画、音乐一样，一定是需要天赋异禀来助力的。而那些拥有天赋的人，必定会出口成章、下笔有神，"七步之内"成就锦绣文章。在我看来，这实在是另一种误读。我们不否认确实存在一些文学天才、"鬼才"。但这毕竟只是极少数。对于更多的普通人而言，只要能进行基础的语言表达，只要具有强烈的表达愿望，都可以写出属于自己的文章。只不过在成长过程中，有一部分人经常被鼓励着表达，在表达后又屡屡得到鼓励，因而这一部分人的能力得到更好的彰显。另一部分人则因为表达中的偶尔出错或者遭遇障碍，又恰好遇到了挑剔的家长或者教师，这部分人的能力被逐渐压抑。而很多时候，"不擅长表达"又可以成为解释某一项失败的"护身符"，于是很多人便理所当然地为自己贴上"不能写"的标签。真实情况是，表达是一种天性，而"善写者"只是充分彰显了天性。

(3)误区三：写作是一件可以轻松完成的事情

作为一位职业文字工作者，我经常遇到一些"被求助"的时候，甚至不分行业，只要跟文字沾边的事情，便有人来寻求帮助。因为不愿辜负信任，大部分时候，我都会答应下来。只是有时候遇到工作特别忙，手头又堆积了许多待完成的稿件时，便只好婉拒。这时候我经常会遭遇一些反问：对你来说，写一篇文章还不是分分钟完成的事情吗？面对此种"不解"，我常常感觉好气又好笑。是啊，在行外人看来，那些专门与文字打交道，每天看稿、写稿、审稿的人，定是腹有诗书、妙笔生花，随时都可以洋洋洒洒、下笔千言。其实这是对写作这件事情的一个很大误解。

写作实在是一件无比劳神劳心的事情，既消耗脑力，更考验体力。在我看来，写作其实是一项笨功夫。每写一篇文章，从收集整理素材、酝酿构思框架、字斟句酌成文、反复推敲修改，都需要全身心投入，其时间长短因内容、因篇幅又有不同，少则一天，多则一周甚至月余。写小说、剧本则另当别论。而且在这个过程中，你的大脑和潜意识会不由自主、不受控制地被这件事情占据，时不时跳出的字句、思路，可能会在散步时、做饭时，在飞机和高铁上。个中滋味，唯有身处其中，才能真正体会和懂得。讲述写作之"难"，并非想刻意设置写文章的门槛，而是想提醒大家，从来没有轻轻松松的文章，只有踏踏实实的精进。行文如此，为人做事亦如此。

3. 每个人都能写出好文章

提笔"犯怵"，是很多人的常见问题。其实，只要你愿意写，你就可以写。写作是一件大多数人都能学会的事情，就像我们能够用语言传递情感一样，你也可以用文字交流思想。以我手写我心，就是写作的意义。

说话是一种口头表达，写作是一种书面表达。二者有一些共通之处。例如，都要求表达有内容、表达要清晰，目的是让人愿意听、愿意读，而且听了、读了之后有所收获。一个人在现场讲话或者即兴演讲时，是表达清晰、逻辑严谨、妙语连珠，还是思路凌乱、层次不清、啰里啰唆，一听便知。书面表达则需要从说的层面转化为写的层面，也就是用文字讲述故事、呈现思想。一篇文章是行云流水、文辞优美，还是不知所云、文句不畅，一看便知。

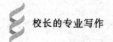

当然，擅长文字书写的人不一定能言善辩，我们周围那些看起来"能说会道"的人，文字表达能力并不一定就很强。打通"说"与"写"之间的通道，从舌灿莲花走向笔下生花，是需要一些技巧性训练的。另外，"会写"也不等同于"写好"。要写出精彩的文章，需要掌握一定的方法或者规律。一些专门的训练可以为你锦上添花。但是要真正做到表达得体而有效，最终考验的是"胸中藏点墨"，需要"肚子里有货"，也就是需要一定的底蕴和内涵作为底层支撑，这样才能让随心而至的文字带着个人的体温，形成独特的风格与特色。

对于接受过基本的语言与文字训练的教育工作者而言，只要你有写作的愿望，并且愿意为之付出努力，每个人都可以写出好文章来。

4. 写作是一项可以训练的技能

我们是在游泳中学会游泳的，同样，写作也需要在写作中学习。即使从事与文字打交道的工作或者曾经喜好写作的人也会有这样的感觉：长时间不写，再拿起时难免会感觉生涩。很多坚持反思和记录的人，也会有特别明显的感觉，不仅对文字的运用在不知不觉间更加游刃有余，而且越写越有感觉，偶尔不写，反而会若有所失。有个朋友加入了一个写作群，督促自己每日写作，据说坚持一段时间之后，感觉颇为受益。

的确，写作是一项值得期待的长期性复利。虽然短期内不一定能看到成果，但收获与成长终会显现。以我自己为例，这些年因为工作性质的原因，我一直坚持书写的习惯。工作中必须要完成的"规定动作"，训练了我对问题的敏锐感，也训练了我能够快速梳理文章逻辑框架的思维力。此外，在日常生活中我还为自己设定了一些"自选动作"。例如，有一段时间，我坚持进行有意识的短文章写作训练，尝试将无主题式的随想随记，调整为主题明确的成文表达。哪怕是游记类随笔，也努力做到以特定主题连接起情感的流露，实现意义的提升。这样的坚持，不仅让我在电脑文件夹里积累了一批随笔文章，而且我发现自己在写作评论和期刊卷首语时能够快速聚焦主题，并且收放自如、自然行文。这就是有意识训练的结果。

写作是一项可以通过训练得到提升的技能。卖油翁的一句"我亦无他，惟手熟尔"，道出了熟能生巧这样一个朴素的真理。写作训练，就是一个很好的印证。

（二）支撑写作能力的几个关键要素

关于如何写出一篇好文章，后面章节会专门进行介绍。这里我想先跟大家交流的，是写作技巧之外的一些关键要素。也可以说，它们是写好文章的底层支撑。

1. 要有一颗好奇的心

好奇心决定着一个人触摸世界的方式。具体到写作上，它决定着"写什么"的问题，是主题的生发点。因为葆有好奇心，所以会驱动我们去探索未知，感知万事万物之多彩，探知细枝末节之变化，而这正是写作的动力之源。文章是情感的表达，一个对周围世界麻木不仁的人，一个对生活没有活力和热情的人，笔端自然也是枯竭的。在这一点上，成人要向孩童学习，心怀敬畏与渴望，以"纯真之心"观察世界，以"求知之心"直面困惑，以"发现之心"探究本质。

此外，我们还要拥有开放的心态，面对新事物不固守成见。要通过不断学习，在"不足之处"扩展自己的好奇心。英国作家伊恩·莱斯利在《好奇心》一书中提出，"好奇心"也遵循着"马太效应"，即随着年龄增长，好奇心也呈现两极分化的趋势，强者愈强，弱者愈弱。这也提醒我们，丢掉了好奇心，也意味着逐渐放弃了对生活的热爱。

2. 要有一双敏锐的眼

要写出好文章，需要有善于观察的眼睛，能够于寻常处发现不寻常，善于从不同视角观察事物之样貌，擅长洞察问题与本质，由此才能形成自己的独特观点。我们常说，这个世界不缺少真善美，缺少的是善于发现的眼睛。在习作教学中，教师通常要求学生通过仔细观察来完成细节的描写。成年人在写作时也要有善于观察的意识。我们需要时常保持一份对生活的敏锐感，体察人生百态、周遭事物。敏锐感的历练，需要知识储备，这决定一个人认知所能达到的高度。写作的习惯，又反过来会训练我们对事物的敏锐度。

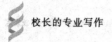

3. 要有一个善思的大脑

很多人经常会感叹，相遇相同的风景，看到同样的事物，为什么有些人能够拥有比常人更深刻的判断？经历相似的事情，感受一样的悲欢，为什么有些人能够写出激荡人心的文字？差别在哪里？就在于有没有思考。大脑提供了人类思考的导航系统，这让每个人都具有思考的能量，正如法国哲学家帕斯卡尔所说："人是一根能思想的苇草。"但是许多人要么不思不想，将动脑视为额外劳动；要么人云亦云，跟着外界的声音东跑西倒。善思者，才能拥有独立的判断，表达有创意的观点，写出有较高立意的文章，并且经受得起实践的检验。

4. 要有一支勤奋的笔

相比玩手机、看电视，写作实在是一件耗时、耗神、耗力的事情。连续几小时伏案专注于笔端，考验着意志力，斗争着惰性，所以，偶尔为之者多，笔耕不辍者少。如今新技术的广泛应用，传统的纸笔写作者已经很少了，更多的人已经习惯了在电脑前敲击键盘来书写。技术助力，确实带来诸多便捷。比如，写作过程中，可以跟随思路随时更正字句、调整顺序；文档结构图让我们可以清晰地把握文章框架；修改中采用带修订模式，可以给你"反悔"的机会。此外，还有许多软件方便了我们日常的记录，如手机中的备忘录、印象笔记等，可以帮助我们将许多碎片化时间充分利用起来，实现随时随地的记录。只要你肯动笔，勤奋与坚持也绝不会辜负你。

（三）教育写作是一种专业表达

我在教育类报社和期刊社工作近二十年，走进过几百所学校，也结识了几百位校长和许多名师大家，在总结和梳理一些校长的成长历程与经验得失的过程中，我们也发现了一些规律。其中很重要的一个规律，就是这些优秀校长都有良好的坚持阅读和书写的习惯。他们不仅"敢想""会做"，而且"能说""善写"。他们不仅善于琢磨，有脚踏实地的实践，而且善于梳理方法、总结规律，能够从事情中提炼意义，然后通过精准而专业的表达（包括言说与写作），让经验得到传播，让价值得以彰显。

　　这促使我开始重新思考"写作"这件事。我想，对教育者而言，我们可以换一个视角来看"教育写作"。也就是说，教育写作不仅仅只是一种言说工具，也不只是校长和教师为了课题结题或者职称评定必须要应对的任务或者差事，如果能够将其作为一种工作和生活方式，那么它完全可以成为教育者进行自我修炼和推动工作改进的"超能秘籍"。

1. 校长为什么要进行专业写作

　　顾名思义，所谓教育写作，即以教育为核心内容，围绕教育生活开展的写作。与日常写作相比，教育写作具有更加特定和聚焦的内涵。具体来说，就是指教育者通过思考并记录日常教育教学生活中的关键人物和关键事件，以专业的方式讲述教育故事，更有效地阐述思想、反映事实、传播经验。我们将这种以"专业性"讲述"专业故事"的表达方式，称作专业写作。

　　我们为什么要倡导校长进行专业写作？

　　(1) 专业写作有助于解决实践问题，梳理教育规律

　　专业写作不仅仅意味着一篇专业性文章的完成，更重要的是其背后呈现的研究与思考。没有真实、完整、清晰的研究过程，就难以有精准、恰切、真诚的专业写作。因此，要走向专业写作，教育者需要从现象中发现问题，在经历原因探析、行动改进、效果评估的过程后，总结规律、提炼方法，呈现对一类问题的实践行动和理性思考。这是专业写作的过程，同时也是一个研究逻辑。那么，校长们是要像"救火队员"一样，被动应对层出不穷的问题，还是主动将问题转化为"时机"，以研究的方式解决问题，以专业写作的方式总结得失、生成经验，从而为实践工作提供参考？我想，后者是一种更加令我们期待和向往的工作和生活方式。

　　(2) 专业写作有利于促进深度反思，提升思维品质

　　写作与思维水平的关联性前文已有介绍。专业写作的深刻，发端于思考的深度。浅表化的思维，写不出专业的文章。因此，要实现专业写作，校长要善于思考、勤于琢磨。如何从常规事务和各种突发事件中发现管理中的难题与困惑？这是偶然出现的现象，还是长久存在的问题？是哪些原因导致了这一问题的产生？最本

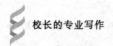

质的原因是什么？这个问题我可以解决吗？如果可以解决，我该怎么做？如果不可以解决，为什么？在解决问题的过程中我会遇到哪些困难？我的解决策略有效吗？我该如何进行效果检验？……当这样的追问成为常态，不仅可以使校长的专业写作更有深度，而且可以成为一种非常有效的思维训练方法。

(3)专业写作有利于克服职业倦怠，建立专业自信

周而复始的循环容易消磨掉工作激情，对校长也是如此。我们都需要一些成长感和成就感，来为日复一日的琐碎日常补充能量。专业写作的需求促使校长成为有心人，能够以好奇心去观察校园里一个个鲜活的生命，千方百计寻找激发他们拔节生长的力量；以敏锐感去发现那些教学智慧，想方设法点燃那一簇簇源自实践的火光。我们常说，一念花开，一念山水，换一个视角投身教育实践，可以让自己保持一种持续兴奋的状态。沉浸于教育生活并且持续进行专业写作的人，不仅不易倦怠，而且会不断为自己寻找到新的生长点，在成长的过程中体会到更多成就感。

(4)专业写作有利于形成个人品牌，实现专业发展

教育写作可以更好地为个人品牌赋能。综观我们所熟知的一些名师大家的教育人生，我们不难发现，他们不仅在教育改革的征途上砥砺前行，而且饱读诗书、著作等身。例如，我们从《给教师的一百条建议》《和青年校长的谈话》等著作中，读懂了苏霍姆林斯基这位教育家的爱与智慧；从《中国教育改造》《普及现代生活教育之路及其方案》等著作中，读懂了陶行知先生"捧着一颗心来，不带半根草去"、为中国教育探新路的赤子之忱；从《情境教育的诗篇》《为儿童的学习》等著作中，读懂了李吉林老师为儿童快乐、高效学习而不懈探索的初心与执着；从《语文教学谈艺录》《于漪文集》等著作中，读懂了"人民教育家"于漪老师的使命与情怀……基于自己的教育教学思考和实践进行专业写作，是教育家型校长成长的必由之路。正如著名教育家何炳章先生所说："谁害怕在'笔头'上用功夫，谁就很难在更高层次上造就自己。"

很多时候，当我们转换一个视角，世界可能就会在我们面前打开另一扇窗。专业写作其实离校长并不遥远，它是校长日常生活和工作的一部分，也可以成为推动我们不断攀登的一级级台阶。有一天，当你站在某个至高点上，再回头时或许会发现，噢，不知不觉已经走了那么远。其中，专业写作功不可没。

2. 校长为什么"不愿动笔"

一线校长们对待写论文的态度不一而足。对写作"敬而远之"的校长不在少数。在很多人心里，当初有多怕作文，现在就有多怕动笔写作。有些校长也知道应该勤记多写，但却迟迟无法行动。还有一些校长则"不屑一顾"，认为当校长关键靠"实战"，并且打心眼儿里看不上那些只知"坐而论道"的书生型校长。梳理校长们"不愿动笔"的原因，大致有如下几种。

(1)事务太多不愿写

对校长而言，忙碌似乎是一种常态。没完没了的会议，接连不断的文件，层出不穷的事务，使校长们经常在校园内外疲于奔命。因此，"事情那么多，哪有时间写"，就成为一种习惯性话语。现在已经有越来越多的学校开始意识到对外展示的重要性，学校日常的文件起草、课题报告、特色工作总结甚至校长的讲话稿等，多被作为一项工作任务分配给办公室或者教科室。那么，校长们什么时候真正为写作挠头？那必定是职称评定的紧急关口。"书到用时方恨少"，没有研究成果的积累积淀，成为阻挡晋升通道的一个"硬伤"。而那些临时将工作总结改头换面拼凑而成的"应付性"文章，则往往因为内容"掺水"、表达欠缺，质量难以得到保证，也难得编辑青睐。

(2)工作琐碎没得写

我们经常也会遇到一些想动笔但却苦于"无米下炊"的校长，他们最发愁的是"写什么"。"日常工作平凡琐碎，没啥可写的"，是这一类校长经常挂在嘴边的话语。的确，学校的常态工作并不都是"翻天覆地"的课程课堂变革、学校改进行动，而是具体到每学年、每学期、每个月、每一周的教育教学计划，具体到看得见的教研活动、集体备课、推门听课，具体到例行的班子会、中层会、教师会，具体到必须要应对的来自各层面的检查督导。如何将常态化管理做到高效化、精致化，往往最考验校长的领导力。但是校校皆如此的常规动作中，如何能找到创新点，则是校长在写作中最头痛的事。因此，花较大篇幅去罗列学校花样繁多、琐碎零散的主题活动，便成为实践类文章中的常见内容。而这类文章，通常难入编辑法眼。

(3)事情能做不会写

在中小学管理实践中，能做不能写的校长占了大多数，这从校长们投稿的文章

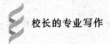

质量就可见一斑。基层的很多校长都有扎扎实实的管理经验，他们能够让一所所薄弱学校突飞猛进，让一所所新建学校快速踏上发展轨道，让一所所传统老校焕发新颜。他们带领教师构筑课程、变革课堂，为教师搭建专业成长的平台，给学生提供多元发展的空间，让师生在校园里幸福成长。行走在一线，我们经常会为这样的校长而感动，他们以自己的辛勤耕耘，让我们看到了教育的美好模样。办学治校的智慧需要总结，也需要广为传播，这不仅是对实践的尊重，也可以让更多的后来者受益。但是当我们鼓励校长们总结梳理自己的管理思想时，他们却直摇头，"事情没少做，让我讲可以，写不出来啊"。

（4）提炼不够不善写

现在很多校长已经逐渐意识到"动笔写"的重要性，并且将经常性的教育教学反思，作为提升教师专业素养与能力的一项基本要求。但是由于校长自己很少动笔，自然无法以身作则，更别说提供具体指导了，因此对教师的硬性要求就显得颇为无力。这也促使很多校长萌生了"写"的愿望。但是由于担心"理论水平达不到，实在写不好"，由此导致不敢写的校长不在少数。如何将多年累积的实践经验上升为管理方法，如何梳理从实践中生长的思想和理念，如何总结学校课程开发、课堂教学变革的规律，如何从事件中提炼价值和意义？这是校长们在走向专业写作时难以突破的一道坎，也是从事务性经验表达走向理实相融式表达的一个转折点。

（四）专业表达力是重要的校长领导力

在一个组织中，领导者的领导力是决定组织强弱的关键因素。针对校长领导力，近年来一些学者对价值领导力、道德领导力、文化领导力、课程领导力、教学领导力、空间领导力等方面，都有不同程度的关注，这也是社会发展、时代变迁、教育变革赋予校长的责任与使命。在此基础上，我们提出了校长专业表达力的概念。校长能够用专业的方式讲述学校故事，这是一种能力和素养，也是校长领导力的一项重要内容。

1. 基于专业表达的校长领导力提升

校长的专业表达力是否重要？针对这一问题，可能会存在一些不同的声音。因为在一些人看来，专业表达力是一种与"主业"相关度不高、稍显边缘化的领导力。譬如，针对职称评定对学术论文的硬性要求就一直存在不同观点。这一要求的初衷是将论文发表作为职业评价的补充，全方位考查校长的理论水平及实践经验。我们虽然反对"唯论文"倾向，即用单一的学术论文去衡量校长的专业素质，反对"硬挂钩"以及由此衍生的形式主义，甚至抄袭论文、采取不正当手段发表论文等现象。但是，我们也必须承认，那些扎根在实践土壤中写出的优质论文，确实是校长研究能力的重要体现。不擅长专业表达的未必不是好校长，但是那些优秀的教育家型校长一定是既能埋头实践又能仰望星空的校长，他们既有办好每一所学校的智慧，又善于在实践的基础上进行理性思考和专业表达。

(1)工作与研究结合，是校长领导力提升的有效路径

校长们若能将工作与研究结合起来，以研究的心态来改进工作，无论对于学校发展还是个人成长，都是一条有效路径。在繁忙而繁杂的各种工作与事务之外，给自己留出一些阅读、思考和写作的时间，及时总结经验、反思问题，不仅可以使校长在学校管理工作中事半功倍，而且可以少走弯路。校长是否善于反思和总结，可能在短时期内不一定看得出差别，但是经年累月的积淀之后，定会有所不同。单纯依靠实践积累，可以成为胜任工作的资深校长、经验丰富的优秀校长，但是却不易突破高原和瓶颈，成为既拥有管理智慧又具有教育思想的专家型校长。

(2)专业表达力有助于彰显校长领导力

拥有专业表达的能力，有助于校长更加有效地彰显领导力。江苏省教育行政干部培训中心常务副主任严华银教授曾经在一篇文章中提出，对团队领袖而言，在某种程度上，表达力就是鼓动、激励、引领、号令、影响团队，实现"领导"的精神利器。这里所说的表达力，包括口头表达力和书面表达力。在学校管理中，校长通过专业表达，可以更有效地展现学校愿景、凝练办学理念、阐发思想观点、感染团队成员，由此推进学校各项工作的开展，并且形成校长的特色品格和学校的文化风格。因此，校长应有意识地提升自己的专业表达力，这不仅是校长领导力的基本要求，也是充分彰显其他各种领导力的利器法宝。

例如，重庆市九龙坡区谢家湾小学校长刘希娅在《校长写作的别样意义》(刊登于《中小学管理》2019年第6期)一文中，将其所深刻体会的"写作意义"归纳为如下

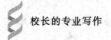

三个方面，即"在持续书写中更加理性地凝练学校办学思想""在精准言说中潜移默化地调整学校治理秩序""在多元分享中不断丰富自己和同伴的生命意义"。

在刘希娅校长陆陆续续写下的几十万字的文章中，在其近500份专题报告的PPT里，既有学校"六年影响一生"办学理念的解读、"小梅花"整合课程的系统梳理、"红梅花儿开，朵朵放光彩"素质教育模式的提炼，承载着其十几年来办学实践的书写与办学思想的凝练；也有许多教育教学的精彩瞬间和触动心灵的思考，让写作成为诠释学校办学方向和品位的有效载体，成为"学校管理从制度管理走向文化引领的有益补充和润滑剂"；还有许多随笔式的轻松分享，由此激励自己"延展教育生活的广度、高度和深度"，同时唤醒同伴也能够以文字与周围世界进行心灵的对话，实现生命的成长。

2. 从专业写作开始的自我修炼

这些年从报社到期刊社，我曾经编辑、审读过上千篇一线校长们写的稿件，各种文体都有，质量参差不齐，一个最大的感觉就是，不习惯"写"、不会"写"的校长占了多数。写作成为当下校长们有待提升的能力短板。很多依赖专人整理材料、疏于动笔的校长们，坦言因为"平常写得太少"，而"不会写文章"了。当然也有许多一线校长仍然坚持书写的习惯。例如，有的校长坚持自己写讲话稿，将其当作向师生传递思想和理念的途径；有的校长坚持写工作笔记，将思考与得失的梳理记录当作承上启下的阶梯。

对名校长成长规律的研究表明，学、思、行结合，是校长专业发展的重要路径。基于对个案的分析，我们不难发现，"不动笔"成为一部分不愿动笔的校长的成长羁绊，而"常动笔"成为一部分养成书写习惯的校长的成长加速器。虽然"能写"的校长不一定都能成为"名校长"，但是，"名校长"确实都很能写。

例如，作为教育部首批"领航校长"、全国小学校长第五期高级研究班成员，陈罡曾担任过一所名校的校长和区教育局副局长，如今是江苏无锡(SK海力士)幸福外国语小学创校校长。陈罡校长这些年的快速成长，与其在理论导师——北京师范大学张东娇教授的指导下，坚持阅读理论书籍，并且进行理实相融的专业表达有很大关系。2014—2020年，陈罡校长曾在《中小学管理》发表了8篇研究论文，在《人民教育》发表了 2 篇研究论文，在《中国教师报》发表了 10 篇思考类随笔文章。此外，他还在个人微信公众号"四正书房"发表了 61 篇原创文章。专业表达的过程，促进了其专业水平的提升。他说，"这种'现象—问题—原因—行动—评价'的研究逻辑对自我是一个重要的修炼过程，系统性思维和结构性思考的方式进而成了我的习惯"。这种反复琢磨的习惯、深度反思的习惯、善于追问的习惯，不仅训练了他的思维能力，而且促进了他对教育、对学校管理的深入思考，助力他形成了独特的办学理念。

湖南省长沙市天心区仰天湖小学的刘菲菲校长是全国小学校长第十期高级研究班成员。她坚持写了十多年"校长周记"，以每篇几百字到几千字不等的篇幅，记录自己用镜头和心灵所捕捉、所发现的发生在校园里的故事。从记录一周关键事件到基于主题的梳理，从关注事情本身到关注思考和意义，她不仅让自己的管理之路有迹可循，而且也积累了研究师生、研究教学、研究管理的大量原始素材。这些年，刘菲菲校长从自己写，到激励教师写、督促行政团队写，让教师们感觉"写作像呼吸一样自然"，由此实现以"写"来反思推动"教"与"育"。她自己也从一个独自摸索前行的新手校长，成长为引领团队共行的名校长工作室主持人，使自己的管理智慧辐射更多学校。

类似这样的案例还有很多。我们知道，一位校长的成长要经过许多历练和考验，要有丰富实践经验的积累与积淀，要有管理知识能力的提升与超越，要有改革创新的勇气与坚守，更要有教育理念主张的生成与传递。专业写作不是唯一要素，但却是可以串联起校长阅读、思考与实践的重要通道。

3. 以专业写作为路径的学校改进

专业写作能够促进校长对实践的反思，也可以成为校长改进实践的路径。校长如何通过专业写作实现对学校的改进呢？

以一位校长的成长历程为例。浙江省瑞安市新纪元实验学校校长叶益耿二十余年来坚持以"研究与写作"为抓手，实现了自身专业成长与学校发展的双赢。例如，他担任校长后，对教师专业成长这一问题进行了持续的关注与思考。在担任一所农村薄弱学校校长期间，他通过观察调研，探究教师"弱"的真正根源，然后多途径寻

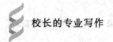

找改进思路，因症施策，使一批优秀教师脱颖而出。后来他到另一所传统老校履职，校情有差异，教师队伍建设也面临新问题。于是，在经历了寻问题、找原因、查文献、探路径的过程后，他探索运用苏联教育家维果茨基的"最近发展区"理论，采取系列促进教师专业成长的措施，培养了一大批骨干教师。

这样的实践经历，很多校长并不陌生，学校管理中的问题解决与改进提升是很多校长的工作常态。但是叶益耿校长并没有止步于此，他基于对实践的理性思考和对比研究，完成了《关于教师专业发展的实践与思考》《寻找教师专业发展的最近发展区——基于两所学校的管理实践与思考》两篇研究论文。他以研究逻辑推进学校工作改进，以专业写作梳理规律和方法，不仅彰显了一位校长的实践智慧，而且促进了实践与理论的协同共进。

南方科技大学教育集团第二实验学校校长唐晓勇的成长故事，则让我们看到实践与研究相互推进的另一种样态。唐晓勇校长从语文教师成长为副校长、校长，再到名校长工作室主持人，一路走来，他从最初坚持写教育博客，记录他的"阅读研修""学术研究""杂思随感""管理思考"，在报刊上发表教学设计类、教育随笔类文章，到后来坚持写作并发表管理实践类、理念阐释类论文，其写作内容不断拓宽、加深，写作方式也从感性表达走向理性表达。仅 2015 年以来，唐晓勇校长就在各类期刊发表了 60 多篇文章。

这个过程也是唐晓勇校长不断实现自我提升、推动教育教学和学校管理工作改进的过程。从最初呈现自己对教育教学和学校管理工作的理解、体验、感悟，到对实践工作进行进一步的总结提炼和意义提升，专业写作与实践工作相互融合、相互促进，一方面提升了他的思考力，促使他持续走向深度思考和系统化思考；另一方面，不断优化的思维方式又促进他形成对实践工作的深度认知，因而能够在发现问题、解决问题的过程中提高行动力，让实践工作拓展深度、延伸广度。

例如，学校近年来探索构建基于跨学科的统整项目课程，为当前的"互联网＋教育"探索、为互联时代的课程创新提供了鲜活的实践样本。而《跨界融合："互联网＋"时代的课程创新——技术支持下统整项目课程的构建与实施》《我国中小学课程统整实践的形态解析》《互联网支持下的统整项目课程——聚焦学生核心素养的课程改革》《统整项目课程的重要策略》《统整项目课程的教学形态》《统整项目课程：与未来共进的课程重构》《互联时代的课程重构：构建基于跨学科的统整项目课程》等系列专业论文的写作，正是不断推动统整项目课程由探索和实施走向丰富和完善的进阶过程。

因此，校长们要善于将理念代入实践，同时也要能够带着研究的心态去实践、去反思、去总结、去提升，让实践改进站在理性思考的基础之上，让专业写作成为推进理论与实践相融相生的有效工具。

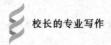

二、专业写作的追求：好文章到底什么模样

我们常说"文无定法""一千个读者就有一千个哈姆雷特"。因此，对于"好文章"的判断更多时候是基于一种感性认知，每个人的心中有杆秤，也都有自己的判断逻辑。比如，那些读来让人拍案叫绝的、让人心生共鸣的、让人激情澎湃的、让人潸然泪下的，甚至让人义愤填膺的文章，或者在某一方面触动、点燃了我们，或者在情感、态度、价值观等方面与我们建立了联结，这样的文章往往都会被我们归类为好文章。

但是，好文章又是有规律可循的。作为一个多年坚持阅读与写作的文字工作者，作为一个随时需要对稿件做出判断的资深编辑，我想基于自己这些年来"磨稿"的经验，谈一谈我眼中的好文章的模样。

（一）衡量文章优劣的编辑视角

作为期刊编辑，大多数工作时间都是在选稿、编稿、审稿、校稿中度过的。长期下来，大多数编辑都练就了一双"火眼金睛"，能够一眼从茫茫稿件海洋中打捞出那些独具特色的"优质股"，或者是发掘出那些具有可打磨价值的"潜力股"。虽然报纸与期刊、各种期刊之间基于不同的定位，用稿标准也有较大差异，但是万变不离其宗。质量不好的稿件各有各的问题，优质稿件也具有一些共性特征。

我们首先来看看编辑通常是怎么选稿的，这或许可以为校长们即将开始的写作提供一些思路。

1. 编辑选稿的基本标准

每个期刊编辑部都有一套严格的稿件审核与编校流程。一篇刊登在期刊上的优质文章，通常要"过五关斩六将"，经过编辑部的"三议三审六校"，才得以与读者见面。其中，稿件在投稿邮箱中被"发现"的第一道关，是由编辑来把守的。之后，这篇稿件会被编辑拿到编辑部的议稿会上，通过集体议稿来明确去留、厘定方向。一些重大稿件、重点稿件或者有争议的稿件，还需要通过相关研究领域的专家来评审。被确定采用的稿件才进入正式的编审校流程，编辑通过反复修订，完成对文本的再造；通过二审、终审，以及自校、互校、机校等六次校对，完成对一篇文章的加工。

那么，编辑是如何初选稿件的呢？总体而言，期刊编辑在筛选稿件的过程中，通常有一个需要反复追问的基本逻辑，即这篇文章"为谁而写？写的是什么？写得怎么样？"这也就意味着，编辑在看到一篇稿件时，首先要从"选题"与"内容"两个维度进行基本的判断。

(1)选题的衡量

选题是文章的主旨与内核。判断一篇稿件是否可用，先从选题切入。选题是不是符合刊物定位，是否有新意、有价值，往往具有一票否决的作用。对任何一份期刊来说，一篇文章与刊物读者的相关度大小、与读者关系的紧密程度，是第一判定标准。否则，文章再精美，但与期刊读者无关，那么注定只能属于"别处的风景"。在此基础上，就要判断选题的价值大小。也就是此选题是否会被核心读者所关注，关注程度有多大。这是未曾进入公众视野的新话题，还是仍待破解的沉疴旧疾？或是已经被"炒烂"的老话题？这决定着文章是否能够提供读者需要的内容，是文章价值的直接体现。这也提醒校长们在写作或是投稿时，要尽可能直接亮出文章的核心主题，要在标题上呈现关注点或者在文章开头挑明"问题是什么"。这也是一篇文章可以脱颖而出的"先手棋"。

(2)内容的选择

如果选题有价值，编辑就要进入对内容的判定了。这篇文章的观点是否新颖、论述是否清晰、行文是否规范，都是编辑要考量的关键点。例如，文章是否贡献了有价值的观点？话题探讨是否呈现了独特思考？是否为老问题提供了新的解决方案？所提供的策略和方法是否具有启示与借鉴意义？是否为读者提供了有价值的信息？文章逻辑是否清晰自洽？语言是否简洁清爽？

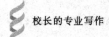

我们当然期待十全十美的呈现，但很多时候这样的"绝对优质"是可遇而不可求的。因此，编辑在选稿时都会抱有"退而求其次"的心态。大多数时候编辑会基于对内容价值、逻辑、语言的排序来选择一篇他们认为的好文章。也就是说，一篇文章至少要有可以让编辑"眼前一亮"或者打动编辑之处，才能被他们认为值得"抢救"，让他们愿意为这篇文章画龙点睛、妙手添花。这也是我们常常追问的关键问题：这篇文章，亮点在哪里？

2. 被"毙掉"的稿件长什么样

当然，上述只是编辑初选稿件的过程。最终稿件是否能被选用还要经过编辑部集体审议，还要参考专家和编委们的评审意见。虽说一篇稿件的优劣判断需要经过多重考量，但是在日积月累的大量稿件审读过程中，我们也形成了一些共识性的判断准则。有一些稿件，甚至只需经过粗略通读，编辑便可以做出"去"和"留"的基本判断。那么，这些被编辑直接"枪毙"的稿件都有什么表征？根据实践中的梳理，我将这些稿件大致分为五类。

(1)第一类：选题不当，匹配有限

有些稿件只看选题便能做出判断。倘或口味不符，即使文若锦绣，也难成为"筐"中之"菜"。因此作者在投稿之前，首先应该对期刊定位有清晰的认识。例如，类似"启发性追问，让'语用'走深走实——以统编教材三上《金色的草地》为例""核心素养下小学音乐两声部歌唱教学探究"等选题，由于关注的是具体学科教学中的点状问题，其选题和内容自然与《中小学管理》这样定位于学校管理者、关注学校管理理论与实践的刊物不匹配，因此从选题这一关就直接被淘汰出局了。

(2)第二类：观点陈旧，老生常谈

有些稿件虽然选题十分贴近期刊读者群，但是综观全文，却是用大量的篇幅来论述读者熟知的老套思路和陈旧观点，其内容多是各种网络观点复制粘贴后的"大拼盘"。这样的文章阅读起来既费时间且难有收获。例如，有位作者以《新时代校长需要修炼的必修课》为题写了一篇 3000 字左右的文章，其中提出了三个主要观点——"一是注意学习法律法规和考虑学校双向发展；二是注意结合教育教学经验和积累管理经验；三是注意结合以人为本原则和培养教育情怀"，并且进行了详细

的"必要性"论述。这三个观点看起来没有毛病，但却众所周知，属于学校管理者普遍意义的认知，因此这样的稿件无法提供有价值的信息，也很难吸引人再继续阅读。

(3)第三类：面面俱到，蜻蜓点水

具有此类特征的稿件大多是一些工作总结式文章。这类文章是我所在期刊社的投稿邮箱中最普遍的一类稿件，也是校长们的习惯性文风。很多校长但凡需要提交论文，便习惯性地将学校特色建设、文化建设、课程建设等方面工作全盘端出，进行全方位展示。例如，有一篇稿件以6000多字的篇幅来介绍"关于培育××特色文化的思考"，文章包括"教育思想坚定""治校方略扎实""学校精神高尚""办学愿景美好""学校使命神圣""办学目标明确""培养目标清晰""文化理念先进"八个方面，每一个方面都有介绍，但又感觉不出哪一个方面的工作更加突出。此类稿件看起来罗列了很多工作事务、具体事项，却犹如蜻蜓点水般停留在"做了什么"的表层，看不到独特处，找不到价值点。再加上学校管理与教育教学工作的常态性特点，工作总结式文章从框架到内容都极为相似，整体看起来有些大同小异。

(4)第四类：泛泛而谈，云山雾罩

此类稿件主要表现为观点陈列式文章。好文章需要有观点，但是观点要立得住，要能通过精彩的论证使读者信服。很多校长喜欢写"浅议"类文章。例如，"小议立德树人""小议校长领导力""小议教师课程领导力""小议校本课程开发"等。这些问题当然都是值得关注的话题，但是由于缺乏更深层次的追问和探究，这类文章往往只停留在内容空洞的浅表化论述，看似无比正确，实则废话连篇。尤其令人头痛的是，其中有些文章颇具迷惑性，乍一看新名词迭出，好像很有新意，但是细细推敲，发现不过是用新瓶装旧酒，用伪装的高深掩盖虚无，绕来绕去，不知所云。无论采用什么方式，将他人的观点当作自己的创意反复咀嚼，并不代表有思想、有洞见。

(5)第五类：有事无理，琐碎唠叨

这是案例堆砌式文章的典型特征。讲故事一直是一种比较受欢迎的表达方式。但是如何在专业写作中寓理于事、讲好吸引人的故事，需要遵循一些基本原则。写案例式文章不难，难的是如何控制故事节奏，如何将故事与道理相融合。很多校长

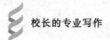

在写教育案例时，经常会流于琐碎，感觉这里也精彩，那里也舍不得，细枝末节太多，往往会让人找不到表达重点；而且行文随着事情走，看似讲了一堆事情，但却让人看时热闹，读后即忘，留给人回味的东西不多。人们喜欢读故事，一是希望故事本身要典型、精彩，故事中的情境、人物能够引发共鸣；二是关注故事背后的启示，期待在对比中实现对自我的反思和检视。因此，好故事需要情景交融，见人、见细节；也需要事理相谐，有升华、有启迪。

（二）优质专业写作的内在特质

在辨识"不可用稿"的基础上，校长们内心也要建立一个基本的"好稿模型"，也就是要了解，"好的文章"是什么样子的，做到心中有标准，并努力向其靠拢。根据编辑、审读稿件的经验，我们发现，通常意义上的优质稿件也会呈现一些共性的内在特质，甚至是由内而外散发其独特光芒。

1. 好论文的五个基本层次

一篇优质论文之所以"优质"，往往因为它具备了以下一些要素。这是五个相辅相成的层次。

（1）言之有境

所谓"境"，即境界、格局。也就是说，这篇文章的主题是否指向"重大关切"，是对文章主旨和立意的衡量。"千古文章意为高"，决定文章质量高下的，关键在于立意。那些能够聚焦热点、关注焦点、指向难点、击中痛点的文章，往往更能"急人所需"、引发共鸣、触动思考，更能凸显高立意，并且在更大范围内实现意义的延伸。

（2）言之有理

何谓"理"？即道理、意义，也就是文章中是否有独特的观点呈现，是否能够提供新知，是否能够针对热点、焦点、难点、痛点话题，提炼出新观点、新视角、新方法、新启示。这是吸引读者阅读的重要因素，彰显着文章的价值。

（3）言之有物

这是指文章要有真实而实在的内容。行文如同说话，有理有据才能令人信服，空洞无物、强词夺理，难免会使人生厌。文章中是否有支撑观点的事实性论据，是否有精彩的论证，是否提供了新策略、新探索、新行动，让人心服口服、可学可鉴，这是文章品质的重要保证。

（4）言之有序

序，即秩序，这是对文章逻辑性的考量。无序则意味着混乱。逻辑混乱的文章，核心在于思维，源于问题和事情没想清楚。一篇文章是不是层次清晰、论证严谨、逻辑自洽，检验着作者对问题思考的深度，对事情的了解程度，衡量着作者的思维水平。有序的文章，能够让我们感受到表达的节奏感。

（5）言之有情

一篇优质文章是有情绪和情感浸润其中的。喜、怒、忧、思、悲、恐、惊，谓之七情。只要表达者心怀真诚，秉持善意，字里行间跳动的情绪与情感必能引发共鸣，这是沟通的最佳状态。我相信，那些充溢着真善美的情感表达，在打动自己的同时也能打动他人。这是文章美与雅的所在。

一篇文章若能同时具备上述五个要素，毫无疑问，那一定是一篇优质文章。但是大多数时候，一篇文章也可能凭借其中某一方面或某几方面要素脱颖而出。对于作者而言，这些要素既可以作为衡量文章质量优劣的重要法则，也可以作为选材布局行文的基本尺度。

2. 文章因为意义感而精彩

识别"好文章"的方法有很多种，是否具有"意义感"是一种相对比较简便而直接的方式。我们写文章是为了更有效地表达思想与情感，从而与更多的人、与周围世界建立联结，除了你打算私密珍藏、只留着自娱自乐的日记。这体现着文章的意义感。对大多数校长而言，专业写作的目的并不在于刻意追求"10W＋"的爆击率，而是为了呈现这种意义感。我们这里所说的意义感主要体现在以下几个方面。

（1）价值性

价值性，即是否有用。价值是实现联结的基础。校长在写作时，往往知道自己在写什么，却极易忽略作为阅读者的校长们需要什么。例如，对于学校管理或者教育教学中的瓶颈问题，大家都会遇到，但是，基于共性问题，每个个体又有不同的

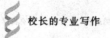

思考路径、应对策略，甚至其间会遇到诸般艰难险阻，进而因地制宜探得突围之道。这时候，作者通过重重追问之下的深刻思考，呈现他人"未知欲知"并且"苦思冥想""朝思暮想"的理论新知与实践新解，由此使读者阅读起来如逢及时雨般酣畅淋漓，这样就形成了一篇文章的价值联结点。于作者而言，一吐为快；于读者而言，豁然开朗。此般文章，自是妙文。

（2）创新性

创新性，即文章有新意，能够言他人所未言。专业文章不必猎奇，但同样要"求新"。学校管理与教育教学需要扎扎实实的精进，无论从理论还是实践层面，都不可能经常性地花样翻新。因此，教育领域的创新并非推倒重来、另起炉灶，而是跟随时代的节拍，探寻衔接点，寻找生长点。具体到专业写作，其创新性可以体现在多个方面，如选题新、角度新、内容新等不同层面。"人无我有"是创新，"人有我优"和"体现特色"也是一种创新。无论是呈现对新话题、新问题的关注，还是呈现新观点、新思路，或者是呈现新策略、新方法，都体现着一篇文章的创新性。因此，校长在写作时，可以尝试以新方法解决新问题，也可以尝试用新方法解决老问题、用老方法解决新问题，但是尽量避免以"老方法"反复咀嚼"老问题"。

（3）真实性

真实性，即文章要真实呈现事实和经验，旨在反映客观事实。真实、真诚的文章往往具有最强大的力量。我们常说，写作如做人，贵在"真"。一篇文章最大的魅力，往往不在于华美辞章和精巧布局，而在于是否真正做到了"求真"和"务实"。真问题、真研究、真实践，才具有实际意义和参考价值；真诚而不做作，真实而不矫饰，才是表达的正确打开方式。文学作品可以有源于生活、高于生活的虚构，但是专业写作一定要实事求是，避免夸大其词，杜绝杜撰事实与数字，否则不仅会贻笑大方，可能还会贻害他人。写作者要心怀最大的善意，真实面对笔下的文字，这是对自己、对他人的尊重，也是对世界的一份真诚。

（4）操作性

操作性，即文章的内容要力求呈现实践的效度，能够提供可参考、可借鉴的经验，可用、实用。对于专业文章而言，生发于实践且指导实践，正是其意义感的具体体现。分析选择和阅读文章的体验，我们会发现基于不同的阅读对象，每个人会呈现不一样的阅读过程：一翻而过、散点浏览、逐句圈读、记录收藏、应用反思。这种层级鲜明的阅读选择，主要取决于主题和内容。因此，在专业文章写作中，若能聚焦关键问题、解决真实困惑、提炼普遍规律，从散点式的经验介绍走向系统性的方法梳理，则于己于人于事，善莫大焉。

3. 优秀的写作就是与他人对话

写作的过程是孤独的，但文章不是孤独的舞蹈。在如今的互联时代，文字表达日渐成为一种被广泛应用的社交方式，体现着每个人与自己、与他人、与世界的对话。优秀的写作就是一个与他人不断对话的过程。因此，是否具有"对话意识"和"用户思维"，这既是行文表达时应该遵循的基本逻辑，也是评判文章优劣的重要标准。具体而言，校长们在进行专业写作时需要开启两种对话模式。

(1) 与已有研究对话，站在前人的肩膀上"行走"

拟定写作主题之后，写作者首先要基于该主题进行文献检索，并且通过层层追问，去辨识问题的真伪度，以找到值得关注的真问题。与前行者的"对话"，不仅可以帮助我们了解相关主题的已有研究成果，由此清晰界定自己研究的起点，而且通过对已有经验得失的梳理，有助于我们厘清思考方向，更加明晰自我实践的价值点。

例如，近年来，项目式学习颇受中小学校关注，很多学校都基于已有教学实践和自身师资状况，进行了多样化的探索。仅 2020 年上半年，编辑部就收到了关于项目式学习的十余篇稿件。通过进行文献检索，可以发现，近三年来，各教育类刊物关于项目式学习的文献有千余篇，涉及项目式学习的背景类型、特征概述、实施路径，从整体的校本研究到基于学科素养的具体项目策略等。内容较多，但也存在杂乱琐碎的问题，多数文章都是点状的某一学科项目的介绍。完成基本"对话"之后，我们可以形成这样的基本认识：再泛泛去谈项目式学习的必然意义与应然路径就显得"过时"，再条分缕析呈现某一学科项目化学习的设计与实施过程就让人"疲劳"。因此，有一篇写项目式学习设计要素的文章因为仍停留在读者已知的浅表层面，便被"全票否决"；一篇作者基于多年研究及开展项目式学习实践探索提出项目学习常态化路径的文章，以及另一篇基于校本实践产生的对"项目化学习热"的冷思考的文章，则因为其现实价值，成为被集体认可的可选用稿件。

(2) 与潜在读者对话，关注读者的阅读体验

只要是一种公开的表达，我们就必须考虑受众的感受。虽然研究始自"我的问题"，写作基于"我的经验"，但是表达却要关注"他者体验"。我们经常看到很多"自嗨型"文章，如自说自话地写工作总结，事无巨细地罗列学校经验等，全然不顾读者的心理体验。读者选择阅读某一篇文章，不是因为写作者热热闹闹的自我表现，而是因为这篇文章在某一方面与其建立了关联。因此，我们能够带着读者的视角去写文章，就会有助于我们跳出原有的思考框架，并且不断进行追问：他们对于这个问题有什么样的基本理解和判断？他们还希望了解哪些内容？我能够给他们带来什么思考？我的观点和论证是否能为他们提供有价值的信息，或者有启示的建议？……这样的追问是自我思考的层层递进，也是一场与读者的深刻对话。这里需要注意的是，尊重读者需求并不意味着迎合与讨好。写作者应该基于对问题的基本判断，实现更高站位的引领。这也是专业表达的一种理想状态。

例如，有一位校长打算结合学校正在推进实施的多学科主题式整合课程分享自己的实践与思考。那么，写作时如何关注读者的体验呢？忽视读者体验的写法，就是不管不顾读者对这一问题的已有认知，"我只讲自己"。具体到这一主题，在很多中小学都已经开始较成熟系统的主题式学习探索，已经积累了许多"如何做"的经验的前提下，仍然不厌其烦地详细介绍某个多学科主题课程的设计实施过程，这其实就是在不断重复读者的"已知"。但是对每个人而言，"我"的事并非"大家"的事，"我"的关注点与兴奋点并非"大家"的聚焦点。这种简单重复，只会使读者兴味索然。而关注读者体验的写法，首先要做的就是了解读者认知、分析读者需求，然后站在"已知"的台阶上为读者呈现"欲知、未知"的信息。具体到这一主题，就要了解学校管理者对于多学科主题式整合课程的已有实践、当前现状、困境难题，并将其作为写作的起点和切入点。如针对多学科主题整合课程实践产生的主题选择、教学模式与学习方式变革等方面的困境与问题，呈现"我"对这些问题的思考，提供"我"在这些问题解决中的有效途径，让"我"的经验与阅读者建立直接的互动。

4. 内外兼修才能引人入胜

我们经常用"内外兼修"来描述一个人的美好。一篇好文章应该也能带给我们这

样的美好感觉，既有真实的内在美，又有精致的外在美。

外在美吸引我们打开一篇文章，决定着我们是否能够发现它。好文章应该有对自身"形象"的高度关注。尤其是在这个以快捷为特征的刷屏时代，静心读书、读文章的人已经越来越少了，我们如何通过直击人心的主题提炼、节奏明快的标题设计、简洁利落的开头导入、节奏匀称的框架搭建、引人入胜的辞章表达等，让巷子深处的酒香飘溢出来，让读者以最短的时间感受到，这也是对自己和读者最大的尊重。是的，没有人有义务透过你邋遢的外表，去发掘你精致的内在。但这并不意味着我们鼓励刻意的包装。徒有其表、腹中空空，吸引的不过是刹那的关注、短暂的"惊艳"，持久的魅力一定是由内而外生发的。

内在美决定着我们是否要留下来，甚至是否会爱上它。一篇文章，无论其文采多么优美，倘若其内容空洞、语言乏味、感情苍白、缺乏思考，自然算不得好文章。恐怕读者只看一眼便会撇撇嘴扔在一边。做人行文，内在之美才具有永恒的光华。倘或只有精美的包装，没有务实的内容，终究华而不实，经不起细品和推敲。而那些内容饱满、情感真挚、思想深邃、生动鲜活的文章，体现着作者的真问题、真研究、真思考、真实践，即使披着朴素的外衣，也终究难掩其华美的光彩。因此，写作者要秉持初心，注重内在功夫的修炼，真诚行文。毕竟，自然之美最是动人。

那么，如何写出这样一篇"内外兼修"的优质文章，即如何用心锻造真实的内在之美，充分彰显精致的外在之美，我在后面章节中会通过案例，以抽茧剥丝的方式分别进行解析。

（三）专业写作要从转换思维方式开始

前文我们说过，表现在文章中的问题，往往主要是思维方式的问题。思维问题，就是写文章的价值观问题。也就是说，你要想得清楚了，才能写得明白。那么我们需要以什么样的思维方式来投入即将开启的写作之旅呢？

1. 读者思维：换位思考，读懂阅读者的需求

以受众意识和对话思维投入写作状态，是对写作者的一个基本要求。写文章是

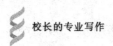

呈现"我思我行"，也是思想传递、知识生产，是以文字与他人建立链接。因此在很多时候，读者的喜好与需求，是期刊精确定位与选稿用稿的方向，也是写作者需要秉持的关注。这就需要校长们在进行专业写作时，首先能转换一下视角，以读者的身份来评判选题价值，选择写作方式。这是一条说起来容易，但却又经常被忽略的定律。

葆有读者思维，体现着对自己写作方向与意向刊物的深切懂得，即写作者要明确自己"对着谁说话"，文章"写给谁看"，如此才能恰如其分地选择说话或写作的内容与方式。具体而言，也就是只有真正了解读者的兴奋点、困扰点、痛难点、需求点，才能提供针对性强的解决之方、破题之策；只有指向明确，才能说到点子上、写在关键处，写出阅读体验良好而非自我感觉良好的佳作名篇。

在具体的专业论文写作中，读者思维主要体现在以下几个方面。

(1)表述清晰具体，有效传递信息

专业文章不同于散文、诗歌、小说等文体，它需要提供给读者实用有效的信息。因此，作者在写作时就需要完整准确地传递信息，包括用具体代替抽象，用白描代替抒情，避免代入更多个人化的情绪和感受；在具体描述经验或者事件时，要给出范围和界限，以求准确可信，等等，以便读者理解和接受。

(2)写出"为什么"，重在为读者释疑

作者常以主观态度写作，想当然地认为某些问题是自己都了解的，不必多做说明，但是置身事外的读者却并不清楚前因后果，往往看得云里雾里。因此，作者在传递信息的同时，还要写出"为什么"，阐明原因，一方面可以让读者减少质疑，另一方面可以让文章具有说服力。

(3)少写"假大空"，避免灌输和说教

很多作者喜欢为自己的文章"戴帽子"，用一些假话、套话、空话来粉饰文章，以此显示自己的"立意深刻""境界高远"；还有些作者喜欢以"应该如何……"为句式，摆出说教的姿态，大谈"应然"的道理，这些观点往往带着想当然的味道，远离实际，夸夸其谈，读来自然面目可憎，更难说发挥什么实际效用。

(4)多呈现数据和事例，有理有据增强信服力

数据和事例是对观点的深入解读和进一步阐释，旨在帮助读者在理解事实的基础上形成认同、建立认知。事例的另一个意义还在于，由于其亲切可感，更容易使读者"对号入座"，与已有经历建立链接、产生共鸣。

(5)保证文从句顺，体现对读者的基本尊重

文从句顺是对文章的基本要求。并非所有作者在写作时都能达至眉清目秀、行云流水的境界，但至少应该在行文中用词规范、语句通顺，最大限度地减少错别字和病句，做到言语清晰、表达流畅，这不仅体现着一个人做人做事的态度，而且能为读者提供有品质的阅读体验。

2. 创新思维：用新方法解决新问题

著名语言学家、史学家季羡林先生曾说过："论文的核心是讲自己的看法，自己异于前人的新意，要发前人未发之覆。有这样的文章，学术才能一步步、一代代向前发展。"写论文是为了精准表达和有效传递思想、观点、方法，是为了让他人从中受到启发，有所借鉴，因此论文写作要避免人云亦云，杜绝老生常谈，要说他人之所未见、未闻、未想，要写得深入、写得有新意。"创新性"应该是作者的一个重要追求。但是创新却又最有难度，尤其是在一个大家都已经熟悉、似乎任何人都有发言权的领域说创新，似乎更加困难。因此，很多校长经常反映，说好不容易确定了一个写作主题，却发现早已被普遍关注了，往往很难再找到创新空间。

那么，我们该如何理解创新，以及如何让论文写作有新意呢？真正的创新，并非只是"聪明的创意"，而应该是在原有基础上的发展、完善与改进。现代管理学之父德鲁克在谈"创新的原则"时，其中有一条就是"有效的创新始于细微之处，它们并不宏大，只是努力去做一件具体的事而已"。因而，写作中的创新思维，并非要竭尽所能地"找冷门"，绞尽脑汁去提出"前无古人、后无来者"的新观点、新理论，也不是刻意堆砌"标新立异"的实践，包装拼凑夺人眼球的"花架子"。那么，校长们在面对学校管理和教育教学的常规话题时，如何找到新角度，写出有新意的论文呢？建议可从以下四个方向进行尝试。

(1)发现新变化

这就需要校长一方面要能够跳出自身视野的局限，及时关注教育的新形势、新变化，然后对接实践中出现的新现象、产生的新问题；另一方面要能够以变化的思

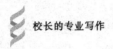

维、发展的眼光去观察教育实践，要善于"找不同"，即在寻常中发现变化，于惯性中探求差异，从而在新旧冲突处把握新特征，找寻新视角，发现新规律。

例如，人工智能时代，新技术的应用给学校管理和教育教学带来哪些挑战？如何充分发挥大数据时代的技术优势，提高管理效率，实施更精准的教学？深度学习、深度教学等新理念，如何更有效地服务于师生的课堂教学？又如，当前"90后"教师陆续走上讲台，但是"90后"这个群体的思维特征、价值定位、职业诉求等，与"80后""70后"教师又有较明显的差异，学校教师队伍建设、师资培养培训面临着新需求，这就是常规话题中的新变化，也可以作为很好的论文写作切入点。

(2)提炼新观点

如何能够突破常规思维模式，创造性地解决学校管理和教育教学中的实际问题？这就需要校长能够不断优化思维方式，葆有整体性思维、批判性思维，立足实践进行反思，以更开阔的视野和更高的站位提出独特思路和独到见解。当然，新观点、新思路不是闭门造车，以"假大虚空"、似是而非的论述制造噱头，而是以解决问题为出发点，以实践探索为突破口。

例如，新课改以来，随着学习方式变革在课堂教学中的不断推进，小组合作学习得到较大范围的推广与普及。有一位校长基于大量的课堂观察发现，当前小组合作学习中存在一些较突出的问题，如合作流于形式，讨论成为热闹走过场，学生的深度学习没有真正发生，思维也未得到充分发展。因此，他便从高阶思维培养的角度，提出小组合作学习的升级策略，不仅改进了学校实践，而且为其他学校提供了解决问题的创新思路。

(3)提供新材料

真正的创新源自扎扎实实的实践。每位校长的学校管理和教育教学实践既有相似之处，也有各自特色。地域文化不同、现实情境不同、学段学科不同，而且一批批更新的教学对象都不尽相同，开展管理与教学实践的校长的个性特质、人格品性、文化底蕴、价值观、教育观也千姿百态，因此，在共性的经验中，包含着多姿多彩的富有创新意义的独特实践。

例如，充分发掘地域文化资源，因地制宜地开发实施特色校本课程，开展综合实践活动，是当前很多学校特色发展的路径之一。有一所位于黄河滩区的乡村小学便利用众多的乡土文化资源，开发了田园泥巴、七彩葫芦、田园科学、田园种植、田园编织等十几种田园课程，让课程从乡村大地上"长"出来；还把石碾、石磨、辘轳、古井、黄河水车搬进校园，建设田园学校，激活了课堂，也激活了乡村教育。这样的素材鲜活而且生动，体现了地域特点，也充分彰显了一位农村校长的教育情怀。

（4）运用新方法

这里主要是指研究方法和表达方式的创新。基于同一主题，可以呈现典型案例、质性分析，也可以呈现调研数据、量化研究；可以讲故事，体现人文情怀，也可以摆事实，进行学理阐述。根据主题需求或者各自所长，选择更恰切的研究方法和表达方式，也是论文写作中的创新性探索。

例如，针对学生学习方式变革这一话题，很多论文都是从理念或实践层面进行介绍，有一位校长则基于不同自主学习方式影响小学生数学成绩的实证研究，写了一篇《让学生学习方式变革"有理有据"》的文章，让数据说话，让学生学习方式的改变更好地合乎目的性与科学性，让改革建立在理性的基础上。这样的研究就非常有意义。同一个主题，采用问卷调查、数据分析、比较研究、案例研究、文献研究，将会呈现不一样的文章形态。

我们常说，在学术论文写作中，用新办法解决新问题的是一流论文，用新办法解决老问题的是二流论文，用老办法解决新问题的是三流论文，而那些用老办法解决老问题的，则更多是老生常谈，通常被认为是无须发表的论文。因此，校长们要善于运用创新思维，写出有新意的文章。

3. 理性思维：尝试用理论的方式表达经验

校长们习惯于用经验的方式来表达经验，即在写作中侧重于具体讲述事情或者经验本身，以流水账的方式罗列"做了什么"，这是一种经验思维的表达。这样的表述方式，其优点是鲜活生动，缺点是琐碎零散。往往是读起来热闹，读了之后收获与启示不足。

学术论文写作更倡导以理论的方式来表达经验，即不仅阐述"做法"，而且系统提炼背后的"想法"，梳理形成的"规律"，总结运用的"方法"。这是一种理性思维的表达，让读者在阅读中不仅知其然，而且知其所以然。

所谓理论，即系统化了的理性认识，它能够阐释事物深层的因果机理，能够解释相当一部分客观事实。以理论的方式表达经验可以有以下两种路径。

(1)应用已知理论解决现实问题

对于已经被广泛认知的已有研究成果的学习和了解，可以帮助我们形成对已有实践的认知，一方面验证实践的科学性，另一方面可以进一步推进实践的进展。例如，《思维导图：实现轻松高效、个性化备课》是作者将思维导图这一研究成果运用于备课方式改进中，让备课更加高效的探索；《基于脑科学研究的学习方式变革》是作者将脑科学研究的相关理论运用于学校教育教学改进的探索；《深度教学理念下的课堂教学实施策略》是作者将深度教学理论应用于课堂教学的实践。

在运用此种方式表达经验时，校长们很容易陷入以下两个认识误区。一种是为了理论而理论，由此带来理论与实践分离的现象。有些作者在写作时为了体现理论高度，突出所谓的"新意"，彰显实践的"高大上"，盲目套用一些流行的理论观点"附庸风雅"，而不考虑自身实践基础。另一种是对理论的认识停留在表层，未能很好地将理论融合于实践，因此写出来的文章往往理论和实践严重割裂脱节，或者毫不搭界。对于理论的应用，理实相融是最佳境界。

(2)基于实践智慧提炼普遍性原理

大多数时候，校长们遇到的是学校管理或者教育教学的具体情境，面对层出不穷的问题，运用实践智慧去解决个体的问题，形成关于个案的经验或者方法。这样真实而且个性化的案例可以帮助我们更好地理解管理或教学实践，也是校长专业写作最重要的素材来源。具体情境中的事件处理可以为我们提供一些启示或者经验参考。但是，如果能够跳出事情本身，将其延展至同类情境下、某一类问题的解决方案，则会起到"举一反三""闻一知十"的效果。具有理论意识的人，通常不满足于就事论事，而是会思考"为什么"，善于寻求"不同事件"背后的"相同道理"，站在更开阔的大立场上来思考问题的产生，梳理规律进而发现改进的视角。

然而在现实中，理性思维不足，看不到"事"背后的"理"，是困扰很多校长的痛点。这一方面源于校长的理论积淀不足，未能"见多"，便难以"识广"；另一方面则是一种思维惯性使然。校长们在讲述"做了什么"时要多几个"为什么""怎么做""到底怎么做"的追问，呈现对事情背后的思考，这样才能提升事情本身的意义感；同时要讲述由此事情延伸出的规律和方法，拓展事情的普遍价值。

华东师范大学李政涛教授曾说："当教师学会用理论的方式表达经验，被理论表达后的经验，不仅更加清晰、深刻，而且反过来会变成促进教师生长的力量，使教师更有能力透析洞察自己的实践经验，这就是理论思考的力量。"基于理性思维写出的论文，不仅蕴含着实践智慧，更闪烁着理性的光芒。这样的写作过程才能促使校长在理性反思的基础上实现管理改进。

4. 故事思维：呈现真实的情感体验

美国心理学家罗杰斯曾说过："人类生来并不能很好地理解逻辑，但是却能很好地理解故事。"人们都喜欢听故事，因为故事引人入胜，具有打动人心的力量。故事广泛存在于校长的教育教学生活中，每位校长都可以成为一个讲故事的好手。但是要讲好故事，则需要具备一定的"故事力"，它是用故事思维去看待世界、与世界沟通的一种重要思维能力。

在现实的学校管理情境中，有很多校长尝试通过讲故事的方式来表达思想、传递理念。还有些校长在传递专业概念、呈现实践智慧时通过案例进行解释说明，起到辅助理解的作用。这些都是很好的思路。校长在专业写作时葆有故事思维，减少说教腔调，往往能够化繁为简，有时还会起到"四两拨千斤"之功效。

(1)选择典型故事

讲故事是为了说明道理，因此故事的选择不能过于盲目随机。故事要真实，来源于鲜活的教育生活；要具有代表性，能够反映事物本质、符合教育规律，尽量避免以偏概全；要有代入感，能够直击人心，引发联想和共鸣。

例如，在《那是生命吐芳华——读华应龙老师〈我不只是数学〉随感》(谢红芳，《中小学管理》2020 年第 2 期)这篇小文中，为了表现华老师的"'笑'在课堂，眼里有儿童"，作者选择了几个片段，每一个片段都只有寥寥数语，却都服务于这个中心主题。

在"分数的初步认识"课例中，华老师让孩子思考大头儿子和小头爸爸的头各占整个身高的几分之几，鲜明的对比让孩子们忍俊不禁，这是选择素材时眼里有儿

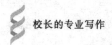

童，用智慧带给孩子们欢乐。在"平均数"课例中，他这样启发孩子回顾总结："平均数是一个怎样的人？"孩子们先是惊讶，继而又会心地笑了，这是理解概念时眼里有儿童，用幽默又贴切的华氏自定义，达到师生心灵相契。在"找次品"课例中，他和孩子们一起说："世界上的事物往往都是一分为三的——上、中、下；左、中、右；质数、合数、1；过去、现在、未来；软、硬、微软。"孩子们在透悟中笑了，这更是眼里有儿童，把"一分为三"的哲学思想演绎得深入浅出……

(2)深挖价值意义

故事是信息传递的载体。个体的故事之所以能够与他人建立关联，是因为故事本身的意义感和故事背后蕴含的价值主张。因此，在讲故事之前，要通过挖掘故事的底蕴，提炼故事的价值与启示，让读者在阅读中产生认同感。

例如，在《我为儿童做的几件事》(窦桂梅，《中小学管理》2015 年第 7 期)一文中，作者先讲"手写校长奖"的相关故事，但是又没有仅仅停留于故事，重点是为了引申出其中的意义与价值——

还是做副校长的时候，有一次我去厦门讲课，一位校长聊到他会适当地给某些学生亲笔写特殊的奖状。当时我就跟他说："好棒啊，以前我当班主任的时候特别愿意手写评语和喜报。现在的复印与打字印刷看似便捷，但写出来的东西没有温度……"

做了校长，与儿童的接触间接了许多。我常常思考，该怎样给学生留下难忘珍贵的童年记忆，并使其成为不同于其他激励内容的、促进学生成长的不竭动力呢？我想到了厦门校长的做法，并创造了自己的"亲笔校长奖"。我亲自设计了一张体现我的特色的奖状：紫色背景，印有清华附小的标识，正面只有学校印章，其余全是空白——供我在上面密密麻麻地写下去。我要努力寻找每一朵花的不同芬芳，用赞美与鼓励去呵护这些娇嫩的花朵——尤其是那些从来没有在国旗下露脸的儿童，那些在班级里没有机会展示的儿童，那些特需的、哪怕有一点点进步的儿童，只要是我遇到的，或者通过班主任了解到的，我都要挤出时间为他们书写奖状。

奖状的颁发有随时的——每次升国旗时，都会有一个颁发校长奖的仪式；有定期的——开学典礼、期末结业式、毕业典礼或入队仪式上，等等，都会颁发校长奖。每次颁发奖状时，我都要捎带送上一份我自己准备的礼物，特别赠送给孩子们。

几年来，我已经亲手写下了两千多张奖状，每一份颁奖词都是独特的、个性化的，都是我与每个儿童心灵的对话。这些获奖者有"千里走单骑"的黄翰林，有环卫小天使何秉原，有"小小法布尔"李嘉华，有怀揣中医梦想的许馨元，有走向世界的附小代言人徐鑿诚……在一次家长会上，有一个从新疆转来的学生的家长，紧紧地拉着我的手，一遍遍地传达女儿得到校长奖后全家人的感动，并且告诉我，女儿对颁奖词早已熟读成诵，如今奖状就挂在他们家客厅最醒目的位置。一张校长亲笔书写的奖状，一份独一无二的颁奖词，也许在一个儿童心里、在一个家庭中就埋下了希望的种子。

陪伴才有感情，也许是这种真诚的交往、真情的付出打动了孩子们。令我终生难忘的是，孩子们也开始给我颁发奖状。当年三(5)班的张紫桐亲手制作、书写了一张奖状，一定要颁发给我；二(4)班的周佩然在学校环保袋手绘活动中，在袋面上亲手绘下了她心目中年轻、微笑的窦老师……我把这两张学生颁发给我的奖状摆放在自己的办公室里，只要有机会，我都会炫耀一番。这份特殊的鼓励比我获得什么荣誉都珍贵。

为孩子们手写并颁发奖状并非赋权，更不是行权，而是激励，是尊重，是滋润儿童高尚心灵的另一种意义上的领导力。只要爱在细节，我与儿童都将在这温润的感动中获得生命的成长。

(3)实现有效表述

什么样的故事能够吸引人、打动人？主题、情境、细节、对话等都很重要。一个好故事应该包括触及心灵的主题、精心设计的框架、清晰贯通的故事线、起承转合的情节、适可而止的细节。需要注意的是，故事的作用是为了更有效地表达主题、服务主题。因此，故事的表述要避免过于关注细枝末节，由此导致主题偏离、逻辑混乱等问题。

例如，在《"去做孩子，去做孩子们喜欢的学校"》(潘志平，《中小学管理》2016年第6期)一文中，有这样一段细节描写——

2016年1月，杭州下了一场大雪。看到久违的雪花和银装素裹的校园，大课间一到，学生们便快速地聚集在铺着松软"雪毯"的操场上。刹那间，雪球飞舞，好

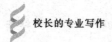

不热闹！正准备加入这场"轰轰烈烈"的雪仗的我，在被同学们发现之后，瞬间成了"众矢之的"。来自不同方向的雪球接二连三地飞来，几位试图"救驾"的老师们，也在同学们的"枪林弹雨"中败下阵来。还有些更淘气一点的孩子，索性跑到我身边，把雪球往我脖子里一塞，便飞也似的跑了。有位男生还得意地喊："阿潘，和我们打雪仗，你可得霸气一点哦！"

读完这段文字，读者既能感受到孩子们开心幸福的校园生活，眼前也会瞬间跃然出现一位和孩子们"玩"在一起的校长。这是怎样的一位校长呢？故事没有一直写下去，而是笔锋一转进行了综述，用孩子的笔来进行描绘——

在朱桐引同学眼里，我是"雪地飞侠"——只要一下雪，就会和学生"打"成一片。而在竺叶澍同学笔下，我又是"易容大师"——每年都会有出乎意料的角色登台。"2012 年的《相亲相爱公益人》节目里，阿潘校长头戴凤冠，身着粉红色的古代宫装，以传说中的'杨贵妃'造型闪亮登场。刹那间，掌声雷动，欢笑声、惊呼声仿佛要淹没整个舞台。阿潘校长的易容术几乎可以媲美'阿朱'了……"纤夫、老先生、大厨师、功夫熊猫……我每年在"公益大舞台"上的"造型"都是孩子们最期待的。教师、家长、学生的同台表演让整个校园充满了活力和生机，成了一片欢乐的海洋。

故事讲到这里，大家可能会感受到，这是一个能和孩子们打成一片的好校长。至于校长为什么这样做，故事所承载的教育理念和价值引领，可能每个人都有不同的体会和理解。但是作者对故事的描述却到此为止，接下来将故事背后的意义娓娓道来，使文章的立意一下子得到了升华——

玩是孩子的天性，是情感发育的实践基地，更是健全人格养成的必需品。由于学业压力、安全因素等，现在的学生很少有时间和机会痛快地玩。我认为，只有让孩子们玩好，玩得尽兴，他们才能在学习的时候更专注、更高效。因此，在学校里，我首先让自己"变成"孩子，放下身段和孩子们一起玩，以自己的童心唤醒释放孩子们的天性，让他们能够带着愉悦的心情去学习。

教育有时候就是内心世界的"相生相融"。我和孩子们的"疯玩"不但没有造成学生们没大没小、不服管教的情况，反而使他们越来越听我的话。渐渐地，在我的带动下，从班主任到任课教师，他们都会经常和孩子们玩在一起。老师们更加喜欢孩子，孩子们也越发亲近老师，形成了良性循环。校长好玩，老师能玩，这也成为吸引学生们来公益中学上学的重要因素之一。

真正的好故事就应该是这样的，既情景交融、事理相谐，也详略得当、收放自如。

(四)优质素材来源于日积月累

巧妇难为无米之炊。大量的素材积累是开启专业写作的"粮草"储备。论文写作中的素材有多种呈现样态，最常见的是常用的理论素材，以及来源于实践、"胜于雄辩"的各种事实材料。理论素材主要通过查阅文献等方法来获取。事实材料的获得有多种路径，如基于问卷调查获取数据，基于日常观察和反思留下记录等。关于校长日常工作中素材的积累和运用，我基于自己日常工作中的经验提出一些小建议。

1. 勤记，建立重点工作素材库

校长们在日常管理中事务性工作较为繁杂，日程多被排得满满当当，大多数校长留给自己阅读、书写的时间都较为有限。其中可能既有时间分配的原因，也有时间管理的问题。要想下笔不空，就得腹中有粮。

(1)多写常记，留存个性化的工作"备忘录"

有不少校长有写工作日志或者教学反思的习惯，还有些校长充分利用手机备忘录、便签等随时记录看到听到的"金句"或者稍纵即逝的灵感，或者平时注意及时收集整理一些碎片化的思考、读书讲座中的关键要点。因为有平时的大量积累，写作时理论观点和实践案例都可以随手拈来。

为了使日常记录可持续而且有意义，校长们也可以进行重点性记录，有时候不必日日记、事事记，而是要学会记录关键事件，以及由此及彼，以一带三。同时要定期对日常工作进行阶段性复盘，随时记录有创意的想法和做法，为自己留存重点工作"备忘录"。

(2)及时整理，建立专属的精品"资料库"

在日常记录的基础上，校长们可以按照学校工作的不同领域分主题、分年度建立文件夹，对电脑中的各类文档进行序列化整理。与此同时，平时阅读中遇到的经典理论观点也可以归类存储于相应文件夹中，由此形成自己的专属素材库。这样在开展相关研究、做报告、准备讲话稿、进行论文写作时，就可以进行资料的快速分类检索。

2. 深问，让素材的价值"看得见"

很多校长在专业写作中遇到的难题往往不是缺少素材，而是守着大量素材，却仍是感觉"无米下锅"。其最主要的原因，就是"只缘身在此山中"，不善于或者不能够读出事实和案例的"言外之意"，因此选不出可以用在论文写作中的优质素材。对此，校长们不妨尝试从以下两个层面进行突破。

(1)为素材归类并添加"备注"

最初的工作记录多是随机的、零散的。大框架之下的各个文件夹中可能会堆积越来越多的素材，如果不定期整理，在使用时难免陷入"素材焦虑"。哪些是可发挥重要作用的，哪些价值不大，需要再细细翻拣，不仅费时费力，还容易漏掉一些关键素材。因此，建议校长们可以通过定期(如一个季度或者一个学期)总结，对文件夹中的素材进行由厚至薄的加工。例如，可以区分成功或失败的事件，归类偶发事件或经常性事件，然后对同类事件进行标识，及时分析原因并寻找理论解释。这样不仅有助于校长们及时发现管理或教学中的问题，推动下一步工作的改进，也促使校长们由零散无序的反思状态调整为系统深刻的思考模式，进而促进思维水平的提升。

(2)让有限素材发挥无限价值

对于部分重点工作或者素材中所反馈的重点问题，校长们可以形成深度追问的习惯，也就是不让任何一个问题从眼皮下溜走，不放过任何一个契机。针对不同类型的素材，在追问时可以把握不同的侧重点，如追问原因、追问思路、追问过程、追问难点、追问策略、追问启示，让素材的厚度、深度以及独特意义在层层追问中不断显现。

例如，有校长通过常规检查、听课、与教师交流等方式，记录了一些案例和访谈过程，通过对这些零零散散的素材进行归类，发现这些案例突出反映了学校教师队伍中存在的问题：有中年教师满足现状，缺少投身课堂教学改革动力的问题；有青年教师理论素养薄弱、研究能力不足的问题；有教师对学生在课堂上的思维能力发展关注不够的问题。在对素材进行分类后，根据不同问题的反馈程度，寻找当前最迫切需要解决的问题，然后通过深度追问，厘清解决思路。这些素材既是分析问题、解决问题的依据，也是写作专业论文的案例支撑。

3. 会用，让素材发挥最大功效

要想写出既体现独特思考又蕴含实践智慧的论文，选材和用材都很关键。实践类论文写作的通病，就是事实性素材的罗列往往轻重不分，详略不当。文字中凝结着作者的心血，因此作者在选材时，往往是感觉哪个都好，哪个都重要，哪个都舍不得。因此，校长们需要明确的是，选素材的关键点是要"有取有舍"，要以素材与主题的相关程度作为评判标准，果断剔除无关素材。若不能服务于主题，即使事件再重要、案例再生动、讲述再精彩，对于此篇文章而言仍是多余的、无效的素材，都要毫不犹豫地舍弃。

要想用好素材，校长们需要通过对素材的意义进行深度挖掘，通过比较归类，让素材与主题建立链接。在具体的写作过程中，对素材进行呈现时，既要关注细节，又要不拘泥、不局限于细节，素材的运用要紧紧围绕文章的核心思想。这在后面的论文写作中还会具体再介绍。

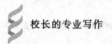

三、专业写作的路径：好文章是怎样炼成的

著名认知心理学家、语言学家史蒂芬·平克说："写作之难，在于把网状的思考，用树状结构，体现在线性展开的语句里。"这句话其实也为我们呈现了文章写作中的几个核心要素，即主题、结构、语言。要写出一篇有思想、有逻辑、有文采的好文章，正是需要从这几方面着力。

如何在寻常场景中选定有意义的写作主题？如何在选好材、备好料的基础上构思行文？如何让一篇文章神采飞扬？对于校长们而言，专业写作中类似这样的具体问题，仅仅给出"应该如何"的阐述还不够，还需要有"怎样做到"的方法总结。因此，本章以方法阐述和案例剖析为主，通过我在日常选、编、审稿过程中遇到的众多案例，以及编辑修改稿件时对各要素的调整乃至提炼、提升过程，详细梳理好文章的修炼之道。

（一）寻找和提炼有价值的选题

"写什么？"这是动笔写作之前首先要面对的问题。明确写作主题，意味着正式写作的开始，同时也是文章意义的初现，决定着这篇文章写完之后会不会被编辑选中，能不能被读者悦纳，价值性能不能得到体现。选择一个好主题，你就成功了一半。

1. 确定选题的基本原则

很多时候，校长们对写作的畏难，主要源于缺少选题意识。有很多校长经常向我们咨询：您看我该写点儿什么呢？有的校长会拿出一大摞学校工作材料，然后说，这是我们学校这两年的工作总结，您帮我看看，有哪些是我能写的？还有的校长问得更直接：最近期刊在征集什么主题的稿件，我能不能有针对性地写一写？认识到工作总结不是研究文章，从了解期刊需求的角度去寻找写作主题，都是校长们想写并且愿意写好文章的表现。这种"四处找选题"的状态大多出现在"不常写"的校长身上。那些已经逐渐养成写作习惯的校长们，可能会发现越写得多，选题越丰富，因为教育生活中处处都是鲜活的选题，等待我们去发现、去发掘。

(1) 为何校长总是不知"写什么"

那么，为什么大多数校长总是"不知道写什么"呢？这可能与校长们对选题的认识与理解有关。

其一，选题来源于真实的教育生活。专业写作的选题不是凭空想出来的，而是来源于日常生活中的观察与发现。有时候不知道写什么，可能与校长们对写作的理解程度有关。写作是情感的抒发，思想的倾诉，当一个人有想法、有观点不吐不快时，写起来才会更加顺手，文章中也往往会精彩迭现。闭门造车，凭空假想，自是难以生产出好文章来。因此，校长们与其面对一堆材料苦思冥想，不如跳出事实本身，多问自己几个"为什么"。学校管理和校园生活中，校长在日常的推门听课中，在教研活动中，在与中层干部、教师、学生对话时，总会遇到许许多多问题，也会碰撞出不少智慧的火花。是否能及时抓住这些火花，并且由此延伸更多的思考，决定着是不是有可写的主题和内容。

其二，选题的明确基于问题思考的深度。困惑就是问题的起点。而那些有待解决的问题，就是研究和写作的主题，并且借由研究和写作，会将校长对问题的思考和探讨引向深入。面对学校管理和教育教学实践中形形色色的具体问题，是停留于表层想当然，还是"刨根问底"寻找到核心问题、关键问题，考验着校长思考与追问的深度。只有针对那些关键问题寻根溯源，探索解决策略，才能有针对性地解决实践中的真实问题，真正推进学校工作。这个核心问题，自然也是可以开展专业写作的优质选题。校长不仅要有很强的问题意识，有对问题的敏感度和判断力，而且要通过"到底为什么"的追问，厘清困扰和影响事情开展的根本性问题。

其三，选题的确定要对接读者的基本需求。在最终确定写作选题时，校长们不要忘了读者意识和用户思维，即明确这一选题"是给谁看的""谁会感兴趣"。写专业

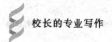

文章不是做工作汇报，不能一厢情愿地倾己所有，而是要尽量选择一些普遍性、关键性的问题，或者具有前沿性、趋势性的话题。因此，校长既要了解期刊关注的选题方向，更要了解读者的需求重点，因为期刊是为读者服务的。很多时候，期刊的选题来自对读者关注点的深入调研。

（2）校长应如何把握选题的切入角度？

对于作者而言，选题不仅体现着文章的价值，而且可以帮我们明确写作的方向，选择切入的角度。因此，我们首先要了解确定选题的一些基本原则。

第一，体现专业关注。专业文章的选题首先要体现专业性原则，这就为我们明确了选题确立的方向。对于专业写作来说，选题要聚焦专业领域，关注专业问题。教育写作关注的自然是教育中的问题。当然，这里所说的教育，其内涵与外延都可以拓宽，角度可以是宏观的、中观的、微观的，可以是大教育观的视野，也可以是具体教育内容的"切片"，至少应该是"圈内人"都关注的话题。学校教育中的方方面面，都是校长的真实关切，也都为校长提供了专业写作的选题来源。

第二，凸显价值引领。价值性原则是选题的基本原则。选题来源于问题，但不是所有的问题都值得关注，值得投入大量时间进行研究。只有那些有价值的问题，才可以成为思考、研究、表达的选题。什么样的选题有价值呢？来自真实世界、个性实践的真问题，而非来自概念或者书本的臆想问题，因为鲜活生动，更易让学校管理者感同身受。这样的问题就是好问题，由此生成的选题就是有价值的选题。校长们在学校管理实践中、在学习研究中发现了值得关注的问题，并且尝试用新的方法、新的角度去解答这个问题。这就是最好的研究和表达。

第三，反映创新创造。也就是说，选题要有新意，避免人云亦云。研究与表达是为相关领域贡献新知，包括新思维、新观点、新办法。那些具有拓新意义的论文，蕴含着来自实践的真知灼见，才具有可以推而广之的价值。

第四，呼应自我实践。一个好的选题，不仅关照他者，是与生活世界对接的真实问题，而且关照自我，让问题回归初心。也就是说，作为选题的问题既是公众认为应该关注的问题，更是触动自己痛点的关键所在。很多校长之所以选择写某个选题，往往是因为他觉得或者大家都觉得这个问题重要，所以要去写。这种"重要"来自外部的建构，而非生发于内心。这个问题并没有与自身相呼应、相关联。只有将自己放置于问题当中，分析、深研、解答，深陷其中体味悲欢喜乐，由此形成的题目才是自己的，由此写就的文章，便能见人、见情绪、见情感。这样的文章一定会是一篇好文章。

2. 选题中的常见问题

那些经常被编辑直接"毙掉"或者让编辑眼前一亮的选题，它们之间到底有怎样的距离？我简单梳理了一下，表现在选题中的常见问题主要有以下几类。

(1) 贪大求全，试图包罗万象

我们不可能通过一篇文章解决学校管理或教育教学中的所有问题，呈现所有特色和经验。校长们需要仰望星空，关注教育发展趋势，但更要落地于每一步的实践。有些校长喜欢从大局出发来畅谈教育问题，由此写就的文章往往停留于表层的泛泛而论，没有什么实际意义。这些大而全的话题探讨，并非是专业文章写作的最佳选题。

例如，"关于培育××特色文化的思考""九十年：教育的坚守与创新"等主题，都是属于学校经验汇总型的主题，并不能作为专业文章的选题。在校长的写作过程中，经验总结类文章是最为常见的一类稿件。一方面，自己做过的事情最熟悉；另一方面，各种总结汇报材料较为现成，即使不用深入思考，也可在较短时间内拼凑完成。但是这一类主题因为"宏大"，所以内容也包罗万象，在写作时往往面面俱到，结果每一方面的介绍都如蜻蜓点水般掠过，看不到作者对某一领域的深入思考，一些有价值的实践探索也往往被深埋其中。只有找准切入点，把脉关键问题，才能写出有价值的文章来。

(2) 老生常谈，难以跳出旧框

之所以常炒旧题，一是因为不关注外面世界，只是将视线局限在自己的一亩三分地里，不知道这已经是旧话题；二是对问题本身缺少思考和研究，思考的深度有限，难以触及更深入的内涵，视野只能达至有限层面。

例如，有一篇文章以"校本管理的研究与思考"为主题，论述校本管理的含义、特性、原则、意义、内容。查看文献，我们会发现，关于校本研究的理念与策略，《中小学管理》在 2002 年已有文章专门进行介绍。那么十年之后的今天再谈校本管理，应该从什么样的角度切入，可能就需要校长们对此问题进行更深入的研究了。而类似"学校管理需要激励互动""静，才是教育的本味""校长需要管理好自己的情绪"等主题，仅从标题字面来看就平淡无常，也难以让读者对文章产生期待。相比而言，"新时代，校长如何赋能教师专业成长"的主题，因为加入"新时代"的限定，因为有了"赋能"的新意表述，还是给了读者一些期待的，因为每一个时代的教师具有不同的职业诉求与愿景追求，而校长在教师队伍建设中也面临不同的问题与困扰。不过，仅仅看标题也无法确定文章的价值，将新主题做成旧文章的也比比皆是。

(3)琐碎无趣，缺少普遍意义

我们倡导一事一议，以小见大，将小主题做出大意义。落点小主题，意在选择小的切入点，聚焦具体问题，作者可以将自己熟悉的身边人、身边事作为关注点，探讨共性问题，发掘普遍意义。但是选择小主题，主要是因为其中蕴含着深刻性，因此不能就着小事写小事，使文章内容关注点太过碎小。不具有典型意义的案例只是个案，无法凸显出普遍价值。

例如，有一篇文章以"校园宣传栏"为主题，作者根据自己的观察，发现有部分学校花重金精心制作的宣传栏由于位置设置不当等原因，导致成为摆设，未能发挥应有的育人效果。因此建议可以从位置、内容等方面予以改进。校园无小事，事事皆育人。因此，作者将这件小事写得很细。这是不是以小见大呢？我们会发现，这样的文章是由小切入，但最终落点还在"小"上。如果由此现象，发现了管理中凸显的"忽略学生的主体地位"等问题，由此探讨管理改进的策略，这才是从"小"走向"大"。

还有一篇以"小书信，意义大"为主题的文章，作者写了 1200 字，内容包括意识到小小书信可以在育人中发挥的作用、引导学生通过书信与其他地域的学生"牵手"、带学生参观邮局、学生收到信后感受体验书信魅力，最后表示写信发挥了应有的作用。对于这个小主题，作者的切入点选择在细微处，写作时也就事写事，写得又细又微。如果作者由"写信"这一主题切入，引发了一些思考，探索了一门课程，实施了一种有效的育人方式，那么，这件事情就不仅仅停留在只是写了一封信、交流了思想和感情、训练了写作能力这样的层面，而是成为一种育人载体，延伸出了特别的意义。例如，同样是"写信"，浙江公益中学的潘志平校长则通过自己与学生、与家长之间的"信来信往"，告诉学生"我正在耐心地听你讲，我会帮你解难释惑"；告诉家长"怎样把亲情作为最重要的资源，让孩子能及时说出自己的喜怒哀乐"，由此传递了对"写信"这件小事的深入思考，使其彰显出独特的育人价值。

为什么很多作者在写作时很难跳出事情本身，这跟思维方式有关，也跟自身的视野有关。在编辑部每个月的议稿会上，编辑们常常会在评价一篇稿件时说，这篇文章关注的角度过于微观，或者所写的内容过于浅表和琐碎，适合做个"微观点"。意即整篇文章浓缩为几句话就可以讲清楚核心观点了，其他内容都可以忽略不计。

3. 如何在日常工作中发现真问题

寻找到值得关注的问题，是不是就可以提笔写作了呢？建议校长们不妨让"问题先飞一会儿"，让思路先沉淀一下。因为在一定意义上，你所发现的问题未必就是真问题。你必须通过追问，对问题进行筛选，清晰界定"问题究竟是什么"，从而逼迫我们透过现象直抵本质，找出那个真问题来。只有那些真实的好问题才是值得研究的课题，才是值得写作的好选题。那么，校长们该如何睁大慧眼，辨识问题的真伪呢？

(1)真问题首先是真实存在的

对于"问题"一词，《现代汉语词典(第7版)》释义为：①要求回答或解释的题目；②须要研究讨论并加以解决的矛盾、疑难。由此可以看出，问题是客观世界的真实存在。那些凭空想象、人为制造、缺乏依据的问题，肯定不能称之为真问题。对于校长们来说，真问题应该来源于实践探索，应该是从实实在在的学校管理、教育教学中发现和发掘的。例如，有人提出"校长应做好情绪管理"这样的选题，这一选题是如何提出的呢？是因为当前许多校长做不好情绪管理？还是因为"每个人都应该做好情绪管理"，所以由此推演"校长也应该做好情绪管理"？如果通过调研，发现一定比例的校长在情绪管理方面存在较突出的问题，并且对学校管理工作产生

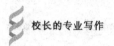

了较大影响，因此为校长的情绪管理建言献策，那么这是基于实际调研的问题发现，这个问题是一个真实的问题。如果仅仅因为"人人皆如此，校长亦当如此"，由此展开泛泛而论，那么这就是一个假问题。

(2)真问题是一个值得探讨的话题

真问题能够讨论，可以回答。反之，如果不能引起讨论，也无须回答，那么这就不是一个真问题。因此，要辨识一个问题是不是真问题，我们可以尝试对其进行句式转化，看其是否可以转化为一个问句，是否能够进行回答。例如，"校长工作：要保证将主要精力投入学校教育"，这个选题关注的是校长工作中的精力投入问题，但这个问题是否是真问题呢？如果我们将其转化成问句：校长工作是否要保证将主要精力投入学校教育？校长工作应如何保证将主要精力投入学校教育？前者是一个众所周知的不必回答的问题，后者则是一个因人而异的常识性问题，其结论不具备可探讨性。因此这个问题不是一个真问题。此外，类似"校长的时代使命：治校关键在于治师""校长应多给教师创造成长机会"等问题也与此类同。

(3)真问题要聚焦特定内容

论文是对研究过程的表达，呈现的是已经完成的研究与思考。因此，基于学校课题研究成果进行论文呈现，也是一种常见方式。但是校长们要么将研究本身当作论文选题，要么选择一个较宽泛的研究领域作为论文选题，因而将压缩版的课题研究报告视作论文。这些选题从表面看起来似乎意义重大，但却未必是真问题。例如，类似"××学校文化建设的研究""××学校课程建设的思考""××学校品牌建设的研究""乡村教育的思与行"等选题，虽然指向学校管理的某一个领域或者方向，但并没有涉及对实践问题的关注。学校管理的各个领域是问题产生的场域，但却并不是问题本身。而"分层、分类、综合、特需：构建可选择的学校课程体系""探寻更有品质的小学主题式课程""互联时代的课程重构：构建基于跨学科的统整项目课程""探寻农村中小学校本课程开发的多元路径"等选题，则聚焦于"学校课程建设"这一场域中的具体问题，更容易成为写作的主题。

(4)真问题要有实践意义

问题来源于实践，最终要回归实践。发现问题、解决问题，将研究成果应用于实践，研究才更有意义。因此，我们既反对闭门造车拍脑门儿想问题，也不赞同飘浮在空中研究问题，这样的研究不仅不能指导实践，有时候还会误导实践。因此，那些来源于实践中的困惑或者瓶颈问题，那些对解决问题有指导和借鉴意义的选题，才是更值得关注的真问题。例如，"浅谈如何做一名好校长""浅议新时代校长的必修课""浅议校本课程的开发与实施"等选题，看起来问题也值得关注，但是应然层面的泛泛畅谈，虽然"正确"但却缺少意义，对实际工作也没有太多指导价值。而"校长如何处理好和支部书记的关系""校长如何做好教师的表率""如何选拔和培养中层干部""校长如何提升课程领导力"等选题，因为落点更聚焦，与实践中的普遍性问题紧密对接，就更利于作者展开深入思考，写出有价值的论文。

　　这里还有一个值得关注的问题，很多校长梳理出了自己关注的选题，但是在进行文献检索后发现，这些选题已经有很多人写过了，是大家都已经关注过的老话题。那么，如何透过这些问题的表面探寻其更深层次的意义？如何为文章寻找更适合的切入点？要从问题中提炼出有价值的主题，需要对问题有全面而详细的了解，需要有对现状的积极探索和深入挖掘，也需要有追问的意识和对比思维。

　　其一，要学会"找不同"。很多小孩子包括成人都很喜欢玩一种叫作"找不同"的游戏，其规则是能够迅速从几张几乎一模一样的图片中找出差异点。这个游戏既考验观察力，也训练思维力。校长们要有意识地训练自己"找不同"的能力，要善于在寻常中发现变化，在惯性中探求差异，那些突破常规的变化点、差异点，往往就是值得探究的问题生发点。

　　其二，要常问"为什么"。有些事情看似平常，但是多追问几个"为什么"，有助于校长们厘清事件背后的关键要素，寻找最有价值的核心和本质问题。缺少深层次的追问，往往很难寻根溯源。刨根问底，抽茧剥丝，看起来切入点越来越小，但却能发现他人未曾发现的问题，真正把握影响事件发展的关键节点。

　　其三，要拥有"新思维"。教育生活看起来好像是一成不变的，也不可能有层出不穷的新理念，校长们也不可能将新理念时不时地照搬进校园。但是学校生活又充满新鲜的生命气息。每个孩子都有不一样的特征，每个孩子每天都有生命成长的不同样态。因此，校长们要以变化的思维、发展的眼光去观察教育实践。

　　其四，要紧跟"新发展"。校长们要善于观察、敏于关注教育实践中的新现象和新问题，以面向未来的眼光反观今天的学校实践，这样不仅可以形成更加清晰的方

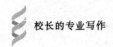

向感，而且能够发现实践中需要解决的问题。那些新旧冲突处、矛盾交汇处，往往就是最有价值的发展点。

4. 如何确定一个好主题

哪里有问题，哪里就有研究。课题研究和论文写作都始于对问题的关注。对于校长而言，选题的切入点还是比较广泛的。从经典理论或者具体实践切入，从宏观视野或者微观视角切入，从直接经验或者间接经验切入，都有可以研究和写作的主题。但是并非所有值得关注的主题，都适合自己研究，或者作为一篇文章的选题。校长们需要根据自己对相关主题的理解深度、对教育理论的驾驭程度，选择更加适合或者更擅长表达的话题。

(1)聚焦教育趋势，关注焦点

于漪老师多年来写有几百万字的著作，她在《生命与使命》(《中小学管理》，2019 年第 1 期)一文中这样介绍她的经验：理论认识与实践探索共同推进，相互印证；关注教育的变化与发展，基于自己的教育教学思考与实践来写作。中小学担负着培养未来人才的重任，校长们虽身处有限的校园躬耕于教育实践，但也要有"仰望星空"、放眼天下的思考。因此，校长们不仅要关注校园里的事情，还要关注校园外的世界。现在各级各类的校长培训，为校长们研读经典教育理论，把握教育新政策、研究教改新趋势、了解技术新发展提供了更多机会和平台，也进一步促使校长们在实践中因校制宜地改革创新。

在"脚踏实地"与"仰望星空"之间，校长们可以从两个层面进行深入思考。

第一，把握热点，厘清价值。各种新政策、新理念、新技术本身就是值得关注的选题。每一项新事物的出现，都会引起广泛关注，对新事物有更深入的了解，对新事物的价值和意义有更深刻的认知，就成为读者的迫切需求。例如，"深度学习的意义及特征""脑科学对教育的启示""跨学科学习的辨析""STEM 教育中的关键问题"等主题，就体现了对新理念的关注。这一类主题偏学术性和理论性，对这一类主题的把握，需要有对相关领域的深入研究，有深厚的理论积淀。因此，专门就相关问题进行探讨，并非大多数校长的长项，虽然也有一些校长就此进行思辨，但由此形成的稿件往往有泛化、浅表等问题。

相比而言，针对"校长职级制改革""教育均衡发展""集团化办学""学校治理""校长专业标准"等有关政策层面的问题讨论，校长们有来自实践的体验，因而可以将其作为选题来源之一。不过在具体写作中，若能将实践中的案例作为论据，则会使问题探讨更具说服力。例如，作为促进基础教育均衡发展的重大举措之一，集团化办学正在全国范围广泛实践，那么基于理论与实践对接的视角，探讨集团化办学中的一些焦点问题，这样的选题就很受欢迎，如《集团化办学的关键问题分析与策略选择》(崔学鸿，《中小学管理》2019 年第 4 期)就是这样的一篇文章。

第二，对接实践，关注应用。校长们可以基于自己的实践，聚焦理论应用、政策落地、教改实施、技术推进中已经出现或者可能会出现的焦点问题进行探讨，在此基础上分享成果，呈现经验。在对新事物已经形成广泛认知的时候，对于应用策略以及应用中问题的探讨，就成为值得关注的活题。从这个角度形成的选题，校长们更有感觉，更有话说，往往也可以写出更务实的内容。

例如，在现代技术迅猛发展的当下，中小学校该如何应对大数据时代的学校教育教学及管理变革？关于"学校云管理""未来学校""人工智能时代的教与学"等问题的思考与实践，都是值得关注的选题。而"一所小学在大数据时代的'云管理'变革"(谢凡，《中小学管理》2013 年第 9 期)，"推进'云管理'：为学生创造开阔、适切的'云空间'"(吴蓉瑾，《中小学管理》2015 年第 5 期)等选题就呈现了落地于学校实践的视角。

又如，同样是对脑科学研究的关注，在不同时期有不同的关注点，每个人也可以根据自己的实践重点，进行更有针对性的关注，如"脑科学对教育的启示""如何将脑科学研究成果转化应用于教育实践""提升中小学生学习力：基于脑科学的实践探索""脑科学研究视角下的数学教学""基于脑科学的课堂设计"，这些选题就体现了不同层面的关注。

(2)聚焦重要领域，指向痛点

受限于理解与思考水平的差异，很多校长可能会觉得从宏观视角或者理论、政策层面把握选题有一定难度，要么会写得流于空泛，要么会出现"两张皮"现象，无法实现理论与实践的融会贯通。那么不妨回归熟悉的校园生活和管理现场，在日常关注的重要领域中发现问题、提出问题。但是，如何把握重点工作，找准痛点，如

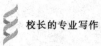

何从教育理论研究者和实践工作者都聚焦的关键领域，发现自己的问题呢？

首先，需要聚焦哪些重要领域？在学校教育教学工作中，对教师而言，需要关注的重要领域聚焦于课程、课堂、教学、学生、评价等，包括课程开发、教材使用、教学设计、课堂教学、作业设计、学情分析、师生关系、家校互动等方面。对于校长而言，需要关注的重要领域既包括学校办学的顶层设计，如办学理念的梳理提炼、育人目标的明确、发展愿景与规划的制订、组织结构的架设、制度与机制的建设和完善等；也包括人、财、物的调配管理，如中层干部的选拔培养使用、师资的梯队建设、绩效工资的合理分配等；还包括学校管理和教育教学各方面工作的有序推进，如空间与环境设计、课程体系构建、校本课程开发、课堂教学改革、学习方式变革、德育活动创新、师德师风建设、家校社合作育人等方面。围绕每一个领域进行深入的反思和追问，都可以寻找到不少值得探讨的问题，而这些问题都可以成为值得关注的选题。

其次，如何从这些重要领域发现问题？这个世界，永恒不变的就是变化。校长们要善于以发展的眼光，去观察生活中习以为常的人和事，从而在自己所熟悉的工作领域发现问题。其中，通过转换视角、对比分析，寻找自己的痛点，就是很好的方法。

第一，转换视角，将事物放置于更广阔的场域。很多时候，我们发现不了问题，往往因为受限于视域，因而不能够以更高的站位来思考问题。例如，将管理方式改进和学习方式变革放置于大数据、人工智能、"互联网＋"的背景下，将学校课程建构放置于"五育融合""育时代新人""立德树人"的前提下，将教学方式改进放置于学生核心素养培育的框架下，可能就会引发系列思考。譬如，如何借助大数据应用，创新学校管理方式？如何让立德树人落地于学校教育教学实践？如何在学科中落实核心素养？等等。由此形成类似"'生情地图'：基于'互联网＋'的学生管理创新""态度·方法·知识：教师'读懂学生'的三重路径""重构'学习单元'，寻找学科核心素养的教学'落点'""精设计·巧管理：作业改革促'减负'精准落地"等贴近读者关切的选题。

又如，在义务教育均衡化发展的背景下，关于薄弱学校改进的话题近两年备受关注，但是改进路径要么是通过集团化办学以优质学校带动发展，要么是内生式提升，往往难以触及根本。对此，北京十一学校一分校校长刘艳萍提出了如何通过系统化的战略思考来推进薄弱学校改进的问题，《战略管理视角下薄弱学校改进的路径研究》正是基于对这个问题的思考与回答而完成的一篇文章。

第二，对比分析，在变化之间探寻价值和意义。虽说教育管理的理论与实践具有持续的稳定性，动不动就炒新理念、新思想，盲目跟风，不切实际地求新、求异、求特色，不是真正的教育，这是校长在办学治校中应该摒弃的一种思维方式。但是时代在飞速发展，在常态的教育生活中，变化也是一种常态。同样的学校管理和教育教学，施教主体、学习本体、服务群体都在发生变化。例如，当下"90 后"教师和中层走上校园舞台，甚至在一些学校占据主场，这是师资队伍建设需要面对的一种变化。而"90 后"教师正在呈现与"70 后""80 后"群体完全不同的个性特征。那么，他们对教育的理解、对职业发展的诉求、对人生和未来的规划，他们处理问题的方式、与学生的相处模式、与家长的沟通方式，到底有些什么不同？这些不同对学校管理的推进、教育教学的开展、育人方式的转变等方面具有哪些优势，又会带来什么样的挑战？如何扬长避短，对这一新生代教师群体进行更适切有效的培养培训，进一步促进其专业发展和领导力提升？在对比研究中发现异同，校长们可以找到当下师资队伍建设中存在的突出问题，并且为下一步的工作明晰方向。例如，有一位校长以《量身定制，破解"90 后"教师生命成长的密码》为题写了一篇文章，就值得我们关注。

又如，很多校长在学校管理中都推崇"儿童中心""儿童世界""儿童视角"，这种"目中有人""以人为本"的管理观值得肯定。要想将其落地于学校工作的方方面面，就需要学校真正了解当下的儿童。但是，很多学校对学生的研究往往停留于教学时的学情分析和开展活动时的认知调研，很多校长的"儿童观"只是成人眼中的儿童理解，却缺少对当前校园中的新生代"00 后"的充分了解和认知。他们具有什么样的特质和认知特点？他们更喜欢什么样的学习方式？他们心目中的好老师是什么模样的？他们如何描绘心中的理想校园？他们心中的偶像与榜样具有什么特征？他们如何看待手机和网络游戏？由对比研究而提出的"今天学校如何做榜样教育""基于儿童视角的学校管理"就更加具有时代价值，也是当下最需要的。此外，现在很多学校都谈打造学校品牌、打造校园文化，基于这种热热闹闹的"文化打造"现象，反思

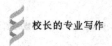

"校园文化为谁打造",提出"要让校园文化离学生更近一些"的观点,就是一种新的切入角度。

(3)聚焦日常实践,直击难点

校长们都有丰富的实践经验,这也是教育写作中最重要的选题来源。选题可以从经验中挖掘、聚焦而来,但是,很多校长将某一领域中的经验,甚至某一宽泛的工作领域当成了选题。实践领域提供了问题产生的范围,经验是可以呈现的事实和论据。例如,学校××教育、学校文化建设、学校课程建设、学校德育管理等,这些都是校长日常的工作领域,但它们并不是一个个需要澄清的问题。在这些工作领域中,每个人的实践都会遇到不同类型的具体问题,那些让我们备受困扰的普遍性问题、瓶颈问题,既是实践的起点,也是表达的起点。那些针对疑难问题的破解方法、解决策略,往往是最有价值的经验呈现。

校长日常的学校管理实践就是一个不断遇到问题、解决问题的过程。每个经验的形成,每项工作的总结,背后可能都是一个环环相扣的问题链。例如,教师是教育之本,教师管理是校长日常管理实践的重要内容之一。在教师管理这一范围内,校长需要应对许多问题。例如,如何开展有实效的校本培训?如何建设教师成长的重要依托——学校教研组织?如何更好地开展年级管理?如何为初任教师的发展系好第一粒扣子?如何应对中年教师的职业倦怠问题?如何促进新生代教师的专业发展?如何提升教师的职业幸福感?等等。对每一个具体问题的关注,都可以形成研究和写作的选题。这样的选题,就比类似"浅议教师管理"这样对一个宽泛领域的关注更加深入,更有针对性。

例如,当前在集团化办学的背景下,一校多区办学模式给学校管理带来诸多新课题,尤其是教师队伍建设中面临优质资源"被稀释"的问题。基于对这一问题的关注而形成的"构筑'研究场',让优秀成为大多数"个体经验型选题,就为探索一校多区教师发展策略提供了经验。又如,当前普遍应用的小组合作学习方式中出现了一些值得关注的问题,如学生参与、学习效率、思考深度等问题。此时,从这些亟待破解的难点问题出发而形成的选题就更有价值。例如,"高阶思维培养:小组合作学习的升级之路"这一选题,就比"开展小组合作学习的有效策略"更值得探讨。

(4)聚焦发展历程,寻找生长点

上述三个角度,都是从聚焦事情的视角出发寻找选题。除此之外,校长们还可以从关注人的视角出发进行相关探讨。虽然每个人都各具特征，语言和行为皆呈现多样性，关于人的研究相对有难度，但是又因此更易彰显独特性。人的研究可以包括三个层面：第一个是自我研究，这相当于为自己画一幅自画像；第二个是他人研究，即发现身边的优秀者，读懂同伴，为自己的成长汲取能量，这也是一条很好的路径；第三个是群体研究，目的在于解读同行的喜怒哀乐，总结一个群体的共同特征、发展诉求、成长规律，更加具有普遍性的意义。

对于校长来说，通过梳理个人或者他人的教育历程、办学过程，总结教学与管理智慧，反思得失，这既是个人成长的一种重要方式，也是一个很好的选题切入点。但是，作为读者，我们并不会过多关注一个普通教师平凡教育历程中的喜怒哀乐，除非那个人是名师大家，是我们所欣赏和关注的人。因此，讲述于漪老师、李吉林老师的教育历程，本身就可以是一个好选题。但是，其他普通校长或者普通教师讲述自己的教育历程，往往很难被关注，除非故事跌宕起伏，具有普通之外的不普通。

那么，普通人的教育历程如何凸显意义呢？这时候，就要善于从个人教育历程中寻找冲突点、生长点、关键点，探寻个体故事所体现的群体特征，所反映的群体规律，所彰显的群体意义，以此作为选题的切入口，会使选题特点更鲜明，也更有意义感。当然，在写作中，可以遵循时间坐标、选取关键节点来呈现，也可以基于主题脉络、对人和事进行整合处理，这就要涉及具体写作方法的问题了。

例如，"从'乡村辅导员'到'省特级教师'：我如何找到专业成长的'金钥匙'？"这一选题聚焦一位特级教师成长中的关键要素及节点事件，对于很多心怀成长追求的教育者就很有吸引力。"我为儿童做的几件事""一位农村校长的'教育梦'：为农家孩子打好生命底色""去做孩子，去做孩子们喜欢的学校"等，都是选择关键点，从一个特定角度呈现群体的规律性，如校长办学理念的形成与发展、校长的治校经验等。

那么，到底该如何写出一篇内外兼修、形神俱佳的好文章呢？接下来，我们选取论文写作中的几个关键要素，逐一进行说明。

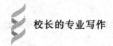

(二)好标题可以让文章神采飞扬

标题是文章之眼，具有"第一眼效应"，旨在精准反映文章主题，在很多时候，也直接决定着读者是否会为一篇文章驻足或者打开阅读。对此，被誉为"现代广告之父"的大卫·奥格威曾有一句经典表述："标题，比本文多 5 倍的阅读力，如在标题里未能畅所欲言，就等于浪费了 80％的广告费。"虽说学术论文"内容为王"，标题不是万能的，但也绝不可忽视标题的力量。

我们这里说的主要是文章的大标题，文内小标题是文章结构的梳理，其制作要求是一致的。我们反对为了追求爆款文的"10W＋"效应而做"标题党"，也不赞成为了吸引眼球而去学习断章取义、故弄玄虚的各类标题制作技巧，但是努力点亮"文章之眼"，也是对论文写作的一项基本要求，"标题好比商品价码标签，用它来向你的潜在买主打招呼"，它是作者与读者建立关联的第一层通道。

1. 好标题的三个核心价值

那么，在专业文章写作中，什么样的标题可以称之为好标题呢？我以为，好标题应具备如下三个核心价值。

(1)呈现文章立意，直指核心价值

一个好标题能够清晰明了地呈现文章的核心主旨，点明主题、揭示本质、明晰意义；或者是直接亮明观点，表达诉求，让人印象深刻甚至过目不忘。例如，下面一些标题就体现了这样的特征——

新中考·新挑战：初中教育如何挺直"腰杆"？

让"豆腐腰"硬起来：初中教育治理的区域探索

绘制学校文化管理地图：价值取向与路径选择

让新教师站在入职培训的"正中央"

让校服成为离学生最近的课程

从价值重塑到课型深耕：精品教研组建设的校本探索

(2)揭示关键问题，激发读者共鸣

有些文章重在关注一些普遍性问题的思考与探索，那么标题中就可以直接揭示

焦点问题，戳中痛点；或者指向解决策略，引领方向，以问题的"共鸣"牵引关注的同向。例如，下面一些标题就体现了这样的特征——

以"智慧课堂"化解初中"大班额"教学困境

人工智能时代劳动教育的价值省思与超越

小学多学科主题式整合课程实施的困境与突破

当前研学旅行课程实施中的问题与对策

选课走班背景下如何帮助学生建立归属感

班主任评语：师与生视角差异有多大？

打开反思"黑箱"：探求优秀班主任"好在哪里"

(3)关注创新实践，引发好奇追问

很多来自一线校长和教师的文章，主要介绍学校管理或者教育教学的个性化经验。对于此类实践性文章，在标题制作时若能突出经验的独特性，把握实践的根本特征，并对其进行创意化表达，往往就可以让个案"炫"起来，由此引发阅读的欲望。例如，下面一组标题就体现了这样的特征——

寻找撬动学校发展的"阿基米德点"

校园织造：小书包传承大文化

"小土豆"也可做大文章

访谈式班级管理：让学生成为自身问题的解决者

瞄准关键问题，打通网络课堂"最后一公里"

从"入模"到"出模"：运用系统思维优化教学设计

"开心菜园"：在城市学校"种植"田园课程

上述三个核心价值也给我们提供了几个检视标题的角度，如标题有没有体现价值点？有没有聚焦重难点？有没有展示创新点？有没有激发好奇心？有没有赢得认同感？等等，以此判断一个标题的优劣与价值。

2. 制作标题的四个基本步骤

既然标题制作犹如画龙点睛，那么如何制作一个好标题呢？首先，我们要简单了解一下标题制作的基本原则。一是真实准确、文题相符，反对文不对题、断章取

义；二是言简意赅、高度概括，反对啰唆冗长、空洞无物；三是新颖具体、规范表达，也就是标题要有新意且合乎语法要求，避免非公认缩写、代号等；四是长短适度、副题相助，也就是标题不宜过长，通常 20 字之内为宜，必要时可加副题进行辅助说明。

基于上述四项原则，根据平常制作和修改标题的经验，我梳理了如下四个标题制作的基本步骤。

第一步，把握主题思想。即在写作过程中，通过"是什么""到底是什么"的追问，进一步澄清问题，从而更加真实、准确地把握文章的主题思想，明确文章"写了什么"。

第二步，提炼核心价值。在多角度、多层面的论述中，寻找能够凸显本质的最佳聚焦点，精准地表达所提炼的观点，所传递的价值，明确"观点是什么"或者"事实是什么"。

第三步，寻找恰当表达。即通过词语转换，让表达更有美感。也就是说，标题在"实话实说""说到点上"的基础上，要有"雅"的追求，能够彰显文采，体现语言文字之美。

第四步，反复推敲美化。即通过进一步的吟读体会，对标题进行删改调整，使其更加精练简洁，体现节奏感、力量感。文字表达没有最好，只有更好。这也是对标题制作更高一步的追求。

例如，我曾经写过一篇卷首语《寻找行走的课堂》(《中小学管理》2019 年第 6 期)，标题制作就经历了这样一个厘清问题、提炼价值、适当转换、精美呈现的过程。第一版，在把握文章主题，即揭示研学旅行的价值和意义的基础上，列出标题"用双脚踩出精神足印"；第二版，在明确聚焦点的基础上，将标题调整为"诗歌·田野·远方——我们需要什么样的研学旅行"和"诗歌·田野·远方——我所理解的研学旅行"；第三版，原有的表述明确，但是过于直接，没有留给读者回味的空间，于是将其进一步调整为"诗歌·田野·远方：寻找行走的课堂"；第四版，为避免阅读中的冗长感，割舍掉意境性表达，最后将标题调整为"寻找行走的课堂"，使其更加简洁明快、凸显价值。

又如，从"小学诚信教育的价值诉求与实践路径的浅议"到"小学诚信教育的一体化实践路径探索"，再到"为孩子系好第一枚'诚信扣子'"，这样的标题修改过程，也体现了完整把握文章主题思想、梳理核心价值点、体现新意与美感的步骤。

行文有法，但又没有定法。需要说明的是，作为一种通用型方法，这四个步骤常常伴随整个写作过程，但它并非一种固定模式。一方面，不是每一个标题制作都必须经过这样四个步骤；另一方面，每一个步骤也并非必不可少。有的好标题可能在你未曾行文时，就已经在大脑中酝酿许久，有的是在行文过程中突然闪现的智慧火花，但也可能到交稿时也未能琢磨出一个更恰切的标题。因此，校长们可以在了解的基础上适当练习。最佳状态是，当运用自如后，可以根据不同文章的内容及自己的写作习惯，形成自己的标题制作"套路"。

（三）框架结构体现着思维逻辑

文章框架犹如人之骨架，是一篇文章的脉络呈现。明确了写作主题，并且以标题为文章定调之后，这时候就需要谋篇布局，对文章内容有一个整体性思考，也就是要做到心中有数。不要幻想随心而至的文章。如果只是想信马由缰，想到哪里写到哪里，最后可能该用力处着墨不足，该简略处反倒花费较大气力，在旁枝末节处浪费了许多情感，再纠偏时不仅会增加工作量，而且还会陷入"断舍离"的纠结。为了不让自己的文章成为没有章法的流水账，最好的办法就是在正式写作前先要搭好文章框架。这就如同建造高楼大厦，一份细致精准、严谨完善的建筑设计图，是完成高品质建筑的基本保障。写文章亦是如此，胸有成竹，才能有更清晰的表达，也才能有更高效的进度。我们可以通过列提纲或者绘制思维导图的方式设计框架结构，也就是为自己的文章绘制一张设计图，即使不能列在纸上，也定要了然于胸。

关于文章的基本框架，有一个很形象的比喻——凤头、猪肚、豹尾，意即文章的开头要像凤头一样精美，能够引人入胜；主体部分要像猪肚一样有货有料，能够有理有据；结尾要像豹尾一样雄劲，能够简短有力。开头和结尾我专门放在下一节来讲，这一节主要谈一谈如何让"猪肚"言之有物、充实丰满并且有条不紊。

1. 搭建文章框架的基本顺序

我们经常说，文章要实现有逻辑的表达。那么，如何才能让自己的思想、观

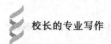

点、经验呈现出"逻辑性"？如何搭建一个重点突出、逻辑清晰、条理分明的框架结构呢？我根据金字塔结构的思考和表达方法，形成了关于文章框架搭建的基本顺序。

(1)列出提纲，梳理基本问题

为了让写作素材更厚实、丰满，首先要围绕写作主题进行剥洋葱式追问，明确该主题所包含的关键问题，然后分析原因、呈现具体解决路径。若是针对问题呈现经验的主题，可以通过追问"如何做的"，然后以"步骤/方法1～N"作为提纲要目，呈现具体做法；若是针对问题提出结论的主题，可以通过追问"为什么是这样"，然后以"理由1～N"作为提纲要目，呈现原因；若是针对冲突亮明观点，则需要追问"如何得出的"，然后以"论证1～N"为提纲要目，呈现理由。

(2)厘清结构，进行素材归类

上述提纲中要尽可能列出关于该主题的所有观点和有效做法，但这时候仍停留于事实或者案例的堆砌，接下来要对素材进行结构化处理，这样才能走向系统性表达。也就是说，要通过合并同类项，对素材进行归类整理，让素材"为我所用"。归类时，必须按照同一标准或者同一逻辑关系，如按照时间或空间顺序、重要程度、共同特点等进行分类，不同类别的素材以并列或者递进等方式，实现对主题的阐释和论证。

(3)抽象概括，提炼核心思想

归类只是进行了思想或者经验的简单组合，还属于就事说事的层面。在此基础上，我们要学会运用抽象概括的方法，让个体经验反映普遍规律，实现意义升华。具体方法是，寻找同类素材的"关联点"或者"共同点"，也就是将事实或案例归为同一类的原因，然后使用明确的语句描述这种"关系"或者"共性"，总结提炼同一类思想的精华，指明同一类行动的目标或者效果，呈现其背后的意义或者价值。

(4)调整次序，厘清表达层次

思想或意义的概括，可以帮我们厘清写作意图与写作思路，同时也引领读者的阅读方向，加深读者对文章内容的理解。因此，要根据主题论述的需要，对行文节奏进行检视，明确观点和事实的"出场顺序"，并通过设计多级小标题，让内容层次清晰可见，让文章逻辑条理严谨。

例如，《探寻农村中小学校本课程开发的多元路径》(郑飞龙，《中小学管理》2019 年第 2 期)这篇文章就呈现了一个很典型的并列式框架结构。作者将农村中小学校本课程开发的路径进行分类，并且将其"共同点"背后的意义进行了概括，让每一种路径清晰且明确。以下为这篇文章的四个小标题——

路径一：基于区域文化和资源开发生活类校本课程

路径二：基于办学理念和精神开发德育类校本课程

路径三：基于学校传统开发特色类校本课程

路径四：基于学生需求和教师特长开发技能类校本课程

2. 典型案例：如何为散点化经验搭建系统化框架

在学校实践经验的具体呈现中，有一个表现比较突出的问题，就是各类事情、各种事项的罗列，以致形成了"大拼盘"效果，给读者的感觉是大大小小做了许多事，但是为什么要做这些事情，这些事情的价值和意义在哪里，却很难从文章中看到。例如，很多校长和教师喜欢讲述学校开展德育活动的实践探索，由于德育活动点多事多，讲起来琐碎，写作时很容易出现散点化表达的问题。以下内容是一篇文章初稿中的片段——

在这一总主题下，设计、开展了具有"个性特色"的主题系列德育活动。比如，围绕"水、空气、阳光"的自然要素，开展"生命之美"的主题德育活动。又如，围绕"春、夏、秋、冬"的更替变化，开展"人生成长"的主题德育活动，让学生在认识"春种秋收、一分耕耘、一分收获、冬练三九、夏练三伏"的活动体验中，感受人生成长的"苦与乐"。再如，围绕"环境污染、浪费资源、追求奢侈"的社会现象，开展"从我做起"的主题系列德育活动。学生在体验"碳汇科普林、地球一小时、模拟气候会、'光盘'行动"的教育实践中，会自然联想到实现中国梦、建设美丽中国，有我一份，要从我做起……

活动的散点化表达，看起来热闹，但却像是一堆事情的"大杂烩"，让人难知其所以然，也自然难有好的阅读体验。因此，在与作者沟通后，我们对稿件进行了结构调整，即通过上述梳理、归类、概括、调序的流程，将零散化的德育活动进行了系统化梳理，然后要求作者根据调整后的结构再丰富案例。这样下来，思路厘清

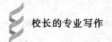

了，文章逻辑也就清晰了。以下内容是对上文中的德育活动重新调整结构后的表达——

近年来，我们探索多维度开展生态文明教育系列活动，通过规范设计和有效操作，搭建起"自主教育、自主体验、自主成长"的活动平台，从而将责任、和谐、仁爱等生态文明教育理念浸润学生思想中，培养学生的健全人格。

其一，围绕校园生活，引导学生树立生态意识。

我们根据学生的年龄特点，围绕学生的校园生活设计系列活动，让可持续发展的生态理念浸润学生心灵。例如，新生进校园时，校团委结合新生入学第一课，在食堂开展"爱大米"节粮主题教育活动；九年级毕业学生会将自己的校服洗干净，整理好，请学校送给贫困地区的中学生；高三毕业班学生"捐书"（参考资料）给贫困山区中学生，高年级学生将自己的课本送给低年级学生循环使用，等等。此外，校园里随处可见的环境生态宣传作品，如甬道与楼道里的全球环境资料，厕所里学生自创的节约用水宣传画，食堂里节约粮食、拒绝使用一次性筷子的宣传画和倡议书等，早已让生态文明理念与学生的校园生活融为一体。

其二，浸润课堂教学，引领学生感悟生态道德。

我们探索将生态文明教育的有关内容细化落实到各学科课程教学中，使生态道德理念通过学生的学习和研究过程得到更好的诠释，由此深入学生内心。例如，历史教研组成立了"保护环境——通惠河采风小组"，八位教师周末带学生考察地区水资源，调查、搜集、分析水污染数据，还利用寒假到京杭大运河苏杭两段进行实地考察；美术组教师组织学生开展"节能减排"漫画比赛。学生们还在教师的引导下，自己动手设计学校、家庭节水方案，以"小手拉大手"的方式，使生态道德从学校辐射到社区。以"爱水、节水、惜水"为切入点的活动逐渐延伸到护树、节粮、节物，学生们也从关心自然到关心人，从爱生命、爱集体走向爱学校、爱我们生活的世界。

其三，融入自然体验，助力学生提升生态素养。

只有让学生身处自然、融入自然，才能在对自然万物的感知中更加热爱周围的世界，不断提升生态文明素养，进而努力改变世界，让人类所生存的地球变得更加美好。因此，我们围绕"水、空气、阳光"等自然要素，开展了"生命之美"的主题德育活动。例如，在"动物之美"活动中，我们组织学生观察濒临灭绝的华南虎幼崽；在"植物之美"活动中，我们开展濒临灭绝植物的图片展和摄影比赛，增进学生对濒危珍稀植物的了解，增强他们的生态保护意识。此外，我们还围绕"春、夏、秋、冬"四季的更替变化，并结合我国传统的二十四节气，开展了"人生成长"的主题德育活动，使学生在认识"春种秋收""一分耕耘、一分收获""冬练三九、夏练三伏"的活动体验中，感受人生成长的"苦与乐"。

其四，对接真实问题，促进学生共建生态社会。

当前我国生态环境保护依然面临严峻挑战和压力，引导学生关注环境问题，树立绿色发展理念，保护我们赖以生存的环境，为建设生态文明贡献力量，是学校生态文明教育的应有之义。例如，我们围绕"环境污染、浪费资源、追求奢侈"的社会现象，开展"从我做起"的系列主题德育活动；组织学生走进国家级生态文明实验室，让学生了解最前沿的生物技术发展情况，以及当前在绿色低碳、生态保护方面的先进理念和创新实践；连续多年开展"碳汇科普林""地球一小时""模拟气候大会""光盘行动"等实践活动，促进学生从意识到行为的转变，使绿色生活成为学生的行动自觉，由此自然而然地产生这样的情感：实现中国梦、建设美丽中国，有我一份，从我做起。

此部分内容是针对问题呈现学校开展"生态文明教育系列活动"的经验，因此可以通过追问"如何做的"，展现四个维度的活动。这样一来，学校多种多样的生态文明教育活动就不再是一个个零散的"点"，而是被归类后连成"面"，然后不同类型的活动所表现的四个"面"又被串成线，让读者感受到活动是基于学校理念的"规范设计"，是渗透着育人核心思想的"有效操作"。

以下仅以"抽象概括，提炼核心思想"为例，对框架搭建方法的实际运用进行简要说明。例如，对于围绕校园生活开展的系列活动进行归类后，仍旧停留在事情罗列的层面，如何发掘这一类活动背后的意义，凸显其普遍价值呢？这时就需要将这类活动的"共性"进行提炼并表述出来，然后放在段首作为此部分内容的引领句。这种共性的表述，可以是"目标""效果"，也可以是"意义""价值"。此部分主要是"目标"的概述，即"根据学生的年龄特点，围绕学生的校园生活设计系列活动，让可持续发展的生态理念浸润学生心灵"。此部分的小标题则体现了这一类活动的"核心价

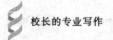

值点"，即"围绕校园生活，引导学生树立生态意识"。

（四）干练的开头和有力的结尾

在一篇文章中，精致美丽的"凤头"和干脆利落的"豹尾"各自发挥着重要作用。一篇文章是否引人入胜，需要从"头"说起。就如同参观一所学校，走进校门时的第一印象，往往会"先入为主"地影响接下来参观的心情，以及我们对这所学校的整体感觉。即使文章深处埋有宝藏、金句迭出，往往也很难扭转这"第一印象"。与此同时，结尾若能写得收放有度、意蕴隽永、点睛提气，也自然会为文章增色许多。

1. 如何写一个引人入胜的开头

无论哪一种文体的写作，开头都需要认真对待。好的开头中包含对已知信息的概述，也能够让读者与作者所关注的问题建立关联，同时激发读者对话题的关注，吸引读者的阅读兴趣。在具体的写作实践中，我们可以通过对普遍性规律的把握，来应对不同题材、不同体裁的开头写作。

（1）经典开头"四要诀"

我将常见的论文开头进行梳理，提炼了一个"经典开头要诀"，即论文开头通常包括的四个要素。

其一，熟知的"背景"。即提供关于写作主题的背景信息，可以基于文献综述，对主题的研究进展、发展现状或重要意义等进行简要介绍，详略根据主题和内容来确定。倘或大众对此知之较少，叙述可尽量详细周全；若是众所周知的现状或者结论，则可一笔带过，甚至不必赘述。

其二，新发的"冲突"。即围绕写作主题呈现当下普遍关注的新发展、新变化，以及由此产生的矛盾与冲突。这也是主题价值和时代意义的体现。是否有必要展现冲突，则可因读者的认知程度来定。若是诸多问题还不曾被更多人认识，可以有重点地列举问题引发思考；若问题由来已久，属于大众已知范畴，也可不必再提。

其三，探求的"问题"。即写作该文章的切入点，直接点明文章要聚焦、要解决的问题。切入点要小而实，问题要具体而明确。这就要求用最简短的句式清晰表述所要关注的问题"是什么"。此处表述的问题虽是个体的、个性化的问题，但也应该是相关领域的焦点、难点问题，是相关群体关注的瓶颈问题，这样，"个人的"问题才会成为"大家的"关注。

其四，提供的"解答"。即针对上述具体问题，文章能够呈现什么样的思考与实践、经验与策略。这也是对文章主要内容的概括性说明，有助于读者快速了解文章的核心研究成果或者实践探索。"问题"与"解答"是开头的必选项，是文章开门见山点题的核心内容。在具体表述时，"解答"可以表现为思考、研究或者实践成果，要通过高度凝练的句式亮出其独特价值。

（2）经典案例：基于标准式的变式演绎

上述所列的论文开头四要素是一个基本的"标准式"。在具体写作中，可以将标准式作为基础，因题、因文而异尝试探索不同的"变式"，最终实现灵活运用、个性呈现。以下通过几个经典开头进行案例说明。

案例一：《让新教师站在入职培训的"正中央"》（赵继红、鲍晓梅，《中小学管理》2019 年第 3 期）

新教师是一所学校可持续发展的源头活水，是一所学校的未来（**注：此为熟知的"背景"**）。如何帮助新教师尽快度过角色适应期，迅速融入学校，更好地适应教育教学工作，是许多学校面临的共同问题（**注：此为新发的"冲突"**）。针对传统新教师培训中存在的供需不对接、新教师学习动机被忽视等问题（**注：此为探求的"问题"**），北京十一学校自 2017 年起开办新教师暑期研修营，开发和完善了"以新教师为中心"的入职培训课程，尝试在培训课程的目标、实施、评估链条中把新教师置于中心地位，遵循新教师作为成人学习的内在规律，调动新教师学习的积极性与主动性，激发新教师自觉、主动成长与发展的内动力，取得了一定成效（**注：此为提供的"解答"**）。

案例二：《建设家长教育课程　提升家庭教育胜任力》（侯清珺，《中小学管理》2019 年第 5 期）

良好的家庭教育对学生的发展具有奠基作用（**注：此为熟知的"背景"**）。如何培养合格家长？如何通过科学的家长教育，提高父母的家庭教育胜任力，进而改进家庭教育，促进家庭中孩子的健康成长？学校在这个过程中应该承担什么样的职责？

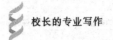

（注：**此为探求的"问题"**）河南省郑州市金水区文化路第一小学翰林校区基于生源特点，立足社区实际，有针对性地建设"知行院"家长教育课程，对家长进行有效指导，使得家长的教育观念、教育行动与学校教育遥相辉映，形成了良好的育人合力（注：**此为提供的"解答"**）。

　　案例三：《以"智慧课堂"化解初中"大班额"教学困境》（刘书君、孟黎，《中小学管理》2018 年第 7 期）

　　班额数量大，师生互动少，教学效率低，这是当前很多初中都面临的现实问题（注：**此为新发的"冲突"**）。在"互联网＋"背景下，学校如何通过信息技术与教育教学的深度融合，改变传统的教学方式，提高课堂教学效益，激发学校乃至师生的生命活力？（注：**此为探求的"问题"**）近年来，山东省临沂第十一中学运用互联网技术，借助云教学平台，探索构建智慧课堂，实现了"交互式、大数据、精准化"教学，促进了师生的生命成长，也实现了自身由薄弱校到强校的华丽转身（注：**此为提供的"解答"**）。

　　案例四：《让学生学习方式变革"有理有据"——基于不同自主学习方式影响小学生数学成绩的实证研究》（夏青峰，《中小学管理》2016 年第 5 期）

　　改变学习方式，是中小学教育教学改革的重点与难点之一。如何让学生学习方式的改变更好地合乎目的性与科学性，我们需要进行更深入的理论探索与实证研究，让改革建立在理性的基础上。例如，没有老师教和有老师教，学生的成绩会有多大差异？有些教学改革让学生自学辅导材料（或观看微视频），有些教学改革注重组织学生讨论，这些方式对学习会有多大的帮助？对成绩真的有促进作用吗？如果完全凭学生独立自学，那么他们能学会多少？这些看似简单的问题，恰恰是学习方式变革中需要厘清的基本问题。（注：**此为探求的"问题"**）

　　学习方式有自主的方式、合作的方式、探究的方式等，以上问题实际上是属于自主学习方式里的不同形态。笔者以小学生的数学学习为研究对象，就不同自主学习方式对小学生数学成绩的影响进行了实证研究，以期深入探讨科学有效地改变学生学习方式、提高学生学习质量的基本策略。（注：**此为提供的"解答"**）

　　案例五：《学校建筑：成为课程·服务课程》（陈罡、程冰，《中小学管理》2016年第 3 期）

据古罗马建筑大师维特鲁威所著的现存最早的建筑理论书《建筑十书》的记载，建筑包含的要素应兼备用（实用）、强（坚固）、美（美观）的特点。维特鲁威的这一观点一直影响着后世建筑学的发展。时至今日，我们的建筑设计依旧以此为衡量标准。而学校作为特殊的育人场所，其本身应该具有的最显著的教育功能，在建筑设计面前却被弱化甚至是消弭。一所所学校拔地而起，它们是坚固的、实用的、美观的，甚至是豪华的，可是多数时候，学校建筑的教育意蕴在建筑设计师的图纸里却无从寻觅。陶西平曾经说过："中国应当建立一门学校建筑学，从教育学的高度研究、改进现有的学校，设计建造出一批承载现代教育理念、具备现代教育功能的一流学校建筑。"（注：**此为熟知的"背景"**）

当下，基础教育课程改革逐渐步入深水区。课程整合、选课走班、项目学习等在一些学校方兴未艾。在推进这些研究及实践的过程中，大多数人的视角均有意无意地忽视了学校建筑在其中的意义与价值。与此同时，教育技术的革新也扑面而来，微课、交互式电子白板、电子书包、3D打印技术等逐渐进入中小学校，但是大家同样没有意识到学校建筑需要做出的系统改进（注：**此为新发的"冲突"**）。由此，教育界与建筑界必然、也必须面对一个共同的课题：学校建筑何以成为课程并且更好地服务课程？（注：**此为提出的"问题"**）

在上述五个案例中，有包括四个经典要素的标准式开头，也有只包含两至三个要素的变化式开头，有突出问题、探寻普遍意义的开头，也有突出价值、以研究和思考为着力点的开头。此外，还有一些叙事类文章，以强调冲突、突出经验或者呼应主题为开头方式，此处不再一一列举。我们了解模式，最终是为了跳出模式。因此，只要不写空话、套话、大话，根据文章主题和所要表达的内容，因个人写作风格不同，开头也可以有更加多样化的尝试。

2. 结尾的力量

结尾写作强调收放自如。因此，写作时既可以首尾呼应，善始善终，又可以展望未来，引领方向；既可以通过总结概括，点明主题、强化价值，也可以通过解释说明，提升意义，升华对主题的理解。总之，结尾虽强调简明扼要，但也不能草草收场，或者画蛇添足，或者虎头蛇尾，而是要因文而异，如豹尾般潇洒有力，如余

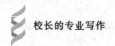
音绕梁，让人意犹未尽、回味无穷。我们可以通过以下三个案例，简要了解结尾的写作方法。

(1)方向引领式结尾

案例一：《区域整体推进中小学在线教学的经验与探索》（尹骏，《中小学管理》2020年第3期）

疫情终将过去，教师和学生必将重返教室，钉钉授课群也许会恢复平静。大规模网课肯定难以再现，但信息化的途径已经打通。一定有一些改变会永远留下来，对未来教育产生深远影响，让我们拭目以待。

(2)总结概括式结尾

案例二：《战略管理视角下的薄弱学校改进路径研究》（刘艳萍，《中小学管理》2020年第5期）

总之，薄弱学校改进是一项艰巨而复杂的系统工程，借助集团化办学优质教育资源的辐射和带动作用，通过战略管理唤醒薄弱学校的自我发展意愿，培育薄弱学校的自我改进能力，是一条切实可行、行之有效的路径选择。当然，薄弱学校在持续改进过程中会不断遇到新的问题和新的挑战，学校需要审时度势，时时校准方向，优化策略，敢于抓住机遇、创造机遇，将各种不确定性转化成教育的可能性，为义务教育优质、均衡、可持续发展做出应有的贡献。

(3)回应主题式结尾

案例三：《项目化学习的实施困境与突破之策》（石莉，《中小学管理》2020年第8期）

在项目化学习的研究实践过程中，我们需要冷静地审思目前的实施困境及突破路径，在不断迭代中推进项目化学习，让学生的学习真正发生，让学校的课程真实生长。

(五)如何让你的文章更具文采

好文章是文采飞扬的，但并非每个写作者都能做到文采斐然。每个人对于文字的敏感程度不同，并非经过技巧性的训练就能达至完美境界。但是教育写作不同于文学创作，对于学术论文而言，基本要求是能够清晰准确地表达思想和观点，而非以辞章华美作为评价标准。因此，只要了解一些基本的语言文字使用规范，就完全能够胜任教育专业论文的写作。

那么，校长们在专业写作中有哪些基本的规范表达要求呢？

1. 遣词造句要规范，做到精准表达

在专业文章写作中，首先是遣词造句要规范，做到文从句顺。表达的第一要务，是为了让他人了解"讲了什么""讲得如何"，由此与文章建立关联，让表达产生意义。"唐宋八大家"之首韩愈就曾提出"文从字顺"的写作主张。为了保证顺畅阅读，规范表述是对文章写作最基础的要求。基于校长们在论文写作中的常见问题，我认为，以下几项规范尤其需要注意。

(1) 保证正确性

在写作中要尽量减少生僻字的使用，杜绝错别字，这是对于写作最基础的要求。写作时对于把握不准的易错字词，可以查找词典，了解基本用法，寻求最佳释义。如编辑部通常按照《现代汉语词典》最新版本(目前为第7版)来进行字词把关，对于一些通用词，则要求将词典中有词条释义的一项作为首选。例如，在"唯一"和"惟一"两个词的使用中，依据《现代汉语词典(第7版)》中，"唯一"有词条释义，"惟一"词条中则标注为"同'唯一'"，因此将"唯一"作为首选词使用。当然，如果一篇文章中错别字连篇，这首先反映的是作者的态度问题。

(2) 保证准确性

所谓准确性，也就是要恰当规范用词，避免生造词语，慎用网络新词，确保表述不会产生歧义，不致带来阅读或者理解障碍。写作时对一些固定搭配、习惯用语等进行灵活运用，有时会增强表达效果，令人耳目一新。但是如果作者为了刻意标新立异，忽略词语的本意进行生硬组合，或者凭空而造，或者随意变更成语，这样使用的词语不仅无法准确表意，而且让人看不懂、理解不了，起不到表达的作用。例如，以"愁眉皱脸"代替"愁眉苦脸"，以"体惦"代替"体贴惦记"，以"狡奸"代替"狡猾奸诈"等。此外，当下网络交流中产生的各种网络用语日益走进大众日常生活，虽然一些网络用语具有新颖简明、形象传神等特征，如"汗颜""虾米"等，但并

不适合应用在专业论文写作中。

(3)保证完整性

完整性是指在写作中要确保句式完整，避免主谓宾缺失、偷换主语等现象，要通过写好每一句话，实现思想的精准表达。这类问题在校长们的论文写作中也较为常见。很多论文由于存在句子结构不完整以及不考虑主语的连贯性等句式表达，不仅不利于读者理解文章的思想，有时还会使人产生误读。例如，下面这句话："孩子进入中学，由于学科增加，加上学业成绩评价的压力，很多家长普遍反映孩子学业任务重，出现很多孩子学习节奏跟不上，心理产生焦虑、厌学等情绪。"在这句话中，由于主语既有"孩子"又有"家长"，而且句子表述中逻辑不清晰，就造成了读者理解上的困难。

2. 事实呈现要具体，做到朴实自然

"质朴晓畅，方能准确达意"——这是对于文章写作的根本要求。《现代汉语词典(第7版)》中，"质朴"释义为：朴实，不矫饰。也就是说，论文写作不是为了刻意雕琢摆花架子，炫技辞藻运用，而是为了说明白道理、讲清楚事实，是为"载道"，由此自然彰显文采辉光。这就要求校长们在写作中需要把握以下几个原则。

一是写真情实感，那些来自实际，贴近教育教学生活的鲜活场景、真实感触、真情话语，最具有打动人心的力量。

二是多用事实性材料，少陈述似是而非的观点，不臆想生造，不做所谓"理论"的集锦，装腔作势、故作深奥。

三是切忌语言华丽浮夸、内容空洞无物，切忌啰唆反复，又臭又长。此外，各种形容词、比喻排比句式、成语歇后语等，偶尔用之，可以为文章添彩，但切忌泛用滥用。

例如，山东省郓城县侯咽集镇中心学校校长杨其山所写的《建设田园课程：激活乡村教育的一池春水》(《中小学管理》2021年第2期)一文，作者在介绍学校开发实施田园课程的背景时这样写道——

田园课程应该是从乡村大地上长出来的课程，要有乡土味，要有田园味。具体来说，就是把课堂搬进田园，把田园融入课程，让学生走进生活，让学校融入社

会，让学生在真实的场景中学习，在那里放飞身心，摆脱课堂的束缚。我们希望通过田园课程的实施，让书本知识和生活知识无缝衔接，打破封闭学校的"围墙"，打通学校、家庭和社区之间的壁垒，让孩子们如同一只只小鸟，在乡村大地上自由飞翔。

这是作者最朴实的愿望，也是他最真实的思考，因为真实，所以动人。接下来，作者运用白描的手法直接介绍学校的田园课程，"怎么想""怎么做"，便"怎么写"，不夸张，不炫耀，也不喧闹。但这种自然而然的"平铺直叙"，却让我们眼前仿佛出现了一系列孩子们在田园里快乐学习的生动场景——

乡村孩子喜欢玩泥巴，我们就因地制宜开发出"田园泥巴"课程。孩子们在老师的指导下，经过多次试验研发出可以长期存放的绿色泥巴原料。他们用这些泥巴原料，捏制出数以千计的泥巴作品，有植物、动物、人物，有主题泥巴、历史故事、创造发明，主题涉及爱国、环保、勤俭节约等。这些作品非常富有想象力和美感，美育的价值在这里得到充分展现。在这个过程中，不仅有美术的学科知识，有语文的观察写作，有科学的发明创造，甚至还有数学中的"反比例关系"演示。

3. 节奏把握要适当，做到简洁明快

宋代文人李涂在《文章精义》一书中曾说，"文章，不难于巧而难于拙，不难于曲而难于直，不难于细而难于粗，不难于华而难于质"。也就是说，写文章贵在朴实、直率、疏朗、质朴。能够删繁就简，以最简洁的语言表达最深刻的含意，是高质量论文的体现。那么，要做到明白通畅、简洁精练的行文表达，到底有哪些方法或者窍门呢？

一是长短适度，体现节奏感。一方面要把握好句子的长度，尽可能多用短句，对于那些过长的甚至读起来绕口的句子，可进行适当拆分，力求做到长短变化、错落有致；另一方面要控制好段落的长度，避免一"逗"到底、一页一段的现象，这样不仅阅读起来节奏明快，容易理解，而且还可以减少语病。

二是减少冗余，避免重复性。要让文章读起来干净利落，无闲字、无闲句，就要力求做到极简化表达，用较少的词语提供较多信息。例如，同一个描述性词语在一个句子中尽量减少重复使用，若需要连续表达类似意义，可考虑以同义词代替；

同一个句子中不同修饰成分之间连续使用多个助动词"的"，往往也会影响阅读，此时要么化长句为短句，要么并列使用修饰语，减少"的"的使用。

以一篇文章原稿中的一句话为例——

也就是用具体的、鲜活的人和事对校长价值领导的思想和行动的自身肯定，是校长价值领导力成效如何最为直接的反馈。

这句话中，并列修饰语中的"的"可以进行删减，意义重复的用词"如何"也可以去掉，可修改如下：

也就是用具体、鲜活的人和事对校长价值领导的思想和行动进行肯定，这是校长价值领导成效最直接的反馈。

4. 意义提炼要深刻，做到经典隽永

一篇优质论文的经典之处可能表现在不同方面，立意高远的选题、科学翔实的数据、激荡人心的案例等，都可能成为制胜关键。除此之外，有时候让我们对一篇文章爱不释手的原因，可能还因为一句画龙点睛的经典金句，犹如醍醐灌顶，直击心底，让人豁然开朗，甚至会被广为流传引用。它们是文章意义的提炼提升，也是文章的思想和灵魂所在，充分彰显作者的内涵底蕴、思想格局及文采见识。因此，写好点睛之笔，不仅需要有思想认识的高度，也考验着理论的深度、积淀的厚度。那些令人拍案叫绝的"金句"，往往具有以下一个或者几个特征。

一是要体现新意，与时代合拍，"言他人所未言"。

二是要体现深度，蕴含哲理，具有启示性。

三是要体现美感，有吸引力，易读易记。

四是要体现共情，触及人心，具有强烈的感染力。

例如，以下文中"金句"，就从不同角度分别体现了上述四个特征。

案例一：《面向 2035 的学校生态》(王烽，《中小学管理》2021 年第 1 期)

温暖的氛围、从容的节奏是学校该有的模样。学校需要"慢"下来，老师才能安心育人，家长才能减轻焦虑。未来学校应当是"高合作、高激励"和"低评价、低竞争"的"慢学校"。

案例二：《目的与目的性颤抖》(成尚荣，《中小学管理》2021 年第 1 期)

人应当有理想、有追求、有格局，但一切都是在自然而然的过程中慢慢'长'出来的，否则想称王的目的一定会让你走向失败。

案例三：《田字格教育：探索乡土人本教育新模式——对话贵州省遵义市正安县田字格兴隆实验小学校长肖诗坚》(谢凡，《中小学管理》2021年第2期)

更重要的是，要把乡村学校建成乡村孩子的家。我觉得，对乡村学校而言，一间有热水的浴室要比塑胶运动场重要，一日有营养的三餐要比班班通重要，一间温馨的阅览室要比高大上的专业教室重要。

(六)好文章是反复修订的结果

写作中还有一个很重要的环节，就是修改。好文章是反复推敲琢磨修改的结果。矛盾曾说，练习写作的秘诀是不怕修改。日本作家山口拓朗在《如何写出一篇好文章》一书中也特别强调，要"热情地下笔，冷静地下刀"。这实际上都是在告诉我们，好文章是改出来的，写作时要饱含激情，修改时也要坚决果敢，毫不心软。"增之一分则太肥，减之一分则太瘦"虽是一种理想状态，却也为我们指明了文章修改的方向。

我们经常看到，有些作者花了很长时间用心、用力写作，却极少花心思修改自己的文章，这从投稿邮箱或者论文评审中诸多表述凌乱甚至文句不通的稿件便可知一二。经常写作的人都清楚，我们用于修改文章的时间甚至要远远大于写作时间。作为一位资深编辑，我更是深知一篇优质论文要如何经过一二十遍的"带修订"状态打磨而出。

1. 文章修改的基本流程

文章修改是为了更完美的呈现。这个过程，既是修改错字病句，让语言更规范的过程；也是修补裁剪内容，让表述更精练的过程；更是梳理层次逻辑，让思路更清晰、观点更明确的过程。一篇文章的修改大致可包括如下一些流程。

(1)通读全文，逐句完善

文章初稿完成后，我们需要站在作者和读者的双重视角，对文稿进行精雕细琢、细致打磨。校长们可以尝试使用 Word 工具栏中的"审阅—修订"工具，这样可以使文章修改步步留痕，让随时"反悔"成为可能。写作初稿时，可以任由思想和情感一泻千里，修改时也不要怕麻烦，要从第一个字开始，逐字逐句通读，边看边改。

首先要对啰唆的句式表达进行精简，一些可有可无的字、词、句可以直接删掉。例如，一些意义重复的句子，不必要的因果连接词，使用较多的"的""是""了"等助词。其次要割舍掉一些与主题关联不大的表述，即使那些描述无比精彩，这样才能使文章重点更加突出。实在改无可改时，留下的便是精华。

(2)深研细磨，推敲观点

一遍遍打磨文字，也是不断整理思路、明晰观点、促动自我认知提升的过程。此番修订需要检视以下几个方面的内容。

一是看内容，即文章希望呈现的事实、数据、观点是否完整全面。

二是看结构，即文章分类、分层是否清晰，有没有出现同类重叠或者归类有误的问题。

三是看概述，即有没有对事实进行概括性表述，是否精准呈现了其背后的道理和意义。

四是看结论，即所梳理的规律和方法是否具有普遍性，能否为他人提供参考和借鉴。

"如切如磋，如琢如磨"，方能充分彰显经验的价值。

(3)回看框架，理顺逻辑

内容理顺之后，还要对文章的框架结构进行整体把握。例如，通过对不同层级的小标题进行整体性观察，检视每个小标题意义是否明确，同一层级以及不同层级小标题之间逻辑是否清晰，同一层级各小标题是否文字对称，是否体现了整体性和节奏感，等等。

此外，在整理文档框架时，校长们可以尝试使用 Word 工具栏中的"视图—文档结构图"模式，对文内大标题及各层级小标题进行"样式"标注，这样便可以在左侧窗口中呈现清晰的文章框架，也可以通过点击窗口中的小标题，随时浏览文档中对应的具体内容。

(4)精雕标题，品读语感

完成文章内容的整体修改后，还要根据主题对大标题进行重点推敲。随着文章内容越来越聚焦，对文章整体性的把握进一步增强，我们可以基于对主题的逐层深入理解，再次对大标题进行凝练表述，对个别字词进行反复推敲。此外，还可以通过词语代换、典故或修辞的运用等方法，在精准传递文章主旨的基础上，让标题更隽永优美。

此时，一篇经过用心打磨的精致文稿即将出炉，我们还可以用最后一步，让文章更加完善。作者可以通过全文朗读的方法，将文章通读(出声读或者默读，一定读出来)一遍，根据语感对个别词句进行调整，这样也有助于我们发现一些遗漏或者疏忽的错误表达。至此，校长们就可以检查好作者署名，将您的大作投稿至心仪的期刊了。

2. 经典案例：从"原稿"与"编后稿"的对比中体会流程应用

上述四个流程并非固定不变，具体操作顺序也因文章而异。如有的文章按部就班修改即可，有的文章则需要先从调整结构开始。修改文章的过程虽然单调枯燥，但是，当一篇文章从杂乱无章走向眉清目秀，那种成就感还是足以慰藉许多坐冷板凳而生的煎熬。作为编辑，每天要做的工作就是对各种稿件进行加工整理。无数次的"带修订"之后，一篇精彩文章的呈现，也是编辑心中最大的成就感。以下我将通过对一篇稿件"原稿"与"编后稿"的对比分析，带领大家体会修改流程的具体运用。

基于小学校园仪式活动的"三性"思考(原稿)

"仪式"是人们表达信仰、传递思想情感、传递社会价值观的工具。仪式作为一种文化象征，具有特别重要的作用。"仪式感"被赋予一种特别的，甚至是无法言说的意义，触及人的心灵。因此，以仪式的形式开展的教育活动，可以营造特殊的教育氛围，表达教育内容，传递价值观念。

一、现实性：聚焦问题

由于仪式活动具有比较强大的德育功能，小学也非常重视仪式活动的开展。但在具体的教育实践中，存在诸多问题，主要体现在以下几个方面。

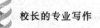

1. 仪式内容的浅化

仪式活动的内容可以围绕相关主题，创设丰富的内容。以开学典礼为例，按道理，开学典礼应该通过一系列的活动，消除学生假期的惰性心理，激发他们对新学期的向往，对知识探索的渴求，同时又可引导学生对假期生活进行反思、梳理。这个过程，可融合理想教育、信念教育、规则意识等诸多德育渗透。而目前部分学校的开学典礼有"走过场"之感。例如，某一学校每学期举行"开学典礼"活动，基本以"学生代表发言""学校领导发言"两个发言为主。内容的单一、浅表化，让仪式活动成了师生之恶，更遑论其教化功能。

2. 仪式流程的刻板

仪式活动因其代表集体意志，具有传承性、重复性等特点，其自身流程受到一定约束。比如升旗仪式就有规定的流程：出旗、奏国歌、升旗、行礼。但是并不意味着仪式的流程必须刻板，丝毫不得变化。即便是升旗仪式这一类代表国家意志的仪式活动，也可以在规定的流程中进行变化。而像入学仪式、开学典礼、散学典礼、十岁礼等校本化的仪式活动更可以风格多元，形式各异，以吸引学生的注意，激发参与欲望，实现活动育人的目的。

3. 仪式主体的缺位

小学校园仪式活动的实施一般是自上而下的，基本上是由老师进行设计、布置、执行，而且在仪式活动中，话语权基本掌握在成人手中。在仪式活动的场地布置中，大多数都是让学校领导、教师在场地的核心位置，学生不过是活动的观众，除了极少数学生能够成为代表，绝大多数学生在仪式活动中不能参与活动，或者说没有活动参与，更没有话语权，不能进行适当表达。原本是受教育的主体却沦为"看客"。

二、应然性：设计原则

针对当前小学校园仪式活动的一些问题，笔者在实践中提出"构建儿童本位的校园仪式活动"这一观点。所谓"儿童本位的小学校园仪式活动"，指的是基于儿童的身心发展特点，设计出丰富的、具有教育性的、可参与性的、旨在促进儿童精神发展的系列规范化活动。总的说来，儿童本位的小学校园仪式活动需要遵从以下几个基本原则。

1. 突出仪式教育性

教育性是校园仪式活动的基本属性。儿童本位的校园仪式活动虽然强调儿童性，但是其教育性必须坚守。依附在仪式中的爱国主义、理想信念、集体主义、规则意识、法治观念、友好相处等价值观、道德品质不能剔除，而只剩下娱乐的外衣。这也是当前校园仪式活动需要警惕的另一种倾向，将仪式活动娱乐化，纯表演化，弱化了其教育功能。

2. 重视仪式规范性

仪式是一种目的性、集体性、同一性、规范性的活动。一般来说，仪式都有其相应的程序。虽然上文指出"流程刻板"是目前存在的一个问题，但是并不意味着放弃基本的流程规范。尤其是升旗仪式、入队仪式等活动，必须严格遵从其固定流程，在此基础上，再进行适当的变动，做到"规范的灵动""灵动的规范"。

3. 回归仪式人本性

人本性，即以人为本。对于小学来说，人本性主要体现为儿童性，将儿童置放在仪式活动的中心。根据儿童的道德发展特点，儿童的集体记忆，设计基于儿童经验的活动，促进儿童的道德发展。这一原则也是"儿童本位的小学校园仪式活动"的关键所在。

4. 关注仪式参与性

由于传统的小学校园仪式活动大多从成人角度出发，儿童在活动中基本处于被动倾听的地位。因此，"儿童本位的小学校园仪式活动"的内容设计、流程改造均需要考虑儿童如何参与其中，而且要尽可能让每一个儿童参与，让他们在具体可感的操练中，获得更加丰富的体验，从而激发道德情感，养成良好的道德情操，促进道德行为的发生。

三、使然性：操作策略

1. 解构活动要素

改造传统的校园仪式活动，需要对其要素进行解构。仪式活动的要素可以分为物质要素、内容要素两方面。物质要素包含了物品、声音和行为，内容要素包含了目标、素材和精神。

物品：仪式是具有象征意义的活动，一般借助象征物来传递。比如升旗仪式中

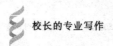

的国旗、入队仪式中的队旗、红领巾等物品。部分学校还设计了学校的吉祥物，在大型活动中进行运用。

声音：为了营造良好的情境，仪式活动中往往采用各种音乐进行渲染烘托。例如，升旗仪式中的国歌、入队仪式中的队歌，以及开学典礼、散学典礼中的各类音乐的运用。除此之外，还有各类演讲的声音，均属于声音要素。各类标语、宣传语也可归并到声音要素中。

行为：在仪式活动中，参与者需要进行适当的集体性举动，这些集体性的举动能够促进参与者产生趋同的情感，获得集体性的熏陶，比如宣誓、签字、敬礼、立正等。

目标：目标是整个仪式活动的出发点和归宿点。不同的仪式活动具有不同的目的，有的活动目的性单一，有的活动目的综合。入队仪式等一类的活动目的单一，而散学典礼、开学典礼等活动就可以预设多个目的。

素材：素材是整个仪式活动的主要内容载体。具体包含演讲素材、故事素材、音乐素材、舞蹈素材、视觉素材等。这些素材承载着社会化的精神价值和象征意义。比如升旗仪式上的故事，就可以根据实际需要进行选择，如爱国类、理想类、习惯养成类等方面。

精神：精神是仪式活动中的灵魂。各种要素的组合所创造出的情境，传递的就是精神价值。热爱祖国、热爱家乡、追求真理、友好相处、彼此关爱、保护环境等价值融合在各类仪式活动中，通过各种方式传递给学生。

2. 贴近儿童认知

不同阶段的儿童道德认知不同，身心特点不同。在设计仪式活动的时候，要充分考虑学情，在规定的主题下，尽量贴近学生的实际。

以一年级入学仪式为例。举行这个仪式的目的在于消除一年级新生的畏惧感，增进对学校的了解，能够初步适应、向往学校生活，激发学生对未来的憧憬，随机渗透理想信念教育。达成这个目标的内容选择和途径有很多，可以直接用演讲的方式，也可以采取游戏的方式，还可以用班级授课的方式。但是这些方式显然太成人化，没有考虑到一年级新生的实际。

笔者在策划一年级新生入学仪式时，充分考虑一年级新生的身心特点，依据儿童以形象思维为主的特点，以"迈好成长第一步"为主题，设计了走红毯、穿彩虹门、踏彩池、走地图、走校园五个主体活动。走红毯，让家长带着孩子一起走过红地毯，意在营造一种庄重感；穿彩虹门，意在让学生体味到，自己来到人生的一个新阶段；踏彩池、走地图，让学生在一个五颜六色的颜料池中，沾上自己喜欢的颜色，然后在中国地图、世界地图上留下自己的足迹，意在让学生感受小学生活的斑斓，消除学生的畏惧心理，同时又随机渗透了理想教育，让学生在地图上留下自己的足迹，希望能给祖国和世界增添光彩；走校园，侧重于了解学校的环境，熟悉自己的校园，也激发学生对学校的热爱。

3. 设计互动环节

传统的仪式活动，学生往往只是一个听众，少有互动环节。听，是获取信息的一种途径，这种方式也能激发学生的情感。但是根据学习金字塔原理可以得知，听讲的学习方式效果最低，两周之后学习内容只能保留5％，而"做中学"或者"参与实际演练"将保留75％。因此，要尽可能设计让学生参与其中的环节。

2019 年是中华人民共和国成立70周年，全国各地都开展了各种各样的纪念活动。为了让学生深入了解中华人民共和国成立的艰难历程，激发对革命先辈的崇敬之情，对中华人民共和国的热爱之情，笔者策划了"英雄的历程"系列活动：读长征诗词，看长征电影，讲长征故事，唱长征红歌，国旗下的宣誓，"我"的长征路。这个系列活动，让每一名学生参与其中，沉浸其中，在丰富的素材中，加深对长征的认识，对先辈的情感，复活了国庆的集体记忆，苏醒了国庆所承载的象征意义。重要的是，宣誓、"我"的长征路等活动，打通了过往和现在、革命先辈和自己之间的壁垒，真正让革命精神得以传承。

4. 营造良好氛围

人在不同的情境中会产生不同的情感。仪式活动中的情境创设，可以让参与者脱离原有的生活，进入到特定的环境中，获得特定的身份，因而产生特定的认识和情感。肃穆的情境让人心生敬佩，欢快的情境让人心生喜悦。氛围的营造主要是通过物品、音乐、语言、文字、图片、视频、场地等要素进行。不同的仪式活动需要营造不同的氛围，升旗仪式、入队仪式需要庄重，节日活动可以相对活泼。

例如，在策划"春节课程"结业庆典这一仪式活动时，笔者选择了操场这一场

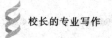

地，采取"闹庙会"的形式，借用了笔墨、红纸、旱船、花灯、灯谜、舞龙等物品以及欢快的民俗音乐，营造了一个"中国味"十足的氛围。再比如，新冠病毒疫情期间，学生在家进行学习，家庭环境缺少学习氛围，学校要求学生每天穿上校服，佩戴红领巾，张贴课程表，营造学习的氛围，保持上学的仪式感，以学生的身份进行学习。

5. 关注学生获得

在传统的仪式活动中，活动结束后大多没有评价，无法知晓学生在仪式活动中的具体获得。"儿童本位的小学校园仪式活动"倡导"以学生的获得"为核心的评价。学生的言语、画作、手抄报、习作、行为等都是学生获得的载体。评价的方式也可以多元，星级评价、奖章、集卡、积分、奖状等方式都是受学生欢迎的方式。

例如每个学期，笔者所在的学校都会举行"期末庆典"仪式活动，通过绘本表演、生命叙事的方式展示一个学期以来的学习成果。庆典之后，我们鼓励学生用图画、日记、交流等方式表达自己在仪式活动中的获得，并以"张贴、微信公众号推送、奖章"等方式进行公开，强化学生的获得感。在校园仪式活动中，教师只有牢牢树立"儿童本位"的观念，才能在活动目标的确定、内容的选择、方法的运用、评价的指向等方面，关注儿童，贴近儿童，才能实现价值观念的有效传递。

（注：原稿中的一些不规范表述此处未做修改）

如何创设以儿童为本的校园仪式活动？（编后稿）
（《中小学管理》2021 年第 2 期）

校园仪式活动可以营造特殊的教育氛围，表达教育内容，传递教育价值，是中小学校颇为看重的教育形式。但从现实来看，当前校园仪式活动中存在诸多问题，实施效果并不尽如人意，如仪式内容的浅化、仪式流程的刻板、仪式主体的缺位等。针对上述问题，我校探索基于儿童的身心发展特点，创设以儿童为本、旨在促进儿童精神发展的规范化活动，提升了校园仪式活动的育人效果。

一、明确活动要素，坚持仪式的教育性

校园仪式活动可以围绕相关教育主题创设丰富的内容，给学生提供丰富的身心体验。教育性是校园仪式活动的基本属性。为了防止活动"娱乐化""浅表化""走过场"，我们首先要明确校园仪式活动中的各个要素，然后探索将其综合运用到各种校园仪式活动之中，充分发挥活动的育人功能。

其一，解构物质要素。物质要素大致包含物品、声音、行为等。其中物品是指活动中的象征物，如国旗、校旗、团旗、队旗、红领巾、吉祥物等。声音是指仪式活动中采用的各种渲染烘托氛围的音乐，如国歌、队歌、校歌、宣传语以及各类演讲的声音等。行为是指在仪式活动中参与者需要进行适当的集体性举动，如宣誓、签字、敬礼、立正等，这些举动能够促使参与者产生趋同的情感，获得集体性的熏陶。

其二，明晰内容要素。内容要素大致包括目标、素材、精神价值等。其中目标是整个仪式活动的出发点和归宿点，不同的仪式活动具有不同的目的，有的活动目的性单一，如入队仪式等一类活动；有的活动目的综合，如开学典礼等活动就可以预设多个目的。素材是整个仪式活动的主要内容载体，包含故事、音乐、舞蹈等多种形式，可以根据实际需要进行选择。精神价值是仪式活动的灵魂，如热爱祖国、热爱家乡、追求真理、保护环境等价值就可以融入各类仪式活动中，通过各种方式传递给学生。

二、坚持儿童本位，回归仪式的人本性

校园仪式活动要体现人本性，即把儿童置于仪式活动的中心，根据儿童的道德发展特点，设计基于儿童经验的活动，活动的内容设计、流程改造，均需要考虑让儿童参与其中，而且尽可能让每个儿童都参与，让他们在具体可感的实践中获得丰富的体验，激发道德情感，形成道德行为。

其一，活动设计贴近儿童认知。不同阶段的儿童身心特点不同，道德认知水平也不同，学校在设计仪式活动时，要充分考虑学情，在规定主题下使内容尽量贴近学生实际。以一年级的入学仪式为例，已往很多学校的新生入学仪式多采取演讲、班级授课等方式进行，笔者在实践中进行了改进。根据儿童以形象思维为主的特点，我们以"迈好成长第一步"为主题，设计了走红毯、穿彩虹门、踏彩池、走地图、走校园五个主题活动。该仪式的目的在于消除一年级新生的畏惧感，增进他们对学校的了解，帮助他们初步适应学校生活，并激发他们对未来的憧憬，在其间也渗透理想信念教育等内容。

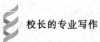

其二，活动评价关注儿童获得。传统的校园仪式活动由于结束后大多没有评价，因此无法清楚地知晓学生在活动中的具体获得。我校开展的儿童本位的小学校园仪式活动，倡导以学生的实际获得为评价标准，学生可以通过言语表达、画作、手抄报、习作等方式将自己的收获表达出来，学校则采取星级评价、颁发奖章、集卡、积分、发奖状等方式进行评价和奖励。例如，我校每学期都会举行期末庆典仪式活动，通过绘本表演、生命叙事等方式展示学生一学期的学习成果。庆典结束后，学校鼓励学生用图画、日记等方式记录并表达自己在仪式活动中的真实获得，并以对外张贴海报、微信公众号推送、颁发奖章等方式予以公布，以此强化学生的实际获得感。

三、体现多元参与，重视仪式的规范性

一般来说，校园仪式活动因代表集体意志，具有传承性、重复性等特点，都有相应的组织程序。在组织校园仪式活动时，一方面，必须严格遵从其基本的流程规范，尤其是对于升旗仪式、入队仪式等活动；另一方面，流程规范并不意味着刻板，尤其是像入学仪式、开学典礼、十岁礼等类似的校本化仪式活动更可以风格多元，激发学生的参与欲望，实现活动育人的目的。也就是要做到"规范的灵动"和"灵动的规范"。

其一，设计互动环节，让学生成为活动主角。当前小学阶段的校园仪式活动一般由教师设计和执行，自上而下开展实施，仪式活动中的话语权基本掌握在成人手中。同时，在仪式活动的场地布置中，大多都是让学校领导和教师处于核心位置，除极少数学生能够成为代表参与活动外，绝大多数学生都成为观众和看客，学生的主体性被严重忽视。学校要尽可能在校园仪式活动中设计一些互动环节，让每一名学生都参与其中。例如，为庆祝中华人民共和国成立70周年，笔者在校内策划了"英雄的历程"系列主题活动，包括读长征诗词、看长征电影、唱长征红歌、讲长征故事、国旗下的宣誓等，让学生在活动体验中加深了对长征的认识和对先辈的崇敬缅怀之情。

其二，营造良好氛围，让学生在情境中成长。校园仪式活动中的情境创设可以让参与者进入特定的环境中，获得特定身份，产生特定的认知和情感。氛围的营造主要通过运用物品、音乐、语言、文字、图片、视频、场地等多种要素进行。不同的仪式活动需要营造不同的氛围，如升旗和入队仪式需要庄重，节日活动则可以相对活泼。例如，在策划"春节课程"结业庆典这一仪式活动时，笔者采取在操场上"闹庙会"的形式，借用笔墨、红纸、旱船、花灯、灯谜、舞龙等物品以及欢快的民俗音乐，营造了中国味十足的活动氛围。又如，"新冠疫情"期间，针对学生居家学习缺少氛围的情况，我校要求学生每天在家穿校服、佩戴红领巾、张贴课程表，以保持上学的仪式感，收到了很好的教育效果。

从上述"原稿"与"编后稿"的对比来看，编后稿最大的调整在于框架结构。原稿虽然看起来整体逻辑清晰，但是第一部分"聚焦问题"、第二部分"设计原则"的内容均较为单薄，而且与第三部分"操作策略"的内容有部分交叉，五个"操作策略"之间的逻辑关系也值得推敲。基于"校园仪式活动"这一主题，考虑到相关"问题"和"设计原则"均属于众所周知的范畴，因此再做过细的解释就显得有些多余。因此，我们在编辑修改稿件时，在对文章内容进行深入挖掘后，首先根据原稿中所提出的创设校园仪式活动的三个原则——"教育性""人本性""规范性"进行框架调整，将原稿中的案例进行归类并提炼概括性意义；然后对相关内容进行删减，将原稿中一些句子结构不完整、表述啰唆、逻辑不清晰等问题进行细致调整，由此形成一篇具有一定借鉴意义的实践类文章。

以开头部分的修改为例，原稿的开头介绍了"仪式"及校园仪式活动的重要性，而编后稿的开头则将原稿开头与第一部分中对问题的阐释进行整合，形成一篇论文的经典开头样式，即呈现背景、问题及解答，以简练的表达阐述了写作此篇文章的必要性，揭示了该文的主旨与价值。

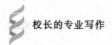

四、了解基本规范：写出高质量的学术论文

实践、反思、阅读、写作，是教育者实现专业成长的必由之路。论文写作成为校长提升核心素养、历练思维品质、改变工作方式，进而推动管理实践改进的一种有效方法。当下的各级各类校长培训也都明确提出了"写"的要求。如全国中小学校长高级研究班和"国培计划"领航校长培训，都对校长的课题研究与学术写作有专门要求。但是论文写作又一直是困扰校长们的一道难题。

在通常意义上，校长们基于理性思考和管理实践开展研究、进行教育写作，其成果根据内容不同，主要表现为实践型论文和研究型论文，与学者所撰写的理论型学术论文又有所不同。本书所指的学术论文，主要以校长经常撰写的实践型论文和研究型论文为主，通过对学术论文写作规范的梳理，重点阐述各要素的写作要领。校长们可以在遵循基本规范的基础上进行创新，呈现独特的思想和经验。

(一)学术论文的"八股"结构

作为议论文的一种，学术论文是一种通过论点、论据、论证三要素来表达思想、阐述道理的说理性文体。它强调内容的创新性和表达方式的科学性，具有严谨而规范的表达格式。我们在此介绍的是学术论文的一般性规范。在此基础上，大多数期刊通常还会适当调整，形成更符合自身定位的规范性要求，这些只要定向去翻阅几本刊物即可有所了解。作者在向期刊定向投稿时，所投刊物的规范要优先于一般性规范。

作为研究成果的表达，学术论文主要回答这样几个问题：①问题是什么？②如何研究或者解决这个问题？③结果如何？④有哪些对策与建议？回答上述问题的过程，就是行文的过程，由此形成学术论文的一般性结构。

以《中小学管理》杂志为例，该期刊要求所刊登的学术论文需要包括如下一些基本内容：题名、作者信息、摘要、关键词及文章标识性信息、正文、参考文献(如图 4-1 所示)。关于摘要写作和参考文献著录，将在后续章节进行介绍，本节主要对其他部分内容逐一进行说明。

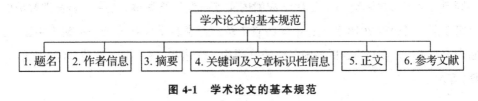

图 4-1　学术论文的基本规范

1. 题名：点明核心问题，聚焦创新点

学术论文的标题要求能够概括论文的内容，通常包括大标题、副标题和各级小标题。标题的要求前文已有讲述，学术论文的标题要求简短精练、鲜明具体，能够直接指出论文内容或者研究的创新点。按我国国家标准要求，论文标题一般不宜超过 20 个汉字。另外，标题中要避免使用一些特殊符号或者术语、公式、缩写词，或者只有本行业能懂的代称。副标题是主标题的补充式说明。标题中间尽量不用标点。常见的学术论文标题有叙述式、问题式、对比式等。

所谓叙述式标题，即直接在标题中说明论文主题，如《推进区域教育可持续发展的理念、路径和策略》(王烽，《中小学管理》2020 年第 7 期)、《"饭圈文化"对青少年价值观影响的原因分析与对策建议》(龚克杰、赵福江，《中小学管理》2020 年第 7 期)、《教师绩效工资改革难以深入推动的原因及对策》(赵德成，《中小学管理》2020 年第 9 期)、《权力、能力、外力：影响中小学办学活力的重要因素探析》(李红恩，《中小学管理》2020 年第 11 期)等。

问题式标题即以提问的形式，将读者所关心的核心问题亮明在标题中，以引发阅读兴趣，如《教师招聘面试的重心应落在何处？——基于内蒙古自治区部分地市中小学教师招聘面试情况的调查》(倪箫吟等，《中小学管理》2019 年第 5 期)、《农村高中生涯规划教育如何系统化、常态化实施？》(詹鑫，《中小学管理》2019 年第 6

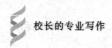

期)、《学科教研组建设如何化"危"为"机"?》(曾广波、吴彬彬,《中小学管理》2020
年第 2 期)、《选课走班背景下如何帮助学生建立归属感?》(王春易,《中小学管理》
2020 年第 3 期)等。

对比式标题即在标题中点明通过对两种或两种以上的研究对象进行对比形成的
研究成果,因其差异性而引发关注,如《让学生学习方式变革"有理有据"——基于
不同自主学习方式影响小学生数学成绩的实证研究》(夏青峰,《中小学管理》2016
年第 5 期)、《PISA2018 解读:中国四省市教师课堂教学现状分析——基于中国四
省市 PISA2018 数据的分析与国际比较》(贾瑜、张佳慧,《中小学管理》2020 年第 1
期)等。

2. 作者信息:提供准确信息,关注贡献度

署名分为单位署名和作者署名两种情况,最常见的是作者署名。作者署名又可
分为单独作者和多人作者。当论文为集体研究的成果时,可采用单位署名方式,如
《先锋为范,谋深虑远:非常时期的"非常治理"——北京东城区教育系统在疫情防
控中的治理新范式与深思考》(《中小学管理》2020 年第 4 期),作者署名为:中共北
京市东城区委教育工作委员会　北京市东城区教育委员会。

当研究成果为多人共同完成时,可将主要贡献者(一般不超 8 人)同时署名,其
他贡献人可加在注释中进行致谢。作者顺序按对文章贡献大小排列。作者署名均需
要写明作者单位全称,以及单位所在省(市、区)名称和邮政编码。

单独作者信息的基本格式为:

×××(江苏省苏州市××学校,江苏 苏州 215104)

当论文需进行多人作者署名时,不同作者单位不同,可按上述格式并列注明作
者信息;若不同作者单位既有重叠又有区别,可按如下格式注明作者信息:

×××[1]×××[2]

(1. 浙江省××学院教师教育学院,浙江 湖州 313000)

(2. 浙江省湖州市××学校,浙江 湖州 313000)

3. 关键词:选择恰当词组,指引检索率

关键词是从文章内容或各级标题中选出来的,能够反映文章主题概念的词或者

词组，位于摘要之下，它关系着一篇文章的检索和利用率。关键词多为名词性词组，一般每篇文章有 3～8 个关键词为宜，通常按照词条的外延从大到小来排列，各个关键词之间用分号来分隔。

例如：

《安全感·成就感·意义感：基于情感获得的教师领导力提升》(刘希娅，《中小学管理》2020 年第 9 期)一文的关键词如下——

教师领导力；团队安全感；专业成就感；生命意义感；小梅花课程；谢家湾小学

《导学·共情·超越：未来视域下的教师新样态与新作为》(蔡小雄，《中小学管理》2021 年第 1 期)一文的关键词如下——

未来教育；未来学校；未来教师；先导先学；共情共育；终身学习

4. 文章标识性信息：标注文章属性，明确界限感

在关键词之后、正文之前，还有一部分文章的标识性信息，包括中图分类号、文献标识码和文章编号，如下例所示：

中图分类号 G63

文献标识码 B

文章编号 1002－2384(2021)01－0009－04

其中，中图分类号是指采用《中国图书馆分类法》对科技文献进行主题分析，并依照文献内容的学科属性和特征，分门别类地组织文献，由此所获取的分类代号。中国图书馆分类法共分 5 个基本部类、22 个大类，采用英文字母与阿拉伯数字相结合的混合号码，一个字母代表一个大类。以字母顺序反映大类的次序，在字母后用数字做标记。例如，教育位于第三部类中的 G 大类，各级教育用"G6"表示，中小学校长的论文主要属于"初等教育"和"中等教育"范畴，其中图分类号分别标识为"G62""G63"。

文献标识码是为便于文献统计和期刊评价，确定检索范围，而为每一篇文章做的标识，是按照《中国学术期刊(光盘版)检索与评价数据规范》规定的分类码。具体包括如下 5 类：A——理论与应用研究学术论文(包括科研报告、综述报告、学术

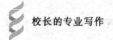

论文、文献综述、专题讨论等）；B——实用性技术成果报告（科技）、理论学习与社会实践总结（社科）；C——业务指导与技术管理性文章（包括领导讲话、特约评论等）；D——一般动态性信息（通讯、报道、会议活动、专访等）；E——文件、资料（包括历史资料、统计资料、机构、人物、书刊、知识介绍等）。

文章编号由期刊编辑部给定，包括国际标准刊号、出版年份、期号、文章的篇首页码、页数，基本结构为：XXXX－XXXX（YYYY）MM－PPPP－CC。例如，上例 1002－2384（2021）01－0009－04，是指发表在《中小学管理》（"1002－2384"是《中小学管理》的国际标准刊号）2021 年第 1 期第 9～12 页（共 4 页）的文章。

5. 正文内容：呈现主体成果，强调过程性

正文是一篇论文的主体部分，占据最大的篇幅。正文内容的格式因论文性质及类型的不同而略有区别。上一章我们已经对实践型论文的框架结构进行过详细阐述，以下重点以研究型论文（包括调查报告、实验报告等）为例，呈现学术论文的写作框架。一般研究型论文的正文部分主要包括以下内容：

引言：问题与背景

一、研究过程与方法

二、研究结果与分析

三、研究结论与建议

其中，引言也就是研究报告的前言、导言、序言等，需要介绍研究背景，提出研究问题，呈现对重要概念的界定。研究过程与方法，需要对研究对象、样本取得、调查项目、操作步骤、统计方法等进行介绍，以明确研究的信度与效度。对研究结果的呈现和分析是关键内容。这部分主要是通过对研究中的数据进行整理和统计后，选取有效数据，展示最终得到的事实和发现，并对这些数据材料做出更明确的解释分析，从理论上进行说明，让结果具有信服力。结论与建议部分主要是由研究结果引发的讨论，结论要呈现新发现的问题或者新的观点，并针对相关问题提出具体而有针对性的建议。

例如，上文提到的《让学生学习方式变革"有理有据"——基于不同自主学习方式影响小学生数学成绩的实证研究》一文的正文包括以下内容（仅呈现论文框架）。

引言：

改变学习方式，是中小学教育教学改革的重点与难点之一。如何让学生学习方式的改变更好地合乎目的性与科学性，我们需要进行更深入的理论探索与实证研究，让改革建立在理性的基础上。例如，没有老师教和有老师教，学生的成绩会有多大差异？有些教学改革让学生自学辅导材料（或观看微视频），有些教学改革注重组织学生讨论，这些方式对学习会有多大的帮助？对成绩真的有促进作用吗？如果完全凭学生独立自学，那么他们能学会多少？这些看似简单的问题，恰恰是学习方式变革中需要厘清的基本问题。

学习方式有自主的方式、合作的方式、探究的方式等，以上问题实际上是属于自主学习方式里的不同形态。笔者以小学生的数学学习为研究对象，就不同自主学习方式对小学生数学成绩的影响进行了实证研究，以期深入探讨科学有效地改变学生学习方式、提高学生学习质量的基本策略。

一、研究方法：基于四种自主学习方式的实证研究

二、结果呈现：不同自主学习方式对学生成绩有何影响？

1. 不同自主学习方式影响下的数学总成绩存在显著差异

2. 自主学习方式对成绩的影响在不同认知水平呈现不同特点

3. 不同自主学习方式影响下知识的巩固情况不同

4. 自主学习方式对知识巩固的影响在不同认知水平呈现不同特点

5. 自主学习方式对数学成绩的影响在不同年级呈现不同特点

三、讨论与启示：如何科学有效地变革学生学习方式

1. 教师要为学生增加自主学习机会

2. 要加强教师指导的针对性

3. 要促进学生综合运用多种方式学习

4. 要针对不同年级之间的差异组织教学活动

(二)摘要写作重在展示"精要特色"

所谓摘要，即内容提要，是对整篇论文的概括性介绍。之所以将摘要单独拿出

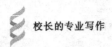

来进行介绍，是因为在我所看到的稿件中，摘要存在的问题较多，尤其是来自一线校长和教师的稿件，很少有摘要不需要修改的。这可能有两方面原因，一方面是不知道摘要的作用，只是机械性地照搬格式；另一方面是不会写，随便拼凑文字组成摘要的现象比比皆是。

论文摘要犹如商店展示货品的橱窗，让人得以快速浏览一家店铺的精要特色，然后决定要不要走进去。因此，它担负着将文章主要内容介绍给读者的重任。此外，由于读者在检索到论文题名后，主要是通过阅读摘要来判断是否阅读全文，因此摘要还影响着论文的被检索率和被引频次。不过，虽然摘要首先被读者看到，但摘要写作却是在论文完成之后进行的。那么，我们该如何写好一则摘要呢？

1. 摘要的基本结构和写作要求

摘要是对论文内容的简短陈述，实际上是一篇具有独立性、完整性的短文。因此摘要的核心一是简洁，二是全面。摘要的字数通常是论文字数的 5％ 左右，也就是说，一篇 6000 字左右的文章，其摘要一般不超过 300 字。摘要通常不分段，但也要注重逻辑结构，要有内容的连贯性。写作时客观介绍文章梗概就好，不对文章内容做主观评价。此外，摘要写作要尽量清晰明了，让人读摘要而知全文，不要包含无法专门解释的专业术语及特殊符号，以方便阅读和理解。

一般学术论文的摘要主要包括五个基本要素，即研究的问题、目的、方法、结果和结论。也就是简单介绍"研究了什么问题，以何种方法开展研究的，得出了哪些结论"，在概括研究主题时要适当突出问题的重要性和目前存在的不足，尤其要突出新颖且有价值的观点或结论。对于校长们常写的实践类论文，摘要写作可在上述基本要素的基础上进行部分调整，仅呈现"为什么""怎么做的""方法和策略有哪些""效果如何"等几方面即可。

2. 写好摘要的注意事项

根据摘要写作中的常见问题，我简要列出以下几个注意事项，校长们在写摘要时要尽量避免出现类似问题，从而写出高质量的论文摘要。

(1)关于基本句式

论文摘要写作通常采用第三人称，不必使用"本文""作者"等作为主语，可采用

"对……进行了研究""呈现了……现状""进行了……调查"等句式。在呈现学校管理或教育教学经验的实践型论文中，也可采用"××学校"作为引领，以明确实践主体。

例如，以下三则摘要分别呈现了几种基本句式的写作方法。

绣一幅学校文化建设的《凤穿牡丹图》
——学校文化建设基本路径"五步工作法"的再规范与再解读(摘要)

基于十余年进行学校文化建设理论研究与实践推进的经验，对学校文化建设的基本路径进行再次梳理与精细解读。借用绣制苏绣《凤穿牡丹图》需要经过准备材料、构图勾稿、设色配线、针法绣制、成品欣赏五个阶段的过程，来详细阐释学校文化建设的五步工作法——必要准备、全面诊断、系统策划、落地执行、成果分享，以提高校长学校文化建设的平均能力。学校文化建设方案执行结果如何，最终取决于校长的直觉、经验，以及科学、艺术等手段的综合运用能力。(张东娇，《中小学管理》2020年第1期)

学校管理研究2020年度发展报告
——2020年《中小学学校管理》论文转载情况统计与分析(摘要)

对2020年中国人民大学书报资料中心《中小学学校管理》转载文章的来源期刊、作者、基金项目等情况进行统计，对转载文章关注的主要热点进行梳理。分析发现，2020年研究者主要围绕乡村学校发展、高品质学校建设、教师工资、教师流动、教育惩戒、校外培训机构治理等热点问题进行了深入探讨。(林清华，《中小学管理》2021年第1期)

以治理现代化为突破口推动新教育集团一体化办学(摘要)

如何有效开启集团化办学之路，提升新办教育集团办学效益，是当前教育改革领域亟待深入探讨的重要问题。北京市昌平区第一中学教育集团成立以来，以治理现代化为突破口，有效推动集团一体化办学向纵深发展。其一，描绘共同愿景，明确治理原则，增强干部教师的认同感和使命感；其二，统一组织架构，推动人员流动，实现各校区合作共治；其三，"输血""造血"并重，鼓励校区自治与特色发展。(潘月春，《中小学管理》2021年第4期)

(2)关于基本内容

在具体的摘要写作中，要尽可能呈现有价值的核心观点或结论，对于论文所研

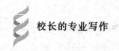

究领域的常识性内容以及文章引言中的内容可以不必再写入摘要。将论文引言或者导语中的部分内容作为摘要信息重复罗列，也是摘要写作中的一个常见问题。

例如，以下一则摘要就以简练的表述呈现了作者在此篇论文中关于"未来教师"的基本观点。

导学·共情·超越：未来视域下的教师新样态与新作为（摘要）

为学生的未来而教是教师职业的最独特之处。"导学""共情"与"超越"应成为未来视域下教师的新样态与新作为。导学包括因材施教，开发个性化课程；重构课堂，激发学生自主学习力；精准指导，为学生提供全方位学习服务。共情要求教师读懂学生、理解学生，创设育人情境，以自身人格魅力引领学生成长。超越要求教师善于反思、终身学习，成为未来学习与教育变革的主动参与者。（蔡小雄，《中小学管理》2021年第1期）

（3）关于呈现形式

摘要写作力求简明扼要，避免罗列一些无效信息，同时要避免一些空泛的、无实际意义的论述，此外要避免出现一些不易理解的缩略语、代号等。

例如，以下一则摘要中就存在上述问题，短短145字的摘要中以一多半文字进行众所周知的意义论述，却未能呈现论文中到底提出了哪些有价值的观点或者经验。

中国学生核心素养的提出，为我国的教育改革带来了更强有力的理论支撑，核心素养的概念为基础教育的实践提出了风向标，从关注学科知识的获取到关注学生的全面发展，教育越来越重视人的地位，重视健全人格的培养。××学校在其中探索"博雅学堂"的构建，将学生的学习活动与核心素养培养相结合，让真实的学习发生。

3. 经典案例：在对比分析中把握摘要写作方法

以下通过对两则摘要"修改前"与"修改后"的对比，进一步梳理摘要写作中的关键要素。

案例一

修改前：随着基础教育课程整合化改革的推进，主题式课程在小学教学中如火如荼地开展。在主题式课程的实施中，针对一个特定主题，教师从学校、家庭、社会多方位搜集相关资料，为丰富学生的真实学习和亲身体验服务。学生更多的是将知识和现实社会生活进行联系，实现"教育即生活"。在主题式学习的开展中，学生活动丰富多彩，呈现作品种类多元，学习场面很"热闹"。那么作为学习的主体，学生在主题式课程的学习中究竟经历了什么？有什么样的体验？有哪些获得？这才是主题式课程实施效果的主要评价指标。本研究采用就读经验的"黑箱"理论，从主题式学习输入、黑箱和输出三个阶段进行研究。

这则摘要中呈现了论文要研究的问题、目的、方法，但是既无研究结果，也未呈现有价值的研究结论，而且罗列了较多常识性内容。因此，我们在稿件编辑过程中对摘要进行了如下修改——

修改后：学生的学习经验是评价主题式课程实施效果的主要指标。基于黑箱理论对学生的访谈数据进行分析发现：自主提出开放式研究性问题和基于现实场域的真实学习是保证学生积极参与主题式课程学习的重要因素，而学生的个性特征和家庭文化资本则是影响学生学习行为的背景因素；主题式课程更有利于学生获得服务于解决现实问题的灵活的知识、探究能力和科学的思维方式，形成开放的价值观念；主题式课程提高了学生的学习参与度，扩大了学生的社会交往。

案例二

修改前：在探索基础教育多学科整合主题式学习改革进程中，国内外的研究仍存在着认知不足，经验尚缺以及形形色色的问题，理论与实践的探索仍不完善。本文在梳理多学科整合主题式学习活动中存在的问题基础上，架构了具有地方课程特色且因地制宜的以"车视界"为主题的项目课程结构和实施模式，分享了项目课程中教与学的变革带来的体验。

这则摘要中呈现了论文所关注的问题，罗列出学校"做了什么"，但是并没有呈现"具体做法"，也没有阐述"方法与策略"，因此读者无法从摘要中看到作者的核心观点，也看不出学校实践的价值和意义。我们在稿件编辑过程中对摘要进行了如下修改——

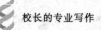

修改后：以××学校"车视界"校本课程的构架与实施为例，探讨多学科主题式整合课程面临的困境与突破路径。一是基于学生发展需求，确定清晰、适切的课程目标；连接多学科资源，形成多维度、可操作的主题；以问题为切入点设计学习项目。二是以协作为机制、以模块为纽带，形成有机衔接、依次递进、有序过渡和转换的课程体系。三是形成以实践替代讲解、以联动为路径的教学体系，实现多学科执教主体的优化教学。四是形成以问题为中心，以合作为手段的自主、体验、创新为一体的探究式学习方式，化解学生学习方式转换的矛盾。

（三）文献综述的写作要点

校长们在做课题研究或者写作前，都会被告知要去查文献，要做文献综述。但是在具体的论文写作中，自己费心搜集的文献资料又经常不被看好，或者被编辑删掉。那么，到底该如何查找文献？如何有效发挥文献资料的作用？又该如何写好文献综述呢？

一般意义上，我们通常提到的文献综述包括两类。

一类是综述或述评类写作。也就是通过全面搜集整理文献材料，在对文献进行筛选、比较、分析、提炼的基础上，系统总结某一领域或者学科的研究现状，指出不足、分析根源，为该领域或者学科某一时期的研究提出方向性建议。综述性文章具有一定的导向性和前瞻性，具有"承前启后"的重要作用。复旦大学教授熊易寒曾经指出，一篇优秀的文献综述其实就是一幅学术谱系图。写作此类文章，不仅要全面掌握材料，能够以较强的理解和概括能力系统驾驭材料，而且要能够以较高站位，对材料进行纵横贯通的比较分析。一篇优质的文献综述，能够为我们描画关于某一问题的"前世今生"以及未来趋向。因此，通常在该领域或者学科有较高造诣的研究者所做的综述更具权威性。此类文章的"问题选择"很关键，所有素材都是为主题服务的。通常学者或高校学生写作此类文章的较多。

另一类则是论证型文献综述，即通过文献综述为自己的研究定位。也就是作者做文献综述的目的是分析和解决问题，通过对所确定的研究选题领域的研究状况和主要问题进行综合阐述和评价，明确关于这一问题"别人的贡献"以及"我的贡献"，由此厘清自己研究的背景和意义。校长们的学术论文写作，经常需要面对的就是这一类文献综述。但是在实际应用中，零散引用他人观点的多，对相关研究进行系统梳理的少。很多校长并不太重视文献综述。这往往导致论文写作中的两种误区。一种是完全不做文献综述，对自己的研究与实践缺乏深入系统的了解，不仅会导致研究的重复，而且也不易写出有创新性的论文。另一种是认真查找文献，却缺少思考，不善于用文献，在论文写作中生拼硬凑地罗列许多研究成果，却不考虑这些文献资料与自己的研究和实践之间是否具有关联性。

关于文献的查找、选择、运用，校长们可以尝试把握以下一些思路。

1. 检索文献，为研究课题建立"知识树"

对于文献研究的意义，历史学家李剑鸣教授曾这样说过，"在选取研究方向和确立课题方案的过程中，就本课题做一番学术史的梳理，就成了一项不可缺少的工作"。对于所研究的问题进行文献综述，就相当于建立起关于该问题的"知识树"，由此形成对该问题的较全面的认识，不仅可以避免重复前人的"老路"，而且可以让自己的研究与实践"站在前人的肩膀上"继续推进。

那么如何进行文献检索呢？

(1)用好检索工具

从检索工具的运用来看，包括传统的手工检索和网络检索。前者包括查阅图书馆的主题或作者"索引"、百科全书类工具书以及相关领域较权威的报刊著述等，虽然相对烦琐费时，但是仍会被一些严谨治学的学者选用，尤其是直接查阅报刊专著的办法目前仍较为常用。随着互联网时代大数据的广泛应用，运用搜索引擎及数字图书馆等进行网络检索成为当下更普遍的方式。例如，中国知网等数据库包括了几乎所有报纸、期刊文章及硕博士学位论文。校长们既要学会使用最新的电子资源检索手段，也要善于运用传统方法从纸质书、报、期刊中获取资源。

(2)善用检索方法

从检索方式来看，包括直接检索法和引文检索法。前者是根据研究课题的关键词直接进行主题查找，或者根据该领域所熟知的知名作者、权威期刊名称进行复合查找。后者是指寻找并利用所查找文献后所列出的高频引用文献，进行"滚雪球"式

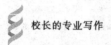

检索的方法。那些被相关课题多次引用的文献，往往可以带领我们发现该领域的权威研究者，寻找到一些参考价值较高的文献资料。

2. 选择文献，以经典人物、经典论著为依据

无论采用何种方式、从何种通道检索文献，需要把握的关键点是，既要考虑文献与主题的契合度，更要考虑文献是否具有真实性和权威性，以保证所引用的观点科学严谨，具有说服力。因此，校长们在选择文献时要注意以下几个问题。

(1)来源的可靠性

选择文献时，要尽量从权威网站或报刊获取信息。当前网络搜索引擎的广泛应用，虽然让文献检索更加便捷，但也不可避免地存在各种信息良莠不齐的现象，不是所有网络上检索到的信息都可以作为文献来运用。

(2)文献的权威性

要围绕研究主题选择经典人物、经典论著。作者的身份或者有影响力的著作，往往也是我们判断文献中的观点和方法是否具有权威性、能否引领趋势性的重要标准。

(3)材料的全面性

要尽可能最大限度地全面占有文献材料，可以根据研究的需要，在一定的时间或者空间范围内进行筛选，由此立体贯通地对研究课题进行深入了解和分析。

在进行广泛选择的基础上，校长们可以根据所研究的课题，确定需要精读的3～5篇核心文献。其中最好有1篇关于该主题的综述类文献，这样有助于我们形成关于相关研究领域的整体认知。然后将这些文献中的理论观点或者方法策略进行分类整理，并能进行提炼和分析。

3. 综述文献，明确研究问题的出发点

对于文献综述的写作，不同类型论文的要求也有所不同。实践型论文通常是基于某个具体问题提供解决策略，前期虽然需要校长们对于该主题进行全面了解，但在具体写文献综述时不必面面俱到，内容可以相对精简，甚至不必撰写文献综述。文献综述也有各种写作方法与不同写作风格。本节所述是一般论文通用文献综述的

撰写方法。

(1)逐层递进，寻找问题聚焦点

按照学术规范的基本要求，文献综述通常可按照"5W"(包括何人、何时、何地、为何、提出何观点)原则来写作，这样可以为读者迅速查阅原文献提供参考。文献的出场顺序遵循时间上"由远及近"、空间上"由宽到窄"的方式，也就是要从"研究领域"逐级过渡至"主要问题"，进而把握自己的"研究主题"。

(2)围绕主题，关注研究创新点

文献写作中要始终秉持"问题意识"。对文献的综述不必追求"高大全"，也不易过于宽泛。对前人研究成果的梳理，最终是为自己的研究提供依据，指出自己研究的价值与意义所在，证明方法与路径的科学性、可行性。因此，在进行文献综述时，不能为综述而综述，为文献而文献，偏离了问题而单纯进行文献阐述。

(3)有述有评，呈现理实融合点

文献综述写作中最常见的误区之一是"综而不述"。在一些校长的论文中，我们经常看到，论文框架结构被清晰地分割成两部分，理论与实践并列呈现，文献综述基本上变成"A说、B说、C说"的观点罗列。而且文献之间、理论与实践之间相互没有关联。另一个常见误区是"述而不引"，就是"忘记了为什么出发"，未能精准界定"我的研究问题"。

4. 经典案例：如何呈现有价值的文献综述？

以下通过三个不同类型论文中文献综述的写作案例，具体阐述其写作要点。

案例一：《集团化办学的阶段性反思与体系重构》)(张爽，《中小学管理》2019年第3期)

21世纪初，我国基本实现了普及九年义务教育，在实现教育机会的公平方面取得了实质性的进步。然而教育事业乃至学校的发展不仅是数量的增长，结构优化、质量提升等内涵发展是满足人民群众"上好学"诉求的主要标准，保障公民受教育权利、实现基本公共教育服务均等化、促进教育优质资源均衡发展等成为重要命题。从浙江省杭州市的名校集团化办学开始，北京、上海、广州、深圳、成都等多地通过集团化办学，创新教育体制机制，盘活优质教育资源存量，扩大优质教育资

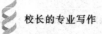

源供给，激发了学校办学活力，形成了基础教育办学的新形态。

2017年9月，中共中央办公厅、国务院办公厅印发《关于深化教育体制机制改革的意见》，明确提出改进管理模式，试行学区化管理，探索集团化办学。集团化办学逐渐从区域教育行政部门推进优质教育资源均衡发展的"地方经验"，上升为在全国范围内推广实施的重要举措。伴随着集团化办学在实践领域的持续推进，相关研究逐渐深入，内容涉及集团化办学的内涵、模式、策略、路径、政策建议等多方面。笔者认为，进行集团化办学研究的目的，不应是为了确定某一种或某一套固定的模式或做法，而应是明确构成学校发展和集团化办学的核心要素体系，厘清各核心体系的"价值逻辑"，分析其相互影响及不同决策发挥作用的限度和范围，从而探寻达成目标的更优路径。

这篇论文在开篇部分，通过对"集团化办学"这一主题"为什么""怎么样"由远及近的述评，呈现了其实践探索及理论研究现状，提炼出了"我的研究之目的"，即"厘清集团化办学的核心要素"，分析集团化办学给学校核心体系带来的多重挑战，探寻集团化办学实践的更优路径。

案例二：《探索增值性评价：教师绩效考核改革的突破口》(赵德成，《中小学管理》2020年第10期)

我国自2009年在义务教育阶段中小学推行教师绩效工资制度，要求中小学在绩效考核的基础上，根据教师实际贡献分配奖励性绩效工资，将教师工资收入与其工作绩效联系起来，逐步建立多劳多得、优绩优酬的分配制度。教师绩效工资制度顺利推行的一个重要前提，是建立科学的评价考核机制和办法。最近，中央深改委审议通过的《深化新时代教育评价改革总体方案》明确强调，各类教育评价要积极"探索增值评价"。

在这样的政策背景下，增值性评价逐渐成为我国教育管理领域的一个热点问题，如何在教师绩效考核中有效应用增值性评价也备受关注。那么在教师绩效考核中引入增值性评价有何现实意义？国外有无相关经验可以借鉴？我们在实践中应该规避哪些可能出现的问题？笔者结合研究实践提出自己的思考与建议。

上述这篇论文中，作者在文献综述中逐层递进、围绕主题、有述有评地提炼出所要关注的核心问题，也就是探索将增值性评价引入教师绩效考核实践中的可行性方法及具体实施对策，为学校、地区实践提供可资借鉴的思考与经验。

案例三：《安全感·成就感·意义感：基于情感获得的教师领导力提升》(刘希娅，《中小学管理》2020年第9期)

教师领导力(teacher leadership)是指教师对其正式影响力(正式职位授予的权力)和非正式影响力(精神道德方面)的综合运用，通过人际交往手段对管理者、同事等人员产生影响，促进他们教与学的改变。越来越多的研究证明了教师领导力对学生、教师、学校发展的重要性。教师领导力提升也成为当下中小学校长面临的现实课题和严峻考验。

作为一名从教28年、坚持推进课程改革16年的校长，多年来，笔者带领重庆市九龙坡区谢家湾小学的伙伴们，在整体构建"小梅花"课程的改革实践研究中，逐步培养和提升教师领导力，促进一批又一批教师实现了专业蜕变。在这个过程中，我越来越深刻地体会到，安全感、成就感、意义感的获得是影响教师领导力发展的关键要素。

作为一篇实践型论文，这篇论文的文献综述相对比较简洁，主要是围绕主题阐述作者对于"教师领导力"这一概念的认知，以及当下提出这个问题的重要意义与现实价值，既有利于读者理解这一还未在教师管理中形成普遍认知的主题，又为作者所在学校实践路径及基本方略的提出进行了充分铺垫。

(四)寻找数据背后的故事

身处大数据时代，我们不可避免地被数据所包围，数据的应用越来越广泛、频繁。在写作时恰当地运用数据，可以让事实更有说服力，让画面更真切，让故事增加具象的色彩，让文章血肉丰满。那么在具体的论文写作中，我们该如何发现、发掘数据的魅力呢？

1. 收集有效数据

数据无处不在，但正因为习以为常，身边的数据也常常被我们忽略。因此，在论文写作中，校长们要善于用"发现美的眼睛"去关注、寻找有用且有效的数据。数

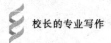

据的收集应该全面、真实、多样，这样才能更精准地呈现事实、说明观点，增强事情的科学性与可信度。

收集数据的渠道有很多种，以下分别进行简要说明。

第一种是通过相关调研方法，如问卷调查法、访谈法等来获取所需数据。运用问卷调查法可以在短时间内获取较大范围、较多数量的数据信息，而且由于多采用匿名方式进行，通常数据也较为真实。在问卷设计中需要注意，从问卷框架到题型、题目，均要明确设计意图，围绕研究主题设计或者选择科学合理的问卷，才能获取符合调查目的的有价值的信息。在采用访谈法时，为了保证谈话主题聚焦，也应通过提前设计层层推进的访谈提纲，深入了解所需要的数据材料。

第二种是通过日常的观察记录收集数据。在此种方式中，研究主题、观察对象、记录方法的不同，都会影响数据获取效率与效果。若能基于特定的研究主题，针对相对集中的目标进行一定时期的观察，然后制作分类清晰的表格进行重点环节和关键细节的记录，就可以减少日常记录零散琐碎的状况，因为目的明确，所以能够收集到更多有用数据。如基于教师课堂互动方式进行课堂观察记录等。

第三种是通过各种文本资料或者学校数据管理系统获取数据。中小学校有大量的教育教学实践材料，如学校管理的规章制度、校史材料、课题研究记录、特色成果汇报，教育教学的计划总结和经验成果，学生的学习记录、德育活动、特色课程及综合素质展示活动，教师的听课笔记、教研反思等材料，还有校报校刊、校园网站以及学校的数字管理系统等，都有丰富的数据。这些数据都处在动态的更新变化中，校长们要善于从各种工作材料中看到研究数据。

为了更有效地收集真实、准确、有用的数据，建议校长们可以根据自己的研究主题，按照外延逐步增大的方式明确收集范围。与此同时，校长们要不断强化自己的数据意识，保持对数据的敏感度，平时就进行有意识的收集，并及时做好分类存储工作，以免在使用数据时"胡子眉毛一把抓"，一些无用的数据反而会形成干扰，影响对问题的判断。

2. 科学分析数据

单纯的数字看起来干巴巴的，是没有灵魂的，只有通过科学深入的分析，洞察其背后的规律，呈现其独特的价值，揭示彼此间的区别与联系，才能让数据"灵动"起来、"活"起来。所谓数据分析，就是通过对数据进行详细研究和概括总结，最终提取有用信息和形成结论的过程。

一家著名咨询公司曾经总结了一套数据分析框架，将数据分析分为四个层次，包括描述性分析(发生了什么)、诊断性分析(为什么会发生)、预测性分析(后续可能会发生什么)、处方性分析(该怎么做)。也就是通过层层递进的数据挖掘，让数据充分发挥作用。对数据进行分析可从以下三个维度进行思考。

(1)对比分析

对比分析即通过对不同时间、不同空间的数据进行分析，以判断目前的发展状态，并且发现其中的变化及规律。例如，针对不同年级学生的阅读状况进行分析，针对不同区域骨干教师专业发展需求进行比较分析，等等。

(2)分类分析

分类分析即首先对事物进行分类，然后针对相同类别或不同类别的相关数据进行分析。例如，《影响小学新任教师专业成长的数据分析及对策建议》(马晓丹、刘加霞，《中小学管理》2020年第9期)一文就是根据教师成长阶段的分类，通过问卷调研，对新任教师(教龄在三年以内)的专业发展方式和途径进行研究。

(3)相关性分析

相关性分析也可称为因果分析，即通过数据分析引发变化的相关因素，了解"为什么"。例如，对学生作业负担加重的原因进行分析，对学生身体素质下降的原因进行分析，对"90后"教师中存在的职业倦怠的原因进行分析，等等。

常用的统计分析工具包括 Excel、SPSS、SAS 等软件工具，它们可以使数据可视化，清晰呈现数据中的信息，并且对有关数据进行精确分析。

3. 学会"用数据说话"

围绕确定的目标，采用不同的方法，通过对不同数据进行深度分析，最终是为了深入挖掘隐藏在数据背后的"秘密"，为数据赋能，让数据说话。但是在实际论文写作中，并非数据呈现得越多，论文就越严谨、科学。我们所收集的大部分数据并不能直接运用在论文写作中。在一些调查报告中，经常看到数据罗列的现象，有些论文洋洋洒洒呈现了大篇幅的统计表格，至于这些数据希望说明什么问题、数据之间有何关联，却看不出来。因此，数据"说什么""怎么说"也要遵循一定的原则。

(1)客观呈现"是什么"的研究结果

校长们在论文中使用统计数据时，要在大量数据中选择那些能够验证观点、说明事实的有用有效的数据。在呈现数据时，要力求能够解释数据的准确内涵，阐述有深度、有价值的内在信息，既看到数据的外在表现，也要能够分析数据背后的现象和规律。

(2)合理呈现"为什么"的深度解释

统计数据的呈现不是目的，重在通过深度分析得出有意义的结论。针对相同的数据材料，不同的人会有不同的解读。因此，如何对数据进行解释和分析就特别重要。一些校长的论文中经常会出现数据与分析"各自为战"的情况，结论分析看起来与数据呈现没有什么关联，因此，论文写作时要避免回避数据的自说自话的论述，也要避免对数据的过度解释。

例如，在一篇呈现家校共育状况的调研中，虽然提供了大样本的数据(包括有效家长样本 176.57 万个、教师样本 13.46 万个)，但是仅做了笼统的教师和家长数据的基本分析，而基于大样本的调研，是否能够得出不同年龄、不同学历、不同职业家长对于家校沟通存在认知差异，不同年龄段如"70 后""80 后""90 后"教师的家校沟通方式存在显著差异等，却没有进行深入分析。因此，研究所呈现的家校沟通当前存在的问题，也是较为普遍的众所周知的问题，未能看到有新意的研究结果。因而论文中也无法提出有针对性的改进路径，只是根据"家校共育"主题进行泛泛阐述，结论和建议无法与数据建立有效关联。

4. 经典案例：如何让数据"好好说话"

以下我将通过不同类型数据运用的三个案例，介绍论文写作中如何充分发挥数据的作用，使其为研究结论和观点呈现提供有力支撑甚至"锦上添花"。

案例一：在观察中发现有意义的数据

《美国教室里的秘密(上)——微观视角中的美国中小学教育》(陈罡，《中小学管理》2018 年第 1 期)一文中，作者通过在美国访问一所小学时收集的小学生课程表，与我国安徽省小学生的课程表进行对比分析，用数据为我们呈现了中美两国小学生的课业负担差异。论文在呈现数据的基础上，有对比，有分析，也有呈现的结论和基本观点。数据本身不会说话，作者将数据为己所用，才能真正彰显数据的价值。以下仅呈现例文中的内容片段。

一张课程表：美国小学生课业负担的真实状况

在塞勒姆州立大学附属哈瑞斯曼实验学校（Horace Mann Laboratory School）的教室里，我发现了一张2017—2018学年的学生课程表，具体内容见表1。

中、美两国的学校都是一周上5天课，都有班主任，都是分科教学。通过观察，我们可以做出一些初步的比较（这里国内的课程以笔者所在的安徽省课程计划为例）。

表1　美国哈瑞斯曼实验学校五年级1班学生的课程表

时间	周一	周二	周三	周四	周五
7:45—7:50	到达班级	到达班级	到达班级	到达班级	到达班级
7:50—8:20	晨会	晨会	晨会	晨会	晨会
8:20—9:15	西班牙语	体育	数学	美术	数学
9:15—10:15	科学/社会	数学	西班牙语	数学	音乐
10:15—11:30	数学	科学	英语	科学/社会	科学/社会
11:30—12:05	午餐/休息	午餐/休息	午餐/休息	午餐/休息	午餐/休息
12:05—12:45	数学	英语	英语	英语	英语
12:45—13:55	英语	乐器/学科辅导	科学/社会	乐团/管弦乐队/合唱	
13:45—13:55	放学前准备	放学前准备	放学前准备	放学前准备	放学前准备

其一，课堂学习时间：两国学生每周相差5小时。

美国小学生每天6节课，没有课间休息，长短课结合；我国的多数学校每天也是6节课，每节课40分钟，但课间均有10分钟的课间休息（合计约有4个，大约总时长为40分钟）。此外，我国多数学校每天都会有一个大课间，时长30～40分钟。总体来看，美国小学生每天在校时长370分钟（合计6小时10分钟），每周在校时间 1850 分钟（合计 30 小时 50 分钟），如减去学生换教室等时间，大约每周在校上课的时间为 1700 分钟。我国大多数小学生每天的在校总时长大约也为 6 小时（但如减去每天的课间休息和大课间活动时间，约 70～80 分钟，我国小学生每周实际上课时间大约为 1400 分钟），两国小学生每周上课时间相差约 300 分钟，合计约 5 小时。也就是说，从这一张课程表可以看出，与我国大多数小学生相比，美国这所学校的小学生实际上每周要在课堂上多学习 5 小时左右。

其二，学科教学安排：美国学校更重视母语、数学和科学的学习。

美国的小学共开设英语、数学、西班牙语、音乐、体育、美术、科学、社会、晨会 9 门课，此外还有乐器、乐团/管弦乐队/合唱等活动类课程。其中英语课有 6 节，3 节为 40 分钟，其他 3 节分别为 70、75、110 分钟，合计 375 分钟（安徽省五年级语文课总时长为 280 分钟）；数学课有 6 节，1 节 40 分钟、2 节 55 分钟、2 节 60 分钟、1 节 75 分钟，合计 345 分钟（安徽省五年级数学课总时长为 200 分钟）；西班牙语（外语课）为 1 节，55 分钟（安徽省五年级英语课总时长为 80 分钟）。其他课程安排为音乐 1 节，60 分钟（安徽省五年级音乐课总时长为 40 分钟）；体育 1 节，55 分钟（安徽省五年级体育课总时长为 120 分钟）；美术 1 节，55 分钟（安徽省五年级美术课总时长为 40 分钟）；科学和社会各 5 节，1 节 60 分钟、1 节 70 分钟、3 节 75 分钟，合计 355 分钟（安徽省五年级科学、品德与社会课总时长为 160 分钟）；晨会课 5 节，每节 30 分钟，合计 150 分钟（安徽省班会课总时长为 40 分钟）。

综合比较之后——

①美国学校母语课的学习，一周总时长比我们多出将近 100 分钟；而外语课的学习，一周总时长比我们少 25 分钟。由此可以看出，美国学校比我们更加重视母语学习。

②数学学科，美国学校一周学习总时长比我们多出 90 分钟，可以看出，美国学校并不是我们想象中的不重视数学学习。

③音乐、美术学科两国学校差别不大，但我们体育学科的一周学习总时长是美国学校的两倍还多。那么为什么无论是对体育的兴趣、锻炼的习惯、体育的技能，还是学生的身体素质，我们的学生反而明显不如美国小学生呢？这值得我们认真反思和研究我们的体育教学。我们有每天的阳光大课间活动，但美国的小学生放学以

后也会有大量的体育活动。所以除体育教学之外，我们还应该去比较一下两国学生课后的体育锻炼情况。

④科学与社会学科，美国学校一周的学习总时长也是我们的两倍还多，这个数据更值得我们关注。

⑤谁说美国学校不重视班集体建设？看看美国学校的晨会课，每天有30分钟作为班主任教育时间，这应该比我们大多数学校安排的晨会时间都要多吧！

综上所述，我们似乎可以得出一个初步的判断，那就是美国小学生的学业并不比我们的孩子轻松，尤其是在校学习期间。而且，美国的基础教育更加重视母语、数学、科学等核心课程的学习。

案例二：合理使用调研中的关键数据

在《向上向善向未来：首都核心区骨干教师专业发展新风向——基于北京市某核心区1197名骨干教师专业发展现状及需求的调研》(侯冬玲，《中小学管理》2021年第2期)一文中，关于骨干教师工作时间的调研分析，作者原稿中共呈现了11个图表，但是过多的数据一是琐碎，二是无效，影响阅读，也无法让读者从中提炼到关键信息。因此对此部分进行编辑调整时，我们只选择保留了一些最关键的数据，其他的则坚决舍去。以下仅呈现例文中的内容片段。

▲大多数骨干教师工作时间较紧张

工作时间的分配将直接影响教师的专业状态。统计显示，骨干教师的平均周工作时间是44.32小时，有教师最多工作60小时。周平均课时10节，在16～20节之间的教师有14.6%。批改作业、辅导学生、与家长沟通等教学管理时间平均每周约17小时，16～20小时的教师占16.4%。

教师用于专业学习、研修活动、指导青年教师、科研等专业发展活动时间平均每周是12小时。周专业发展活动时间在5小时以内和6～10小时的，分别占32.7%和31.2%；16～20小时和11～15小时的教师，分别占13.0%和10.1%。

不同系列的骨干教师周工作时间、周课时、周教学管理时间和周专业发展活动时间均差异显著。中学教育、小学教育和德育类骨干教师以41～50小时的周工作时间为主。小学教育骨干教师的周课时最多，以11～15节为主。绝大部分教师每周用于批改作业、辅导学生、与家长沟通等的时间是6～10小时。

骨干教师最希望减掉事务性活动、文字性工作、过多教育教学任务及行政管理等工作。891名教师回应了"最希望减掉哪些事务"这一开放题，主要内容可以归纳为：一是减少与教学无关的各种会议、检查、评比、考核等事务性活动；二是减少各种总结、统计、表格、教案、科研论文等文字性工作；三是减少过多课时、无关培训、课后管理班等教育教学任务；四是减少班主任、教研组长等行政管理工作。

（五）呈现更有价值的结论和建议

在编审稿件的过程中，我们经常发现，有很多论文所呈现的研究目的明确、方法科学、数据翔实，写作逻辑清晰、层次分明、语言流畅，但是在结论与建议部分却存在一些突出问题，导致整篇论文的质量大打折扣。

在论文写作中，大量研究方法、研究过程、研究数据的呈现不是目的，最终是为了呈现有价值的研究结论。论文的"结论"是基于对文中研究内容和数据的阐述分析，对整篇文章进行的总结和归纳。结论中一般应包括研究结果所揭示的原理与普遍规律；研究成果的理论意义和实用价值；该研究的优势与问题，下一步研究的设想与改进建议。具体来说，就是通过对数据或事实的分析讨论，指明这篇论文究竟有何关键性、创新性发现，说明了什么问题，形成了什么规律，其意义是什么，是否可以推广应用，还有哪些问题值得研究，未来的发展前景如何。具体到某一篇论文中，其结论主要根据论文内容有针对性地来写，上述要求不必面面俱到。以下根据我在日常编辑稿件过程中的具体案例，详细阐述论文结论撰写中存在的问题及写作建议。

1. "结论"重在呈现新发现、新见解

有些作者在论文写作中关于研究本身花费了较大气力，但是最后却忽略了结论部分。这可能有两方面原因，一方面，有些作者将研究结果等同于结论，认为论文中已经详细阐述了研究过程，提供了大量数据，因而不必再单独另写；另一方面，还有些作者认为摘要中已经有了结论的内容，则文末的结论可以省略不写。因此，首先需要说明的是，结论不是可有可无，而是应该认真严谨对待的。我们不能堆砌

一整篇数据或者事实等待读者自己理解领会，更何况读者层次不同，理解也会有偏差，这样往往会导致读者无法准确把握研究的价值。

作为传递给读者的研究成果，结论重点在于告诉读者"研究出了什么"。研究中的创新之处，数据背后更深层次的内涵，可以引发思考的有价值的信息，可以借鉴应用的新方法与新规律，是读者希望从论文中获知的。因此，围绕研究目的，对研究成果的创新点进行准确恰当的表述，是结论写作的关键点。

这里有两个需要注意的误区，一是有些作者为了使自己的研究结论看起来有高大上的理论支撑，喜欢在结论中引用许多参考文献，这样反倒掩盖了自己研究的光芒；二是有些作者将一些众所周知的常识性知识作为研究结论进行罗列，看起来与研究没有什么关联，也体现不出研究的价值和研究成果的新意。

2. "结论"写作力求实事求是

结论是经过论文中的研究分析讨论得出的，是该研究可以留得下、记得住、用得上的信息，因此在表达时要准确慎重。在具体的论文写作中，结论不必过长，精练概括、简洁清晰、条理清楚为宜。

(1)结论写作中的常见问题

结论写作中的常见问题主要表现在以下几个方面。

其一，夸大其词，结论超出研究范围。例如，有的作者习惯性使用"国内首创""前人未曾研究"等提法，片面夸大研究优势；有的片面夸大研究成果的重要性和普遍性，但可能只是未经检验的个别实验和探索。

其二，以偏概全，无法准确呈现研究价值。由于对研究结果的分析不足，导致以部分结论代表全部意义；或者凭主观感觉呈现想当然的观点，但文中实验数据却不足以支撑，这些都属于不确切的结论表达。

其三，证据缺失，泛泛而谈研究结论。有些作者脱离开论文研究本身，完全凭个人的常识性认知，在结论中泛泛而议关于主题的观点和看法，导致研究与结论割裂的问题。

(2)结论写作避免就事论事

结论是理论和认识的升华，其意义在于画龙点睛。因此，结论写作不是对数据的简单归纳，阐述研究结果"是什么"，而是要对研究成果进行有效的概括提炼。为避免当下许多论文中研究结论过于空泛的现象，在结论写作中还需要把握以下几个要点。

其一，要跳出事情表层，避免重复讲述研究结果。有些作者在结论中常常将研究结果中的各层次小标题进行罗列，以此作为研究结论，这对形成研究的深入认识并无意义。

其二，要避免泛泛谈效果。一些论文在结论部分列举了通过研究所取得的诸多成效，如学校获得了多少荣誉奖牌，师生获得了多少大赛奖项等，这些成效并非结论。在写作时应将结果与目的相联系，通过分析、判断，梳理总结内在规律，这样才能增加研究的分量。

其三，要有自己的独特体会。结论不是拿他人观点与自己的研究相呼应，而是作者根据分析讨论得出自己的独特观点，呈现自己在研究中的感受、体验，为他人的研究提供借鉴。

其四，要从专业角度提升研究结果的意义。在结论部分的写作中，作者要能通过进一步的提炼，揭示研究成果更深层次的意义，由此体现研究的价值。

3. "建议"要与问题保持对应关系

不同类型的论文、不同期刊对于结论部分的写作要求也不尽相同。例如，作为服务于基础教育实践领域的刊物，《中小学管理》对于所刊登的论文，要求其重在提出值得关注的问题和有价值的研究结论，同时最好能够呈现具有指导价值的对策建议，而研究过程与具体研究方法的介绍则会适当简略。因此表现在具体的论文中，则往往以"研究结论"和"对策建议"作为主体内容。

需要说明的是，对策与建议有时候与结论放在一起，有时候会单独作为一部分出现。对策是针对所发现的问题而提出的有针对性的解决措施。因此写作时要避免假大空，要提出可落地的具体可操作的方法，若能结合调研中的案例进行说明，则效果更佳。与此同时，对策和建议一定要对着问题来阐述，即和问题保持一一对应关系。

例如，在《中国四省（市）校长领导力表现如何？——基于 PISA2015 中国四省

(市)校长问卷的数据分析》(赵德成、周瑶,《中小学管理》2017 年第 10 期)一文中,第二部分"主要发现:中国四省(市)校长领导力表现有待提高"整体呈现了研究结论,第三部分"对策与建议:提升校长领导力的有效路径"主要是提出具体可行的建议。

又如,《影响小学新任教师专业成长的数据分析及对策建议》(马晓丹、刘加霞,《中小学管理》2020 年第 9 期)一文中,第二部分"基于教师背景变量的新任教师专业成长方式探索"系统梳理了研究结论,第三部分主要呈现了促进小学新任教师专业成长的对策与建议。

4. 经典案例:让数据分析与研究结论建立有效关联

以北京中学校长夏青峰所写的一篇实证研究论文《让学生学习方式变革"有理有据"——基于不同自主学习方式影响小学生数学成绩的实证研究》(《中小学管理》2016 年第 5 期)为例,作者通过对北京市 C 区的六所小学 2349 名学生的学习方式进行实证研究,探讨四种不同的自主学习方式(教师指导型、材料辅助型、独立自学型、自学讨论型)影响下小学生数学成绩及成绩巩固性的差异。

该论文第一部分对研究方法进行简述,第二部分呈现了研究结果,即通过研究发现:不同的自主学习方式影响下学生的数学总成绩存在显著差异;自主学习方式对成绩及成绩的巩固情况的影响在不同认知水平、不同年级的学生中呈现不同特点;在没有教师教的情况下,学生成绩低 4.207 分。第三部分的"讨论与启示"中,主要通过对第二部分所呈现的研究结果的逐一分析,提出研究结论,进而提供相应建议。因篇幅所限,以下仅呈现该论文的第三部分内容,从中可以看出如何基于调研结果的分析得出有价值的研究结论。

三、讨论与启示:如何科学有效地变革学生学习方式?

1. 教师要为学生增加自主学习机会

研究中,学生运用不同的自主学习方式,花了 20 分钟学习新内容,并当堂进行测试。A 型学习方式有教师的直接指导,B 型、C 型、D 型学习方式均没有教师的直接指导,完全凭学生自主,辅之以材料、讨论等进行学习。

从测试结果看,全样本 A 型的均分是 85.505,将 B 型、C 型、D 型全样本合并起来的均分是 81.298，两者相差 4.207 分。也就是说，在没有教师教的情况下，学生考试的均分只比有教师教低 4.207 分，如表 2 所示。

表 2　全样本下 A 型与 B、C、D 型均分的比较

	基本题	加深题	推理题	迁移题	总分
A 型均分	18.050	16.928	27.012	23.461	85.505
B、C、D 型均分	17.704	16.535	24.834	22.245	81.298
相差均分	0.346	0.393	2.178	1.216	4.207

本次测试题的难度均达到甚至超过课程标准的要求，结果显示，学生能在很短的时间内、在没有教师教的情况下，通过自主学习，测试成绩达到 80 分以上。而且，在基本理解题、加深应用题、迁移创造题方面，A 型与 B 型、C 型、D 型，均分仅仅相差 0.346、0.393 和 1.216，这些足以说明，小学生具有一定的数学自主学习能力。他们可以在教师不教的情况下，自己通过自学数学课本、阅读辅导材料、相互讨论与交流等自主学习方式，将教材上知识点的大部分内容理解与掌握。

同时，表 3 显示，随着年级的提升，在有教师直接指导与没有教师直接指导的学习方式下，学生成绩的差距不断缩小。B 型、C 型、D 型的均分与 A 型的均分相比，一年级相差 5.92 分，三年级相差 4.32 分，五年级相差 3.64 分，差距逐渐在缩小。这说明随着年龄的增长、年级的提升，小学生们自主理解与掌握知识的能力在不断提高。

表 3　不同年级 A 型均分与 B、C、D 型均分的比较

	一年级	三年级	五年级
A 型均分	95.62	93.68	67.05
B、C、D 型均分	89.70	89.36	63.41
相差均分	5.92	4.32	3.64

由此可以看出，没有教师的直接指导，小学生是能通过自主阅读、同学讨论等自主学习方式来学会数学知识的。但在教学实践中，小学生并没有多少机会来运用这些自主学习的方式。因此，教师需要突破传统观念，克服教学惯性，给学生增加

自主学习的机会，促进学生自主学习能力的提高。

2. 要加强教师指导的针对性

小学生在没有教师直接指导的情况下，可以基本掌握学科要求的知识与技能，但有教师的直接指导，其学习效果会更好。研究显示，无论是第一次测试，还是第二次测试，A 型的成绩都显著高于 B 型、C 型、D 型的成绩。

但在不同的题型（即不同的认知水平）上，教师直接指导所形成的作用是不相同的。在加深应用题与推理分析题中，A 型的成绩显著高于 B 型、C 型、D 型的成绩，说明教师的直接指导对于小学生解决认知应用水平和认知分析水平的数学习题来说，具有较好的作用。在基本理解题与迁移创造题中，A 型的成绩并没有显著高于其他学习方式的成绩，说明教师的直接指导对于小学生解答认知理解水平与认知创造水平的数学习题来说，没有显著的作用。这有两方面的可能，其一是小学生具备了一定的学习能力，在这个认知水平上已不需要教师的直接指导；其二是教师直接指导的有效性不够，还不能很好地帮助学生解答这类认知水平的问题。研究者认为，基本理解题可能属于第一种原因，迁移创造题可能属于第二种原因。

研究启示我们，不要只是笼统地讨论"教师多教好，还是少教好"，而应更加具体地讨论在哪些内容上必须加强教师的直接指导，在哪些内容上又要完全放手让学生独立自主地探索。这样，学生的自主学习空间会更大一些，教师的指导也会更具有针对性。

3. 要促进学生综合运用多种方式学习

不同的自主学习方式，对小学生数学学习的影响具有不同的特点。A 型（教师指导型）学习方式能取得较好的即时性学习效果，但知识保持情况不如其他方式，尤其是在基本理解题上有显著下降；B 型（材料辅助型）、C 型（独立自学型）学习方式在取得即时性学习效果方面并不占优势，但是在知识保持上，尤其是在认知创造水平学习的知识保持方面，明显强于其他方式；D 型（自学讨论型）学习方式在知识保持方面比较弱，在总成绩与加深应用题成绩上有显著下降，但从长远来看，它对于小学生合作交流等能力的形成具有深远的意义。

这就启示我们，在小学数学教学中，教师要促进学生综合运用不同的学习方式进行学习，以发挥不同学习方式对学习的积极影响，使数学学习更加有效。同时，教师要注意在组织学生讨论时，一定要将他们的对话引向深入，防止思维的表面化与形式主义。

4. 要针对不同年级之间的差异组织教学活动

在一年级，B型（材料辅助型）、D型（自学讨论型）的成绩都显著低于A型（教师指导型）；到三年级，B型的成绩与A型的成绩已经没有显著差异，D型与A型还有显著差异；到了五年级，B型、D型、A型之间的成绩都没有显著差异。说明随着年级的升高，B型、D型这两种自主学习方式对学习成绩的促进作用越来越大。这启示我们，在小学数学教学实际中，教师要注意年级之间的差异，在低年级要更加重视教师的直接指导作用，到中年级要注意增强材料辅助的学习，进入高年级要更多地组织学生之间的讨论与交流。

诚如作者所言，改变学生学习方式，是当下中小学教育教学改革的重点与难点之一，但是很多作者在写作这一主题时，往往从实践层面列举学校的经验做法。但该文作者夏青峰校长则是基于实证研究来探讨如何让学生学习方式的变革更具科学性，希望由此"深入探讨科学有效地改变学生学习方式、提高学生学习质量的基本策略"。

从上述论文第三部分样例中，我们可以看出，结论的得出与对策的讨论不是作者基于该主题的感性认识，而是依据翔实的数据分析，有理有据，由此提出的建议也更加具有信服力。例如，基于研究结果，作者得出研究结论"小学生在没有教师直接指导的情况下，可以基本掌握学科要求的知识与技能，但有教师的直接指导，其学习效果会更好……"并且重点呈现了研究的创新之处，即"在不同的题型（即不同的认知水平）上，教师直接指导所形成的作用是不相同的……"，然后进一步解读数据更深层的内涵，分析"加深应用题与推理分析题""基本理解题与迁移创造题"等题型中，教师何以发挥的指导作用不同，提出了"两方面的可能"。由此得出有针对性的关于教师指导的启示与建议，即"加强教师指导的针对性"。

（六）参考文献著录有矩可循

在论文写作中，规范的参考文献引用和著录具有重要意义，这既是研究态度和能力的体现，也是作者研究水准和论文学术水平的重要判断指标。

所谓参考文献，是指为了撰写论文和著作而引用的有关文献信息资源。在撰写论文时，引用或者借鉴已有成果、参考他人思想观点，既可以让自己的研究站在前人肩膀上，也能够体现研究的差异与创新点，而且可以为其他研究者提供资料与信息参考。规范引用和著录参考文献，既体现作者的科学严谨态度，也是对前人研究成果的尊重。如果引用他人的观点、数据、结论等，而不标明出处，则被认为有抄袭或者剽窃之嫌。

在日常编辑工作中，我们发现教育写作中参考文献的引用和著录主要存在如下一些问题，如不标注参考文献、文献引用过度、文献引用准确度不高、文后参考文献著录不规范等。参考文献的引用和著录可以参考以下一些基本原则。

1. 适度性：适当引用，重在独创性思考

从一篇论文的参考文献中，可以看出作者对相关领域的研究程度。有的论文引用文献只有一两条或者根本没有，有可能是作者没有标注参考文献的意识，或者是有意不标注参考文献，也可能是作者对该主题的已有研究梳理不够，未能形成深入认识。前文已经阐述研究前开展文献综述的重要性，在写作过程中，作者要将所参考、研读过，并且在论文中以直接或间接方式引用的文献资料，在文末进行详细标注。

此外还有一种常见现象，是论文中文献的过度引用。一方面是有些作者几乎满篇文章中每个段落都有引用；另一方面是文章中"凡引用必有出处"，对于一些常识性的结论也都一一标注出参考文献。文献的引用，主要是通过对文献进行提炼后"为我所用"，目的在于说明"我的问题"，阐释"我的观点"，如果过多堆砌文献，不仅淹没了作者的独创性观点和思考，也会让人对作者的研究和提炼能力产生怀疑。

因此，参考文献的引用与著录要适度，主要呈现研究的商榷对象、理论框架、材料数据、研究脉络等。

2. 权威性：精选文献，重在真实性呈现

我们强调引用有出处，但是著录的文献一定要精选。选择标准应该是能真实准

确反映本领域的研究现状和成果。

一是只著录最必要的文献，只列出作者直接阅读过、在正文中被引用过的文献资料，对于一些众所周知的或者过于陈旧的资料可以不必著录。

二是著录的必须是公开发表的文献，内部使用资料不可作为文献引用。

三是尽量掌握一手材料，确保文献的准确性。很多引文来自二手甚至多手材料，在传递过程中甚至以讹传讹，这也会影响后续研究的开展。

四是选择权威期刊、权威作者的文献，除一些经典著作外，以近 5 年内发表的权威研究成果为宜。

五是引用文献必须真实准确，不仅直接引用时确保内容准确性，而且进行概述引用时也不能主观臆断或者断章取义。

3. 规范性：循规守矩，重在准确性呈现

在进行文献引用和著录时，应该熟悉著录规则，严格遵循其基本格式，在准确呈现文献信息的同时，也便于读者查找相关文献资料。目前大多数学术期刊都是按照国家 2015 年发布的《信息与文献 参考文献著录规则 GB/T7714－2015》进行参考文献著录，这是论文作者都需要严格执行的基本规范。此外，在检索中国知网等数据库时，也可以导出合乎国家标准的参考文献。

常用的参考文献类型和标识分别为专著（M）、论文集（C）、报纸文章（N）、期刊文章（J）、学位论文（D）、报告（R）、标准（S）、专利（P）、电子公告（EB）、联机网络（OL）等。以下我们分类列举各类常用参考文献的著录格式。

(1)专著

基本格式：[序号]作者．著作名[M]．出版地：出版者，出版年：起止页码．

示例：[1]陈丽．义务教育学校校长专业标准：要点·行动·示例[M]．北京：北京师范大学出版社，2014：2．

(2)期刊文章

基本格式：[序号]作者．文章名[J]．刊名，年(期)：起止页码．

示例：[3] 褚宏启．教育公平升级换代：更加关注结果公平与教育质量[J]．中小学管理，2019(11)：58－59．

(3)报纸文章

基本格式：[序号]作者．文章名 [N]．报纸名，出版日期．

示例：[3]章月根．共同愿景引领学校现代航向[N]．中国教育报，2015-10-15．

(4)论文集中的析出文献

基本格式：[序号]作者．文章名[C]//编者．文集名．出版地：出版者，出版年：起止页码．

示例：[2]韦官玲，任杰．《心理健康诊断测验(MHT)》在小学生群体中的修订[C]//中国心理学会．第十二届全国心理学学术大会论文摘要集．济南：山东师范大学，2009：421—422．

(5)学位论文

基本格式：[序号]作者．论文名[D]．授予学位地：授予学位单位，出版年．

示例：[1]马晓蓉．校长教学领导力与学生学业成就：来自西部少数民族地区初中学校的证据[D]．北京：北京师范大学，2017．

(6)电子文献

基本格式：[序号]作者．题名[EB/OL]．(发表或更新日期)[引用日期]．电子文献地址．

示例：[5]人民网．上海：率先打破职业教育"天花板"[EB/OL]．(2015-12-28)[2020-11-04]．http：//sh. people. com. cn/n2/2015/1228/c134768—27419457. html．

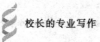

五、提炼教研成果：呈现规范化的研究报告

前面章节我们主要介绍了教育写作的一些普遍性要求。具体到日常工作中，校长们还需要面对各种应用性文体的写作需求，而一些特殊文体也有其特定的写作规范与基本要求。因此在接下来的几章里，我们主要立足学校管理和教育教学工作中的常见写作类型，分别进行有针对性的介绍。

在论文写作中，还有一种特殊的文体，就是课题研究过程中需要撰写的各类研究报告，以及对教学成果和教研成果进行提炼总结的规范性文本。作为学术交流中的基本文体，这类文本的写作通常根据表达需求，需要遵循不同类型报告或者成果表述的具体规定，按照其格式化的提交要求进行规范表达。但是我们看到，不少校长提交的研究报告只有形式上的规范，却无实质内容的切合，这一方面体现了对课题研究或者教学成果本身的认识与理解欠缺深入，另一方面则表现为写作中的问题，也就是无法将零散的素材形成条理化的表达。

本章仅以校长工作中经常需要面对的课题研究报告与教育教学成果提炼文本的撰写为例，阐述这类应用文体写作中的常见问题。此外，校长的学术专著出版也可以视作成果的汇总提炼，因此也列在本章内容中。

(一)课题研究报告的撰写要点

课题研究报告属于一种特殊的论文形态，也是校长们经常要面对的写作类型。对于学校所开展的课题研究而言，基于真实问题、切合学校实际的课题设计，扎实有效、深入细致的研究过程都非常重要，作为最后一个环节的课题结题报告撰写也同等重要。一份规范严谨、表述清晰的课题研究报告，是系统完整的研究工作总结和研究成果呈现，对于课题效果评估推广具有重要作用。

当前中小学开展的课题研究主要包括应用性研究与实验性研究，各类型研究的课题结题报告撰写有其基本的格式规范和参考样例，通常按照"提出问题—分析问题—解决问题"的思路，详细呈现"课题是什么""为什么研究""怎样研究""研究的结果怎样"等内容。一份结题报告，就是对课题研究中基本问题的结构性回答，除前置部分的课题名称、署名、引言、关键词，结束部分的参考文献、附录等内容外，其主体内容的框架大致包括以下几部分——

课题的提出（包括研究的背景、意义、依据、目标、内容）

课题的实施（包括研究的方法、过程）

课题研究的成效（包括研究结果与分析）

课题研究后的反思（包括问题与讨论、建议及设想）

实践中的课题研究报告通常会呈现上述基本框架，但又不拘泥或者局限于这一框架，往往会因为各类型课题管理的要求、课题本身的特点以及课题指导者和研究者的风格不同，研究报告也会呈现多种样态。但从总体上来说，课题研究报告的格式万变不离其"框"。既如此，那么如何在"循规蹈矩"的基础上"灵动"地呈现所研究课题的独特价值，在课题结题时让研究成果脱颖而出呢？这就需要校长们在撰写课题研究报告时把握以下一些关键点。

1. 突出针对性，凸显研究课题的价值

在课题研究的背景信息中，通常需要阐述研究背景、研究意义、研究假设、研究基础等基本内容。在具体撰写时根据不同类型课题的要求和课题研究的实际进行梳理，有些部分需要独立出现，有些部分则可以简化或者整合处理，主要是为了突出呈现该课题研究的必要性、紧迫性、可能性，尤其要突出该项研究对于解决现实问题、破解关键难题的针对性。

(1)提炼背景信息：体现问题解决的必要性

研究背景主要回答"为什么选择这一课题""因何开展此项研究"等问题。表现在文本中，主要是对该课题研究的时代背景、理论背景和实践背景，或者历史背景与现实背景进行阐述。在具体撰写时，通常从宏观、中观、微观层面，由远及近、由

大到小地呈现，可包括国内外教育发展趋势、人才培养的社会要求与时代诉求、课程改革的进展与课堂变革的要求、学校发展与改革的任务与需求、已有研究与本校研究的基础等。

(2)梳理研究价值：体现问题解决的重要性

课题研究的价值一般包括理论价值和应用价值，也就是该项课题研究的理论意义和实践意义，主要介绍该研究对于相关领域的理论发展是否具有推动作用或者创新价值，对于教育教学改革实践具有怎样的启示改进作用。在文本上通常以"研究价值"或"研究意义"来单独呈现。对于研究价值的撰写要客观真实，既要避免对研究认识不足的欠缺，导致无法彰显研究价值；又要防止出现言过其实、盲目拔高的现象。

(3)走出"理论"误区：体现问题研究的适切性

在关于背景和意义的撰写中，最常见的问题是高谈宏论过多。为了突显课题研究的学术内涵，使课题研究显得"高大上"，对于宏观背景、理论基础等进行较多大而无当的阐述，对于现状与问题的描述较为空洞抽象，研究定位缺乏清晰度，如将课题泛化为"培养学生核心素养""实施素质教育"的基本要求，因此无法亮出"此研究"与"彼研究"相比，对某一所学校或某一群体的现实意义与独特价值。

此外，支撑研究开展的理论基础应该适切，确实能发挥指导实践研究的作用，过于大而空的理论阐述，也容易造成理论与研究"两张皮"的现象。有时候还需要进行概念界定，一般是从课题名称出发，将相关核心概念进行厘清，以明确课题研究的基本定位和研究方向。

(4)规范表述名称：体现问题研究的实效性

此外需要提醒的是，课题名称的表述要尽量具体而规范，即内容明确、对象精准、用语规范，既有实践操作性，又能让人对研究对象、方法和内容一目了然，对研究成果产生期待。课题名称不宜过大，以免研究者难以驾驭；也不宜过小，无法反映普遍规律。此外，还要避免一些口号式或者文学式表达，体现不出研究的针对性和实效性。课题名称的确定是在课题立项前就做的工作，课题报告中的研究题目要与之前立项通知书中的名称保持一致。

例如，"普通高中学生领导力培养范式的校本行动""基础教育集团化办学中学校内部治理体系和治理能力建设研究""基于集团化办学背景下的学校变革研究""书院式干部培训课程建设的实践研究"等课题名称，都能清晰呈现具体研究对象、研究内容、研究方法，也体现了对当下学校管理中热点、难点问题的关切。

2. 突出具体性，界定明确的研究内容

在阐述研究的必要性后，需要介绍本课题研究的具体内容，这样才称得上完整的"问题提出"。"问题提出"表现在文本中，以"研究目的""研究目标""研究内容"的形式呈现。还有些研究者在撰写研究报告时首先呈现研究目的和研究内容，接下来再对研究背景进行详细分析，对此并没有严格的体例格式要求。

(1)列出研究目标：概括性表述研究方向

研究目标指明课题的研究方向，因此要以具体而清晰的概括性表述，交代清楚本研究"要解决什么问题"，切忌空泛笼统。体现在文本上，研究目标一般用一小段话进行表述。有些课题研究涉及范围较广、领域较多，还可在研究目标下分述"总目标"与"具体目标"。

案例：《"幸福每一个"的小班化教学区域推进研究》(研究目标)

总目标：本课题以"幸福每一个"为价值旨归，以提升本区域小班化教学品质为目标，以为每一个孩子创造幸福的学习生活为研究主线，探索区域推进小班化教学的整体发展策略，创新小班化学校教学实践模式。

具体目标：

——明晰小班化教学的理念追求。进一步明确小班化教学理念的精神内核与价值取向，明确小班化课程、教学等诸要素的原则、观点、特质。

——研发小班化教学的多样策略。着力建构以"幸福每一个"为追求的回应"个别化""差异化"的小班化课程、教学、环境、评价等方面的实践策略。

——完善小班化教学的制度规范。通过探索，建立小班化教学的制度规范体系，保障小班化教学的优势常态性地落实在课程教学中。

(2)明确研究内容：实现研究任务的分解

研究内容是通过对研究目标进行拆解，明确为达到目标需要完成的一个个研究任务。这些任务可以作为课题研究中的一个个子课题，针对一个个问题的解决，它

们之间相互关联、相互依存，可以并列推进，也可以逐层开展，共同破解该项课题的核心问题。从研究目标的确立到研究任务的分解，重点是要具体明确，体现研究的价值。有些课题研究的目标相对比较单一，或者在目标中已经能够清晰指明研究内容的，在撰写文本时也会进行二合一处理。

(3)明晰逻辑关系：体现"问题—目标—任务"一体化

在具体撰写时，研究目标和内容都是以条目化的方式呈现的，如"1.……；2.……；3.……"。问题—目标—任务，与后文中的过程、成果相互呼应，保持一致。每个子课题都是基于一个具体问题而展开的，围绕课题研究的核心问题分阶段、分项目开展具体的研究。各项研究内容之间，研究内容与目标、主题之间均呈现清晰的逻辑关系。不同研究任务相互补充，共同服务于课题研究。

当下经常看到的一些课题研究报告，其中存在的突出问题之一是研究目标和内容的表述模糊笼统，研究内容之间逻辑不清晰，研究内容与研究目标、研究主题的指向不一致，因此也无法很好地服务于课题研究本身。

若遇到相关政策制度调整，导致基于新形势下的目标定位与课题申报时有所变化，或者在研究过程中发现课题申报时的研究内容已解决或者需要更加聚焦，可在研究报告中对其调整进行必要说明。

3. 突出实用性，表明恰当的研究方法

课题研究报告中要表述具体的研究方法。在教育教学研究中经常采用的研究方法包括文献研究法、问卷调查法、行动研究法、实验研究法、个案研究法、比较研究法等。不同类型的研究课题根据研究的需要，选择并运用恰当的研究方法，是研究信度与效度的保证。表现在文本中，不仅要写明研究方法，而且要写出如何运用此种方法开展研究，以及拟要解决的问题。

在实践中我们经常看到，一些课题研究报告中罗列了很多研究方法名称，有些研究者甚至将自己所知道的研究方法悉数堆砌在一起，至于研究中是否运用了此种方法，却不尽然。在课题研究报告撰写中，如果在"研究方法"中列出了调查法，那么报告中就应该呈现调查设计及数据分析。课题研究需要以科学的方法来支撑，具体采用何种研究方法，要根据具体的研究问题、研究内容来确定。研究方法的滥用，会降低研究本身的可信度。

4. 突出过程性，呈现课题实施的进度

实施部分是课题研究报告的主体内容。在撰写研究报告文本时，要尽量展开研究过程，体现研究主线，展现技术运用，呈现问题逐个突破的过程。例如，研究分几个阶段，每个阶段的时间安排和主要任务，试图解决实践中的哪个问题，遇到的困难与突破路径，改进与反思等，即从设想、行动、反思、改进等方面，呈现通过研究的推进实现教育教学行动改进的过程，归纳和提炼研究中的有效做法和措施。文本主要呈现为"研究过程""研究步骤""研究的过程与措施"等，通常分为准备、实施、总结阶段分别进行阐述。

5. 突出总结性，研究成效重在成果提炼

所谓研究成效，也就是课题研究目标的达成度，是从数据的分析中得出的事实性结果；同时基于对研究结果的分析，归纳梳理由此得出的经验或者思考。这是一篇课题研究报告的精华呈现，也是评定课题质量的关键因素。

(1)研究成效与问题和目标紧密关联

研究成效应该是基于各种研究方法，形成对课题所要聚焦的问题的理性认识与实践成果，如形成了某种新模式、新方法、新策略，取得了相关奖项，发表了相关文章等。虽然研究中会有很多发现，但是要以课题研究的核心问题为中心，选取重点成果进行呈现，关联度不大的，可以适当舍弃。在我们所看到的课题研究报告中，所答非所问、成效与目标偏离、逻辑难自洽等现象经常见到。研究的成效源自研究本身，因此在撰写研究成效时不能撇开课题研究的目标、方法、过程等，"自说自话"进行办学成果展示。例如，有些课题是实验研究，但是在结果分析中，却没有看到根据数据得出了哪些有价值的结论，而是进行模糊的描述性分析，研究成效与研究过程看不出关联。

(2)研究成效的表述应该真实客观

一方面，应避免呈现想当然的应然性成果，类似"更新了理念，培养了素养，提升了能力，发展了学校"等泛泛表述，而应具体陈述在某一方面解决了哪个问题，

提供了什么经验。另一方面，应避免夸大研究成果，如将该段时期内所有荣誉、成果都与课题研究挂上钩，都归功于某项课题研究。对于研究结果的分析要客观，即使课题研究未能完全达到预期目标，但是通过该项研究发现了值得关注的问题，这也体现了研究的价值。

(3)研究成效要体现创新之处

在课题研究中，要侧重通过研究概括出解决问题的策略方法或者普遍规律，对实践具有指导价值，具有普遍性和可推广性。具体写作中，在描述方法或者规律时，要以数据和案例作为支撑，尤其是一些教育教学实践中开展的行动研究，其实质性的研究成果，要对学校教育教学改进有帮助，不仅要写"做了什么"，还要写清"怎么做的"，即选择适合的案例对成果进行说明。

课题研究报告不是"工作汇报"，因此，在撰写报告时必须要讲清楚在研究问题导引下"采用的方法""探索的脉络""研究的进展""形成的结论"。此外，需要说明的是，课题研究报告并不等同于学术论文。有些校长常常会将一个完整的课题研究报告作为投稿的论文，这样往往很难得到选用。这主要是因为学校的课题研究报告往往是多个研究任务的系统呈现和综合反映，材料全面、方法多样、成果丰富，刊登在期刊上的学术论文则更加聚焦具体问题的思考与解答。因此，校长和老师们要善于从课题研究的各项研究任务中选取具有普遍意义的问题，呈现研究过程，提供深入阐释和有针对性的解决策略。

6. 经典案例：课题研究报告的常规写作

以下以重庆市融汇沙坪坝小学郭先富校长所撰写的一份课题研究报告为例，具体阐述课题研究报告的写作要点。

课题名称：嵌入教师日常工作情境的校本研修实践研究

该课题报告共分七大部分，其中第一部分呈现了"研究问题"，包括研究目的、研究意义、研究假设与核心概念四部分。

研究目的

通过本课题研究，立体构建教师工作学习化、学习工作化的"嵌入式"研修理念、目标与内容、实施及评价体系；探索基于工作场的校本研修社群协作学习的方式、方法与手段；构建以嵌入关键资源为手段进而改善研修品质的校本研修转型策略，提升教师的专业水平，提升学校的办学品质，促进学生的全面发展。

研究意义

1. 本研究在教育生态理论、工作场学习理论、成人学习理论、学习型组织理论的支持下，以教师工作场学习为切入口，以嵌入关键资源为手段营造有利于教师研修的学习场域，可以丰富校本研修生态转型的基本理论。

2. 以工作场社群协作学习为视角的"嵌入式"研修，有利于解决当前教师研修学习中断裂式、碎片化、孤立性、低层次的典型问题，其整体构建的生态转型策略和教师协作长程研修模式可以为中小学研修转型提供实践范例。

3. "嵌入式"研修在学校大环境中营造出一个个聚焦学习的场域，让学习场域的改变引领学校内部诸要素的整体联动，为学校形成独具特色的"嵌入式课程""嵌入式课堂""嵌入式管理"等"嵌入式"学校整体转型奠定基础。

上述课题研究报告所呈现的"研究目标"清晰具体，主要从三个层面展开，阐述了课题研究的三方面内容，也明确了研究任务，即立体构建"嵌入式"研修的模式、探索校本研修社群协作学习方式、整体构建校本研究转型策略。"研究意义"共列出三项，分别为该项研究的理论意义，即"可以丰富校本研修生态转型的基本理论"；以及该项课题所产生的实践意义，即"可以为中小学研修转型提供实践范例"的广泛性意义和"为学校形成独具特色的'嵌入式课程''嵌入式课堂''嵌入式管理'等'嵌入式'学校整体转型奠定基础"的微观意义。

研究报告对"嵌入教师日常工作情境的校本研修实践研究"这一课题名称中的"嵌入""教师日常工作""情境""校本研修"四个核心概念进行了界定。例如，对于"嵌入"的界定，有助于我们了解其基本意义，同时了解其在本研究中的四层含义。教师日常工作所包括的内容较多，本研究将其主要聚焦在教师的日常教学、校本课程开发和课题研究三个方面。

该课题报告第二部分为研究背景和文献综述。研究背景主要阐述了问题提出的缘由，也就是因何开展此项研究。本报告中呈现了"'立足特定情境，开展校本研修'是国际教师教育发展的大势"的时代背景，"'立足特定情境，开展校本研修'是我国校本研修转型的方向"的理论背景，"'立足特定情境，开展校本研修'是我校教师发展的需求"的实践背景。其理论基础中呈现了教育生态学理论、工作场学习理论、成人学习理论、学习型组织理论，研究综述既包括国外研究也包括国内研究。此处不再详述。

该课题研究报告第三部分介绍了研究程序，其中包括研究设计、研究对象、研究方法、技术路线四部分内容。以下重点展现其"研究方法"和"技术路线"。

研究方法

1. 文献研究法。动态检索国内外校本研修相关前沿资料，全面把握现代研修的发展趋势，及时掌握有关校本研修的理论成果和实践经验，归纳总结校本研修的理念、目标与内容体系，模式与方法，以及转型策略与机制，动态调整课题研究方案，不断优化过程研究计划。

2. 调查研究法。制作校本研修现状调查问卷和访谈提纲，开发校本研修转型实效性评估工具，及时评估并反馈研究状况，为研究成果提供可靠依据。

3. 行动研究法。整合区域教育主管部门、研修机构、学校骨干教师的研究力量，聚焦研修转型中存在的具体问题，制订并实施问题解决计划，反思总结校本研修体系以及学校生态研修转型的策略与机制。

4. 案例研究法。对学校各学科教师共同体的研修现场或实录进行分析研究，分类整理"和而不同"的研修模型、系列化方法，总结归纳不同学科共同体协同推进学校研修转型的策略。

技术路线

1. "校本研修的历史和中小学校本研修现状调查研究"研究路线。查找并梳理与本课题相关的理论成果，组织主研人员研究校本研修的历史——课题组通过问卷制作、发放、分析，结合现场调研、访谈、讨论，摸清中小学校本研修的现状——课题组撰写调查报告，为开展课题后续研究提供依据。

2. "嵌入教师日常工作情境的校本研修理念、目标与内容研究"研究路线。对相关理论文献进行整理，组织主研人员学习，并在征求各方意见的基础上，提出"嵌入式"研修理念与总目标——课题组对"嵌入式"研修的实践经验进行调查研究，在此基础上结合自身实际，提出学校所属研修理念、目标与内容雏形。

3. "嵌入教师日常工作情境的校本研修的模型、方法、手段研究"研究路线。运用文献研究法与调查研究法，为学校提供研修模型、方法、手段范例——各个学科团队结合课题组提供的范例，结合各自版块实际，初步提出自己学科的研修模型、方法、手段——各学科全面实施所提出的模型、方法、手段实践，并在实践中反复验证并不断修改完善——课题组开展后测，基于实证凝练区域研修模型、方法、手段系统。

4."嵌入教师日常工作情境的校本研修的实施策略研究"研究路线。运用文献研究法与调查研究法，为学校提供推进研修转型的多样化策略——各学科共同体结合课题组提供的策略，结合各自实际，初步提出各自版块推进研修转型的系列化策略——学校及各学科共同体全面实施推进研修转型的系列化策略，并在实践中反复验证并不断修改完善——共同体总结提炼各自版块的有效策略——课题组开展后测，基于实证凝练区域研修模型、方法、手段系统。例如，学校嵌入教师日常工作情境的校本研修转型策略有：①重构"嵌入式"研修时空——从"资源分散"到"智慧一体"；②重组"嵌入式"研修社群——从"包办婚姻"到"自由恋爱"；③系统"嵌入式"研修课程——从"满汉全席"到"预约订制"；④策划"嵌入式"长程实施——从"机械应付"到"刻意练习"；⑤变革"嵌入式"成长性评价：从"功利取向"到"幸福导向"。

5."嵌入教师日常工作情境的校本研修的实效性研究"研究路线。对学校各共同体的研修状况进行后测——比对前测数据，基于数据分析与事实描述，研判嵌入教师日常工作情境的校本研修理念、目标、内容、模型、方法、手段体系以及构建这一体系的区域性实践策略的实效性。

第四部分呈现了研究发现或结论(此处仅呈现研究报告的框架)。

(一)厘清了"嵌入式"研修的认知框架

(二)构建了"嵌入式"研修的生态模型与实施路径

(三)提炼出"嵌入式"研修的协作实施模式

(四)形成了独特的"嵌入式"学校文化

第五部分呈现了研究效果与影响(此处不再详述)。

第六部分是分析和讨论(此处仅呈现研究报告的框架)。

(一)本课题取得的显著成效

1. 构建了精准服务教师研修的生态环境

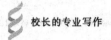

2. 促进了多形式的校内研修共同体建设

3. 促进了学校校本研修内容向实践转型

4. 教师研修的实施方式方法得到了创新

5. 教师研修的内外驱动形式得到了发展

（二）本课题需要努力的方向

1. 如何让每一位教师真正成为研修学习的主体

2. 学校推进研修转型的保障机制需要更加完善

3. 在理论和实践层面仍需明晰嵌入式研修的方向

第七部分呈现建议（此处仅呈现研究报告的框架）。

通过课题研究，提出三个方面的建议：

（一）"嵌入式"研修需要常态化实施

（二）"嵌入式"研修的视域可更加广阔

（三）"嵌入式"研修的资源开发有待拓展

最后是参考文献和附录。

因篇幅所限，此处无法呈现一个完整的课题研究报告，但是对于其中几个关键要素的撰写已进行示例。由于课题研究的侧重点不同，研究问题所涉及的范围、研究方法、技术路线也各有差异，因此在具体撰写中突出自己的研究特色与独特研究成果即可。

此外，在研究报告文本撰写中同样要讲究文字的精练、逻辑的清晰，要以实事求是的态度展现扎扎实实的研究过程，概括提炼具有实践价值的研究成果，这样的课题研究报告才是实实在在的。

（二）教育教学成果的提炼与表述

将教育教学成果进行梳理提炼并进行系统表述，以促进成果固化和外化，既是对教育教学实践经验的理性升华，也是当前中小学教育科研的重要环节。然而，教育教学成果的"提炼与表述"一直是校长和教师面临的难点和痛点。如何将基于现实问题开展的实践行动、研究成果，转化为有理论高度、有实践深度、有普遍意义、有推广价值的教育教学成果呢？

近年来，省级、国家级基础教育教学成果奖的评选，推出了一批彰显教学改革精神、引领教学改革方向的优秀教学成果。这也激励着更多学校和地区对教育教学实践和研究进行检视，并且希望通过进一步的概括和提炼，使自己个性化的教育教学成果得以在更大的平台上展现特色、彰显价值。

教育教学成果虽然需要概括和提炼，但却来源于日积月累扎实的实践与研究，它是实践基础上的理性飞跃。按照《教学成果奖励条例》对"教学成果"的界定，那些经过实践检验，具有科学性、创新性、实效性的教育教学问题解决方案，才能够称得上教学成果。因此，教育教学成果的培育并非短期行为，而是一种需要坚持的"长期主义"。本文仅针对教育教学成果的文本表述，探讨其概括和提炼中应该把握的一些关键要素。

1. 主题精准化：解决了什么现实问题？

优秀的教育教学成果都体现了这样一个共性特征，就是回应了或者在一定程度上解决了当下教育教学中受到普遍关注的重难点问题、关键性问题。因此，校长们应该通过对已有实践的反思和追问，厘清个性实践、个体化解决方案背后凸显的价值点，在明晰个别问题、特殊问题的基础上，挖掘出自己的研究和实践对共性问题的关照。

(1)让问题与实践建立关联

为了凸显研究成果的价值，在撰写背景信息时需要将个性化的研究与实践与当下迫切需要解决的重难点问题建立关联。一方面，要对当下教育教学改革背景进行分析，了解所面临的挑战以及共同关注的问题；另一方面，要对个体实践进行分析，梳理已解决的问题并进行合理归类，寻找共性价值点，作为对相关问题提供解决措施的有针对性的探索实践。

以获得 2018 年第二届基础教育国家级教学成果奖一等奖的北京史家小学的教学成果《中华优秀传统文化·博悟课程》开发与实践"为例，其"问题提出"部分是这样呈现的——

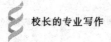

（一）文化传承的使命担当

"文化自信是一个国家、一个民族发展中更基本、更深沉、更持久的力量。"因此，传统文化教育应被视为学校教育中的寻根、固本、筑基工程。但是在当前中小学开展的传统文化教育中存在着一些误区：一是方式僵化，没有将传统文化教育与学校课程进行有机融合；二是浮于表面，未能深刻挖掘传统文化的价值内涵并在以古鉴今的过程中进行创造性转化与创造性发展，仅仅满足于形式上的模仿与复古。

（二）课程改革的困境突破

在国家及地方课改政策引领下，各中小学的综合实践课程开发呈现出一派繁荣的景象。但是，在具体操作中，综合实践课程呈现出如下困境：在课程定位上，相对于学科课程在学校整体课程框架中容易被边缘化处理；在课程开发中，在强调活动化的同时缺乏课程性思考与整体设计；在课程实施中，未能引发课堂教学模式与学生学习方式的真正转变。

（三）立德树人的任务要求

当前的学校教育中，基础教育愈发偏离其"基础性"价值，其集中表现就是"重智轻德、重知轻能"现象。道德教育不断被知识学习挤压空间，导致学生社会责任感的淡薄、价值观的错位。

基于上述思考，北京史家小学秉承"无边界"课程理念，拓宽课程存在场域、创新课程开发模式，从中华优秀传统文化中汲取课程营养，与中国国家博物馆联合进行《中华优秀传统文化·博悟课程》的研发与实践。本研究聚焦的研究问题如下：①基于博物馆资源的中华传统文化综合实践课程开发；②课程实施中融入社会主义核心价值观的新路径；③博物馆课程的课堂教学模式转型。

上述案例以简要精练的表述，首先提出当前中小学传统文化教育中存在的误区、综合实践课程开发与实施中呈现的困境以及当下学生培养中的德育诉求，然后提出个体实践所研究的问题，将核心成果"博悟课程"精准定位于上述关键性现实问题的突破和解决，使人既能从中体会到问题的重要性和迫切性，又能感受到该项实践研究的必要性和针对性。

(2)提炼能够精准呈现问题的题目

标题的重要性毋庸多言。标题应该是教育教学成果的高度凝练。因此在进行成果提炼时，要基于对主题意义的把握，为成果拟定一个具有较高立意、点明实践主旨的好题目。这个标题不仅要能体现所聚焦的核心问题，而且能够呈现研究成果的创新之处，或者可以被应用推广的范围，一定要表意清晰，简洁明了。

以获得第二届基础教育国家级教学成果奖特等奖与一等奖奖项的成果为例，"走向世界的中国数学教育——义务教育阶段数学课程改革的上海经验""基于学科育人功能的课程综合化实施与评价""创建基于课程标准的区域教学改进体系""基于学生自主发展导向的生涯教育实践与研究""事实和证据视野中的课堂教学诊断"等成果，都是通过对一校、一地的经验进行提炼，将其普遍性价值进行精准呈现的典型案例，其标题中就已经清晰地揭示了成果的核心主旨或者主要内容。

2. 材料结构化：提供了什么样的解决方案？

在进行教育教学成果提炼时，通常也是按照"问题是什么""问题怎么解决""解决得怎么样"的逻辑来搭建基本框架，详细呈现基于现实问题所经历的实践探索过程，以及最终形成的问题解决方案和所取得的教育教学效果。

在教育教学实践和科研工作中，教师们往往收集和整理了大量基本材料。但由于时间周期较长，这些材料往往较为零散，甚至条线众多、信息庞杂。因此，在进行成果梳理时，需要将大量相互关联又各自独立的数据、案例等材料进行系统整合，并从中凝练主题思想，提炼核心概念，由此形成完整的成果文本。

(1)筛选材料，进行分类整理

基于已经明确的主题，筛选能够精准呈现研究过程和研究成果的所有材料，然后根据与主题的相关性进行排序，选取重点材料并进行初步归类。

(2)描述特征，厘清关系结构

对已经归类的材料进行进一步梳理，然后归纳关键词，概括其共同特点，描述"此类"不同于其他类别的特征，界定不同类别之间的关系。

(3)概括观点，梳理操作流程

提炼每一类材料的核心主旨或者基本观点，并将其呈现在段首，然后整体进行逻辑梳理，根据解决问题的步骤或者研究问题的过程，组成完整的可操作的流程。

此部分重在讲述解决问题的过程，即通过对实践中的材料进行结构化组织，完整呈现教育教学实践的行动阶段或者研究过程，给出能够"照着做"的路线图，由此呈现该项教育教学成果的独特之处。需要注意的是，在撰写成果文本时，要注意区分"过程"与"成果"，前者为实践路径，后者为实践探索后形成的结果。

例如，以获得2018年第二届基础教育国家级教学成果奖一等奖的上海市洋泾中学的教学成果"事实和证据视野中的课堂教学诊断"为例，其成果报告呈现了"问题的提出""解决问题的过程与方法""成果的创新点""成果应用及实践推广"四部分内容，以清晰的逻辑概括梳理了"我们是如何解决这些问题的"。图5-1以概览图的方式呈现了该成果报告的基本框架。

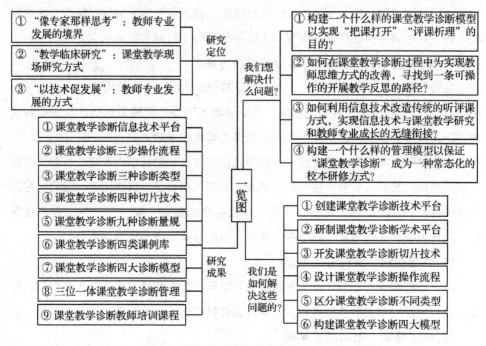

图 5-1 "事实和证据视野中的课堂教学诊断"成果概览图

3. 效果显性化：凝练了什么样的学术成果？

在教育教学成果表述中还有一块重要内容，即通过实践探索和研究所形成的"成果"，具体可包括主要观点、基本模式、结构模型、操作策略等，这是经过科学论证和实践检验后形成的问题解决方法，具有可推广应用的价值。

当前中小学教育科研面临的两大困境，一是"有研究无成果"，二是"有成果无转化"。对此很多校长也感觉很苦恼，明明实践成果颇为丰厚，也确实解决了实践中困扰教育教学的瓶颈问题，但是却提炼不出高质量的教育教学成果。其中最重要的原因，是在成果梳理时依然停留在"有事说事""就事说事"的层面，重现象描述和事实罗列，轻方法总结和规律提炼。在凝练学术成果时，需要把握以下几个关键点。

(1)成果表述有"理论味"

在描述效果时，要能够从特殊延伸到一般，从个性上升到共性，透过现象看本质。要对改革经验、事实材料进行高度概括和理性加工后，提炼出规律和方法。

(2)成果呈现有"创新点"

通过挖掘教育教学成果的内涵，将特色和亮点进行充分呈现。创新表现在多个层面，如理论创新、方法创新、路径创新等，最好能有关键性事实或数据作为支撑。

(3)成果展示能"用得上"

成果的展示不仅仅是荣誉和证书，而是来自过程中连续的观察记录和追踪研究，经过实践检验的实实在在的成果，由此证明其可发挥的作用，以及是否具有可推广性。

例如，以"事实和证据视野中的课堂教学诊断"成果报告中"成果创新点"的提炼为例，其中呈现了"诊断技术创新""诊断标准创新""诊断流程创新""管理机制创新""研究方式创新"五大创新点。而"研究方式创新"是该项成果的核心，即创建了包含四大模型的课堂教学现场研究方式——教学临床研究。这四大模型分别为：课堂教学诊断思维模型、课堂教学诊断操作模型、课堂教学诊断技术模型、课堂教学诊断管理模型。每一种模型分别从模型功能、模型图示、模型解说三个方面进行具体介绍，既有学理性阐述，揭示其内在机理，又具实践操作性，提供方法与工具，使大家既能够感受到实实在在的研究成果，又能够跳出一所学校的个别化实践，了解普遍性的适用策略。

(三)出版自己的学术专著

随着教育写作的深入，出版一本学术专著逐渐成为一部分校长的精神追求。此外，校长们在完成一些课题研究、专业研修时也会有提交相关著作作为研究成果的明确要求。将个人的实践智慧与理论思考进行全面梳理，将日常的积累积淀与随笔记录进行系统呈现，形成属于自己的学术专著，无疑对于校长的专业提升和经验超越，都极具意义。但是校长该如何启动自己的"出书"计划呢？又该如何写出一本自己有得写、别人愿意读的有价值的专著呢？

1. 寻找创作起点：我能写什么？

写书是一场不断突破自己、超越自己的修行。写书的初衷是多样的，有功利需求，有精神追求，有突发灵感，有多年心愿；有的校长出书是基于前期大量文章的积累，面临的是筛选、编辑文稿；还有很多是基于某一主题形成新的写作计划。那么，校长写书，可以从哪里寻找起始点呢？

(1)坚持一个原则：以我手写我心

如果校长只是希望将学校的办学实践及成果进行总结和梳理，那么完全可以充分发动学校相关部门的力量，凝聚团队的智慧共创一部作品。如果校长希望出一本自己的专著，最好还是亲自动笔，唯有自己才能写出自己最真实的感受、更深层的体悟，也只有这样，才能让读者在阅读时追随作者的足迹和心路，读懂作者思与行背后所蕴含的意义，并且由此获得自我的顿悟与提升。

例如，上海市浦东新区龚路中心小学蔡忠铭校长是上海市特级校长，在从教30年、担任25年校长时，他接到撰写一本记录个人成长轨迹的专著的任务。为了给更多年轻校长以思考和启示，他以自己30年教育生涯带来的感悟"学生的全面和谐发展，关键在教师的专业水平；而教师专业水平的发展，关键在校长的管理智慧"切入，探寻如何"学做智慧型校长"。于是，他通过回忆自己的教育人生，记录所经历的酸甜苦辣，最终以"我是谁""我应做什么""我如何做""我如何看"四部分，呈现了校长的角色意识与教育观念、校长价值取向的自我审视、校长领导力的提升、校长管理之路的自我感悟，串起了自己的思考与实践。书中既有客观的理性分析，也有朴实的感性故事，体现了一位特级校长的管理智慧。

(2)聚焦一个主题：串起思想和智慧

写论文需要提前明确主题，写书也需要选好角度、明晰主线，然后系统地讲清楚一系列人和事，犹如围绕一条主线串起岁月的珍珠。就目前校长们出版的一些专著来看，写作角度的选择往往根据自己的兴趣点和关注点来确定。

其一，记录教育生活。

这类著作往往是作者基于日常工作中的教育故事、教育反思、教育日志、工作笔记等进行汇总整理，然后以同题集中的方式分类呈现。每本书有各自的聚焦点，但书中具体内容之间不一定有高聚焦度的主线，多以故事、案例等形式呈现，以小故事讲述大道理，做到"形散神不散"，通常文字较为鲜活生动，可读性较强。例如，魏书生所著的《班主任工作漫谈》，李镇西所著的《老师教我当校长》《李镇西校长手记》，河南郑州艾瑞德学校校长李建华所著的《教育的温度——一位草根校长的教育故事》等。

以《老师教我当校长》一书为例，书中包括"我们一起创造历史""关于教师的职业幸福""你很重要""无法预约的精彩"四部分。每一部分均有十多个叙事或者片段，通过展示日常所记录的故事现场、真实思考、激情演讲等，从不同角度展示了作者的学校管理思想和具体管理策略，也体现了作者对教育的深刻感悟与深入思考。

其二，书写教育人生。

这类著作往往带着鲜明的个人特质，类似作者的个人传记或者"口述史"。通常是作者以第一人称的方式，讲述自己的成长历程或人生故事，将个体的学习生活、成长发展融入时代背景，融进国家发展、教育改革与学校前行的脉搏中。写作方式往往较为灵活，多以个性特质或者精神追求等关键词作为主线，串起成长的关键阶段。文风因作者不同而有较大差异，但因为有人物有故事，具有较强的亲近感。读者可以由读书到品人，形成对作者的立体认识，了解作者何以成为今天的名师或者名校长，启迪意义较显著。例如，河南安阳实验小学原校长姚文俊所著的《校长之道：姚文俊教育档案》、北京中学校长夏青峰所著的《同行的岁月——我在华士实验学校十八年》、广东深圳宝安区海旺小学校长张云鹰所著的《通往卓越——一个深圳校长的教育人生》等。

以其中两本著作为例，《同行的岁月——我在华士实验学校十八年》既是夏青峰校长的成长史，也是华士实验学校的发展史。作者按照年份回忆并忠实记录与学校共成长的故事以及其间所思所想，个人成长与学校发展紧密相连，以朴实的文字，饱含深情的真诚讲述，让读者从中汲取不断攀越的力量。《通往卓越——一个深圳校长的教育人生》一书则将时光拉长，回望自己从懵懂学童成长为一位优秀校长的人生和教育生涯，以今天的视角反观过去的经历，寻找成长背后的关键因子，由此带给读者人生成长与职业发展的启迪。从整体行文到标题制作，均体现了一位女性校长的细腻感触以及对文字的精致追求。

其三，梳理管理实践。

这类著作主要是作者立足某一所学校的办学实践，整体呈现校长的教育理念以及学校文化建设或特色发展的具体路径。通常会以学校某一时期工作的侧重点或者学校的核心价值为主线，对学校实践进行全面呈现。此类著作中，有一部分著作是从校长的视角观全局，内容包括教育理念和学校实践，由校长独立完成；还有一部分则是以校长阐述为主，由一线教师提供部分实践案例作为素材支撑，重在展示学校实践。

例如，广东省广州市东风东路小学校长彭娅所著的《AI＋学校——面向2035的学习空间与教育创新》一书，从背景篇、理论篇、设计篇、课程篇、管理篇五个方面，介绍了学校基于二十多年的教育信息化实践，重构人工智能时代的学习空间的思考与探索。广东深圳南山文理实验学校校长吴希福则是以《构筑生命之基》《匆匆那四年——我的幸福教育梦》两本著作，分别呈现了他在南山区大新小学和后海小学的实践探索。其中《匆匆那四年——我的幸福教育梦》一书共分五章，从教育现场、教育思考、教育理念、教育实践、教育观察五个角度，来呈现自己关于"幸福教育梦"的教育追求和"建设幸福教育家园"的管理实践。

其四，解读教育智慧。

这类著作通常是作者从自己的教育管理实践出发，提炼基于学校管理或教育教学中有关核心问题的独特解决思路。著作的主题通常聚焦某一关键问题，具体内容也是围绕这一问题的解决层层展开。因为问题聚焦，所以有较强的针对性；由于依托实践，所以有鲜活案例，具有实践操作性；在此基础上的方法提炼，又具有很强的工作指导性。写作方式通常能够做到理论与实践对接，理实相融，兼具思考性与可读性。

例如，北京十一学校校长李希贵所著的《学校如何运转》，就是结合其多年办学经验和管理智慧，从构建学校组织结构的角度出发所做的系统思考。本书提供了一种新的组织结构架构方式，并且通过分解厘清各部分的运行机制，探讨如何构建一所具有良好结构和健康机制的学校。其内容可以为校长办学治校提供一定的启示和借鉴。而北京市育英学校密云分校校长李志欣所著的《优秀教师的自我修炼——给青年教师的成长建议》，则是基于自己从普通教师走向特级教师以及做校长的经历，以讲述式的写作方法阐述了40条具体实用的建议策略，对青年教师的专业成长具有很强的指导意义。

此外，还有些校长喜欢写诗、写散文、写小说，这属于文学创作的范畴，此处不单独进行说明。

2. 搭设基础框架：做到胸有成竹

无论是已有素材的整理，还是重新开始的写作，都需要有一个基本的框架设计。建议校长们在正式写作前多花点时间来设计提纲，通过细致思考，厘清主题之下希望呈现的内容，以及各部分之间的逻辑关系，甚至具体到章节名称，由此形成关于书的基本框架，列出初步的目录，做到心中有数。当然这个"纲"只是初步设想，在具体写作过程中可以根据内容变化再做适当调整。例如，不同章节的内容有重叠交叉，是否需要整合处理？部分章节素材相对较单薄，思考尚不成熟，是否暂时进行删减？

一份细致完备的框架图，可以形成对整本书内容的初步把握，一方面有利于后期写作时控制节奏和进度，同时避免因思维发散导致偏离主题；另一方面也方便作者前期与出版社进行出版意向的沟通。之前曾经介绍过 Word 中的"视图—文档结构图"模式，它是前期梳理框架以及写作过程中随时关注写作进展的有效工具，尤其是对于书稿系统内容的整体把控心中"有谱"。

以《优秀教师的自我修炼——给青年教师的成长建议》一书为例。作者在后记中说，曾多次希望总结反思自己的成长故事，但是总感觉经验零散，不知道从何下手，而正是与编辑沟通确立写作提纲后，他开始梳理一幕幕教育生活场景，将成长的纠结、蜕变的痛苦、收获的喜悦等自然而然地倾泻出来。这本著作的结构围绕主题"优秀教师的自我修炼"的八个方面展开，由此搭设了一位青年教师专业成长的阶梯。该书的目录结构如下。

第一章 如何缩短新手期

第二章 如何快速提高教学能力

第三章 如何保持融洽的师生关系

第四章 如何与学生家长合作

第五章 如何突破成长瓶颈

第六章 如何提高教科研能力

第七章 如何处理好同事关系

第八章 如何走上名师之路

后记 成长是去寻找自己的可能

3. 把握写作重点：呈现真知灼见

流淌着真情实感的文字最能够吸引人、打动人，洋溢着思想光芒的内容最能够启发人、激励人，这样的著作自然具有独特的魅力。因此，当校长们列好提纲开始写作时，要秉持真诚的态度对待笔下流动的文字。

(1) 内容要务实，不故弄玄虚

既然计划写作学术专著，就要力求呈现实实在在的内容。由于"出书"成为一些研修项目的必须要求，也可以算作专业水平程度的"代表"，因此在一些校长那里也成了必须要完成的任务。然而我们经常会看到一些著作，整本书中只有各种政策文本、宏观理论与学校素材的整合堆砌，缺少智慧和经验的贡献，往往质量不高，可读性不强。校长们在出书之前，可以先追问自己，这本书打算给什么人看？我能够贡献什么样的思考和实践？能够带给他人怎样的启示和借鉴？沿着这样的逻辑来进行内容梳理，写自己想的做的，写疑惑与思考，写经验与启示。这样的内容因为真实、务实，往往格外受欢迎。

(2) 表达要质朴，不摆花架子

在具体写作时，不必过于追求华丽的辞藻，或者为了刻意拔高，而说一些虚话、空话、套话。因为校长们的著作所写的内容，主要是自己的所思所行，自然而然地讲述最生动。尤其是在具体的事件中，个体的矛盾、纠结、困扰，以及突破难

题的收获和喜悦等，这些细节的描述更容易令读者感同身受，并与自身的经历建立关联，然后在对比中有所悟有所思。这是作者所贡献的智慧，也是读者选择阅读的原因。

（3）重点要突出，要有所取舍

由于著作是基于某一主题的系统呈现，很多作者在写作时往往会考虑得较周全，希望面面俱到，将相关内容囊括其中，因此往往追求大而全。如写学校课程建设思考与实践的著作，恨不得将所有关于课程的理论及认识做足够详细的阐述，形成古今中外贯通之势。其实这也是没有必要的。一本书容量有限，对于各种理论书籍或文章中都能读到的通识性知识，如果再专门花较大篇幅去做阐述，反而会削弱自己的独特思想，影响读者对核心内容的阅读。要想凸显所撰写专著的独特价值，最好的办法是开门见山，直指主题。犹抱琵琶半遮面，往往会令阅读者失去发掘的兴趣。

4. 突破关键节点：深研真实问题

写书往往会经历一个心路盘旋的过程，初起时踌躇满志，每天坚持打卡，兴致盎然；中途难免会遇到思路受阻、思想受限的时刻，明明心中有想法，落在笔下终觉浅，尤其是在研读相关著作后，更是对自己产生怀疑，这时候写作进展便不那么顺利了，写写停停；但是在搁置一段时间后再起笔，或许又会突破原有思路，豁然开朗……写书最难在坚持。尤其是遇到硬节、找不到突破口的时候，往往也是最容易妥协放弃的时候。朱光潜所著的《文艺心理学》行云流水，深入浅出，带人走进高深和复杂，何以做到如此地步，他说写此书时"要先看几十部书才敢下笔写一章"。遇到难迈过去的地方，写不下去之处，往往就是"事情"没想明白、"道理"没理清楚，经历反复推敲琢磨，方可逐渐清晰明朗，心中通透，自然笔下通达。

有人说，写作是一场修行。确实，每完成一个篇章的写作，就是一次问题驱动下的思维激荡，就是一次实践再认识、思想再提升的修炼。等到完成初稿，再回头重构每一个章节时，便会以豁然之态举重若轻。

5. 反复磨合修改：体现独特风格

修改书稿同样是一个比较耗时费力的大工程。初稿写作时，为了保证思维的流

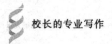

畅度，通常在表达的严谨性和逻辑的层次性上不做过多要求，很多时候甚至是随着情绪情感的流动自然而然行文。因此，第一遍修改很关键，这是依照书稿框架与行文规范进行的一次系统修改，是完善书稿内容的重要一步，这时候要整体统筹每一章节的内容。若担心会因调整不当而后悔，可选择"另存为"存储不同版本的修改文档，并依据修改次数依次标注文件名，如"带修订 $1\cdots N$"。

如同前文所述修改文章的思路一样，书稿修改最好的办法是通读。要从第一个字开始，从文字表述、观点提炼、结构排列等多个层面对书稿进行精修，该增则增，该删则删，既要保证整体框架的逻辑体系，又要关照细节的精致精准，还要考虑是否符合读者的阅读习惯。

第二、第三遍的修改就相对轻松一些，要将重心放在一些重点项目上。例如，各篇章的题目是否突出了主题、呈现了特色，是否足够吸引人；观点的提出是否鲜明精准；对一些长段落、长句子的表述进行调整，让表述更直观有力，让读者有良好的阅读体验；适合以表格呈现的内容，可以运用表格，方便读者一目了然了解信息；对参考文献进行核准及取舍，尽量选择那些权威的、最新的文献；根据出版社的统一要求，对字体、字号、章节序号等进行统一调整。

文章修改无止境。在三至五遍整体性的修改之后，就可以根据交稿期限将书稿初稿交给编辑了。图书编辑会从更加专业的视角对书稿提出修改建议。出版专著，作者要力求精益求精，做好每一个细节，毕竟你所提交的书稿质量体现着做人做事的态度，也体现着你的行文品质与风格。

六、对接关键事务：轻松驾驭日常公文写作

　　事务类写作是最常见、最常用，又是日常工作中必不可少的写作类型。形形色色的公文写作工具书中，都会详尽而全面地介绍各种体例的结构方法、写作要领、语言风格等。但是学校管理和教育教学工作又有其专业的独特性。面向学校工作的各种事务类写作既要熟知公文写作形式上的"套路"，更要注重其实用意义，目的在于发挥公文写作的应有效用。

（一）如何写一份有效的工作计划

　　凡事预则立，不预则废。作为四大管理职能之首，计划是对未来活动的一种预先谋划，是为了心怀目标"探索未来"。从个人到组织，制订计划的重要性不言而喻，它为我们从现在所处的位置抵达想去的地方铺路架桥，连接起"当下"与"未来"。但是现实中，我们发现，一些校长和老师没有认真制订工作计划的习惯，而一些学校或者部门的工作计划要么是目标模糊、过于空泛，要么是复制照搬、安排随意，为了应付检查，将原本可以推进的工作计划变成了存储于文件柜中的"纸上谈兵"。

　　于个人而言，工作计划意味着前行的方向，它既是明确的具体目标，同时也是清晰的实施步骤，影响着工作成效。一个人是被工作牵着鼻子走，被动应付，还是通过高效计划的制订，游刃有余地开展工作，是否善于制订工作计划起着关键作用。个人计划包括短期、中期和长期计划，从3～5年计划到年度、学期、季度、月度计划，甚至周计划、日计划，根据时长不同，内容表述也有所不同。长期计划也可称作发展规划，通常我们所说的计划是指中短期计划。工作计划越具体详细，越有助于个人及时把握目标、追踪进度，并通过阶段性复盘，适时总结经验并进行动态调整，从而助力长期目标的实现。

于学校来说，工作计划是学校发展规划、办学目标落地的重要载体，体现着校长的治校方略和学校发展的行动路线；同时也是学校各部门制订工作计划的蓝本，由此确保各部门围绕共同的理念和目标，形成细致可行的"施工图"，下好全校工作"一盘棋"。学校发展规划我们将在后续章节另作介绍。短期和长期计划即学期计划、年度计划。在计划制订过程中，校长尽量不要做"甩手掌柜"。校长从自身做起，科学严谨地制订个人工作计划、亲自起草学校工作计划，能够将学校发展的蓝图落地于一步步扎实的行动，这不仅考验着校长运筹帷幄的能力，同时也是对教师的引领和示范。

那么，校长们该如何制订并且撰写一份科学有效、简单明晰、可操作且有意义的工作计划？生活中，有很多人喜欢在"新年 Flag"中罗列一长串愿望，还有些人将目标清单、任务列表当作工作计划，但这些并不是完整的工作计划。以下对常规计划的制订与撰写方法进行简要介绍，在具体实践中，校长和教师们可以结合日常工作需求，在共性要求之下撰写体现个性追求的工作计划。

1. 构建计划基本框架

按照规范的公文写作要求，计划中应包括基本背景、总体要求、目标任务、具体安排等内容。在实际写作中，可以遵循"为什么""是什么""怎么做"的逻辑顺序，以"因何制订计划""明确提出计划""如何达成计划"为核心要素，建立计划的基本框架。

"为什么"主要概述计划制订的缘由、背景。一般是将上级教育行政部门的规定动作与学校因地制宜的自选动作相结合，阐述需要解决的问题，文字追求朴实自然，内容简洁明快、直指核心，避免以较长篇幅空谈宏大的理论认识。

"是什么"要呈现具体的计划内容。其中所列的目标要明晰、可实现，要呈现最终希望达成的结果；具体任务要明确具体、可落地、可操作，避免过于笼统、不切实际，即清楚表述要做什么、做到什么程度。此外，目标制订既要体现新思路，也要注意与之前工作的衔接性。

"怎么做"介绍为达成目标需要开展哪些工作，包括确定每项任务的时间周期、责任人和团队组建，以及所需要采用的策略和行动步骤，由此形成实现目标的框架图和时间表。分项明确，落实到人，这样才便于执行和评估，才能真正落地于事。

2. 设计重点工作清单

一些校长在制订计划时有一种误区，认为计划的内容应该全面细致，囊括学校内外各方面工作，往往在制订计划时踌躇满志、雄心高万丈，但是在计划实施过程中却发现需要完成的事项太多，分不清主次和轻重缓急，因而不自觉陷入琐事的忙碌之中，却难见工作成效，计划的执行也渐渐流于形式。在计划制订和撰写中，以清单的方式将年度、月度重点工作以及关键环节呈现出来，是保证计划得以有效执行的一种好办法。

首先，制作清单，形成学校精品工作模板。工作计划是工作开展的行动指南，在整体目标之下，我们既要关注常规工作的完成，更要聚焦重点、破解难点，为重点工作的推进提供切实可行的方案。学校、部门和个人都可以为年度重点计划的推进制作清单。学校可以设计属于自己的清单模板，以方便教师们选用。

其次，形成工作进度条。可以基于某一项重点工作设计工作进度清单。在设计清单时要考虑留出富裕时间，以免因为一些意外或者突发事件的耽搁，一步跟不上，步步跟不上，接下来会影响后续计划的执行。很多时候，我们经常说，计划赶不上变化，就是这种状况。因此，要学会应对"变化"，并且根据变化适当调整进度。

3. 充分借助资源工具

为了确保计划顺畅执行，就要对各种可利用的资源条件进行细致梳理，将各种影响计划执行的因素在前期统筹考虑，这样才能做到胸有成竹，即使会遇到一些变化和外力影响，也可以快速反应，及时对计划进行调整。因此，在制订和撰写计划时，不妨考虑增加以下一些要素。

一是列举可用资源。针对所制订的目标任务，可以利用的有利的条件和资源有哪些？如何利用？通过详细梳理，尽可能做到心中有数。

二是呈现困难障碍。为实现目标，可能会遇到的困难或者障碍有哪些？如何破解？要考虑好突破的策略，要对可能存在困难的任务或指标提前预判，以免到时措手不及，影响整个计划的完成。

三是使用辅助工具。要充分利用现代信息技术带来的便利，学会使用一些计划制订与过程监督的工具或者 App，科学高效地推进计划。

四是及时进行复盘。计划执行过程中及时进行阶段性复盘，如在工作进度条中增加复盘信息一项，以更好地在计划执行中进行过程管理。

这样，你就会形成一份个性化、可操作、可执行、推进过程看得见的有效的计划。如果是学校或者部门工作计划，那么可以充分发动相关成员积极参与其制订过程，通过小组头脑风暴等形式展开充分讨论，这样上述要素的呈现可以更加详尽完备。

4. 经典案例：一份学校年度计划框架

因篇幅所限，以下仅呈现江苏省扬州市梅岭小学陈文艳校长的学校学期工作计划框架。

澄清价值　聚合力量　重塑组织　深耕卓越
——2020—2021 学年第一学期学校工作计划

一、指导思想

二、学校发展现状

(一)学校发展基本点

(二)学校发展痛点

(三)学校发展难点

(四)学校发展增长点

(五)学校发展突破点

三、总体目标

基于上述分析，我们制定了新学期学校工作的总体目标，主要包含 6 个方面。

(一)价值：文化再认、理念赋形、精神提振、伦理重建

(二)管理：生态改良、系统优化、结构转型、效能提升

(三)质量：素养在场、体系完善、评价完型、品质绿色

(四)课程：未来导向、图景再构、学习自主、课程落地

(五)育人：全人发展、五育并举、家校共育、立德树人

(六)生活：倡导经历、美好赋能、理想深耕、走向从容

四、项目举措

(一)项目一："美好校区"工程(落实主体：党政工团、校区)

举措1：讲述梅岭故事，记录文化生长

举措2：推进物态相融，提升文化认同

举措3：依托重大项目，锤炼文化品格

(二)项目二："结构转型"工程(落实主体：校长室、党支部、工会)

举措1：推进顶层设计，强化校区赋能

举措2：完善岗位职能，强化部门融合

举措3：立足队伍建设，激活组织活力

(三)项目三："绿色质量"工程(落实主体：教学与质量板块、课程与教科研板块)

举措1：聚焦立德树人，构建绿色质量体系

举措2：聚焦内涵提升，实现绿色质量突破

举措3：聚焦评价完型，巩固绿色质量成果

(四)项目四："时光轴课程"工程(落实主体：课程与教科研板块、项目组、体卫艺)

举措1：围绕重大项目，提升科研实效

举措2：围绕学科本质，深化校本教研

举措3：围绕特色课程，丰富育人资源

(五)项目五："小种子培育"工程(落实主体：德育部、教学与质量板块)

举措1：构建大德育，实现多主体育人

举措2：构建大空间，实现多维度育人

举措3：构建大课程，实现多层次育人

(六)项目六："岭上生活"工程(落实主体：课程与教科研板块、后勤与服务板块、工会、体卫艺)

举措1：聚焦专业生活，增值职业生涯

举措2：聚焦闲暇生活，滋养教育情怀

举措3：聚焦教育生活，提升服务品质

附件：

1. 2020—2021学年梅岭小学部门工作任务清单

2. 文件(任务)完成重要时间节点及相关流程

3. 梅岭小学行政管理人员任务分工明细表

这是一份比较完整的学校学期工作计划，既有学校当前面临的优劣势分析，清晰地告知教职员工学校发展的基本点、痛点、难点在哪里，又明确了未来的增长点和突破点是什么。这是计划制订的背景和依据。六个方面的总目标，从学校工作的不同层面展开，为学校整体工作和各部门工作指明了方向。以"质量"总目标为例，其中是这样描述的——

以素养在场为导引，依托体系完善、评价完型，实现品质绿色。质量是学校的生命线，继续围绕梅岭小学"绿色质量"标准体系建设，明晰梅岭小学绿色质量的内涵、特质和实现方式等，从社会、家庭以及师生等层面建立梅岭小学绿色质量共识，形成绿色质量素养体系、运作体系和评价体系，强调和夯实质量链中每一个责任主体的作用与作为，突出"小种子"评价"完型"工作中过程性实施的研究与管理，进一步让绿色质量的达成成为培育学生核心素养的重要方式，提升梅岭小学品牌影响力。

那么，该如何达成这样的目标呢？该计划中以分别对应的六大项目，来回应六大总目标，告诉教职工目标达成的基本路径，让目标具体化。以"质量"目标所对应的项目三为例，其中的第三个举措"聚焦评价完型，巩固绿色质量成果"中呈现了这一学期需要完成的具体任务，也是具体的计划内容，即在前期工作的基础上，明确了目前要做什么及程度要求。其具体内容如下——

以"种子生长记"为梅岭品牌的生长点，通过进一步完善绿色质量评价体系，不断巩固师生成长成果。一是用种子评价促进课堂教学变革。通过重视评价结果对教育教学的改进作用，大力推进课堂教学改革，鼓励教师开创教育教学改革新局面，让种子评价引领梅岭小学课程变革走向未来。二是用种子评价促进学生素养培育。以学生核心素养培育为关键目标，注重评价结果对学生未来发展的导引和激励作用，以学生良好习惯、文明素养、学业成绩等为主要考核内容，引导教师、学生、家长共同参与，促进每一名学生健康快乐成长，既关注学生内在的学习兴趣、自主意识等，也关注学生外在的行为表现、综合素养等，真正让学生学得主动、学得生动、学得有趣、学得扎实，把培育学生的核心素养落到实处。三是用种子评价促进六大中心加速实现职能转型。各大中心要牢固树立服务学生发展、教师发展、学校发展的意识。管理者要找准评价变革中的角色和定位，"找到自己需要培育的种子"，做到公转有力到位、自转得法有序，努力成为智慧的播种人。

为了确保计划的有效执行，还需要通过制作工作清单，明确时间节点及流程、任务分工等，形成一份细致的工作指南。如在梅岭小学的学期计划后，有三个附件，将工作计划进行分解，保证了计划的推进可检测、可实现。例如，部门工作清单中从问题导向、目标导向、结果导向三个层面分解各部门工作任务，在目标导向中又包括部门刚性任务和板块融合目标，使各部门对于当前的问题、要做什么、如何与其他部门合作、达成什么样的结果都一目了然。以教学质量板块为例，其所涉及的教导处与质监部的工作任务清单如下——

澄清价值　聚合力量　重塑组织　深耕卓越
——2020—2021 学年部门工作任务清单

板块	部门	问题导向	目标导向		结果导向
			部门刚性任务	板块融合目标	
教学质量板块	教导处	1. 教育教学常规工作："教学六认真"制度落实不够到位；抓手不够有力；措施不够得当；实效性亟待提高。 2. 学生、教师日常规范管理工作：学生、教师日常管理工作规范不到位；一日常规管理标准、流程不清晰；过程管理模糊乏力；反馈不及时；评价不精当；结果运用简单，管理闭合度不佳。对学生的规则意识的养成教育亟待强化。 3. 家校同盟关系的改善和优化：家校沟通的方式比较单一，互动程式化，家校合作的深度、广度不够，合力形成需着力强化。	1. 学校整体运行："强流程""强规范""强保障"，确保师生各项工作规范、有序。 2. 优化考核工作：以生态优化和工作绩效并举为导向，突出"双轨考核制"优势，凸显评价的指南特征，优化考核流程，突出考核结果的反馈与运用。 3. 优化"小种子"评价工作：聚焦学生核心素养，创新学习习惯养成教育，践行全面育人理念，涵养梅岭学生特质。 4. 建立新型的家校合作关系：一是开展教育指导力的内容研究；二是开展教育指导力的课程研究；三是开展教育指导力的评价研究。	1. 将日常质量监控与教学管理相互融合，树立研究意识，切实强化提升教育教学质态及质量的研究，构建学校质量监控管理的新范式、新流程、新机制。 2. 通过融合，强化师生教学的过程管理，提升教育教学质量。	1. 高效科学的教师管理制度文本。 2. 学校管理质态的明显改善（师生问卷反馈等）。 3. 新时期家校合作范式的形成以及家校关系的明显改善（家长问卷等反馈）。

（续表）

板块	部门	问题导向	目标导向		结果导向
			部门刚性任务	板块融合目标	
	质监部	明晰学校质量标准，高品质推进国家课程校本化工作：质量标准不够明晰，质量体系待完善，绿色质量过程性管理缺失；现有的学科教案与国家课程校本化的理念不一致；教师课堂质量不均衡、不稳定，"轻负担、高质量、后劲足"的品牌特色需要擦亮。	1. 明晰学校质量标准，深入推进绿色评价：完善学校质量标准，扎实推进全面评价、差异评价、系统评价相结合的多元评价体系。 2. 建立教学资源库：聚集学校课改理念，建立各学科优质的教学案范式，改变传统的备课方式、内容等；构建双向互动机制，将评价与教学资源库工作建立正向、积极的互促关系。 3. 教学诊断与评价：诊断"线上教学"，做好"线上""线下"衔接工作。		1. 学校绿色质量管理体系。 2. 符合学校改革方向的教学案范式。

（二）述职报告不要写成流水账

"述职"一词，最早见于《孟子·梁惠王下》："天子适诸侯曰巡狩。巡狩者，巡所狩也。诸侯朝于天子曰述职。述职者，述所职也。"所谓述职，就是陈述自己守职尽责的情况。对各类管理者而言，述职报告是一种使用频率较高的应用文体。校长需要通过述职报告，结合自己的岗位要求，对一定时期内的履责情况进行陈述，对自己的工作进行全面梳理和客观评价。一份高质量的述职报告，能够反映出一位校长对岗位工作的驾驭能力、对工作成果的总结提炼能力。

写好述职报告，需要把握以下要领。

1. 正确认识述职报告的价值

校长们需要面对的述职报告，从内容上看，包括综合性和专题性述职报告；从形式上来看，又可划分为书面和口头述职报告。作为一种特定文体，述职报告不同于工作总结和思想汇报，也不同于经验材料和就职演说。工作总结是常规性工作的全面回顾和反思；思想汇报重在呈现抽象的"思想"，而非工作或事迹；经验材料以成绩与经验的展示为重；就职演说是对未来如何履职的宣言。而述职报告因为有明确的规定性要求，是特定的以"我"为主体、以"职"为陈述对象、以明确的时间为限，并且作为考核评价依据的报告文本。因此，校长既要重视述职报告写作，也要正确认识其写作方式，避免一些写作误区。

校长可以将述职报告写作当作自我审视的契机。以应付的心态写作，往往容易将述职"谈"成"老调"，因此，在复制上一年度文本的基础上稍事改动者有之；照搬学校工作总结，将学校年度大事或者工作要点进行堆砌罗列者有之；还有些校长则将其甩手给他人，倒是也能写出行文规矩，但却见"事"不见"人"的形式化文本。但若是将写述职报告的过程，当成对阶段性工作成败得失的系统梳理，详陈思路、归纳方法，剖析问题、探寻对策，由此形成的深度报告，不仅为个人提升承上启下，而且对学校下一阶段工作的改进有所助益。

我们常说，酒香也怕巷子深。我们反对那些不做事不思考，为了业绩夸夸其谈，或者将他人业绩据为己有的做法。但是有实践、善总结、懂反思、会梳理的校长，那些既善于埋头拉车、也懂得抬头看路的教育者，更会有高质量、可持续的发展。

2. 准确把握述职报告写作的基本规范

述职报告写作有相对固定的格式，因此写作前首先要细细揣摩、准确把握其基本格式和行文结构，这样才能写出规范得体的文本。

一篇规范的述职报告通常包括标题、称谓、正文、结束语和落款五大要素。

标题的拟定有两种情况，一种是以"述职报告"直接为题；另一种则分主标题和副标题，可以围绕自己工作中的特色或独到之处拟定一个有思想深度的主标题，副标题列明"我在××年度任校长期间的述职报告"即可。能够突出主旨和亮点的标题往往可以一下子吸引人的注意力。

称谓主要根据报告所呈现的部门或者述职所面对的对象来写，如上级教育行政部门领导、其他学校校长，或者是对全体教职工。

正文包括前言、主体和结尾三部分内容。前言是基本情况的陈述，包括时间、职务、岗位职责、履责总评等。主体就是履责情况的具体介绍，要有详有略、有轻有重，分别介绍工作思路、表现、成效、经验、问题、对策、未来方向等，在写作时可以采用以主题词为主导的横向结构，或者以时间为主导的纵向结构，或者纵横交叉的方式立体呈现等。结尾是归纳性表述，呈现自我评价，明确努力方向等。

结束语通常是以习惯性总结用语，作为述职报告鲜明的结束，是一种表示尊重的态度，如"以上是我的述职报告，请领导和老师们指正，谢谢各位"。

落款一般注明职务、姓名和日期等必备要素。

但是了解了基本格式，并不意味着就能写出一份有质量的述职报告。校长们在具体写作中还需掌握一定的写作技法。

3. 如何让述职报告呈现高格调？

从另一个角度来看，一篇优秀的述职报告，也相当于一篇有思想、有观点、有经验、有反思的专业论文。如何把述职报告写出彩，真正体现高品质、高格调？以下几个关键点在写作中都不可忽略。

一是关注"小我"，突出"我"的角色。就是要站在第一人称的角度，讲述个人在整体中所承担的工作、发挥的作用、取得的成果、收获的经验、存在的问题。不过分谦虚，也不夸大其词。

二是重实绩，强调用事实说话。就是要具体说清楚自己"做了什么，怎么做的，做得怎么样"，不必过多渲染情感，空洞地讲述思想成长、心路历程。介绍所"做"所"为"时，数据要翔实，事实要充分，说明要有例证。

三是有重点，尽可能地呈现亮点、彰显特色。不能将述职报告写成工作流水账，面面俱到、事无巨细地进行陈述，而是要选择具有代表性的重点工作、重点项目、典型案例进行具体介绍。选择标准应该立足于能够以小见大、以点带面，能够体现自己的办学理念、管理风格。

四是既"晒"成绩，又"摆"问题。述职报告需要实事求是地展示优势和成绩，也要对不足和问题有深刻挖掘，避免空泛地谈一些无关痛痒的表面问题。能够清晰地辨识问题，并且进行深入剖析，体现着"知道自己所不知"的高阶智慧，也体现着勇于担责的高格局、大胸怀。

五是有述有评，注重经验提炼。在"述"的基础上进行"评"，可以跳出事情本身，上升至"理"的层面，进一步阐述"为什么"。作为点睛之笔的"评"，既是对个体工作本身进行评价，也是基于工作实践总结规律和方法，实现事理交相印证。这既体现做了"正确的事"，又体现能够"正确地做事"，也彰显了校长自身的理论素养与认识高度。

六是语言风格朴实，不浮夸。作为一种事务性文体，述职报告的文字要具有高度概括性，因此要力求简练质朴，不必过于追求言辞华美；也要避免为了刻意抬高调子，机械性地照抄一些政策性文件作为"帽子"。

写出一份思想有高度、概括有深度、呈现有梯度、情感有浓度、改进有力度的述职报告，本身就是校长素质与能力、修养与水平的综合体现。当然，通过制作一份精致的PPT，进行简明扼要，有高度、有力度、有温度的口头陈述，也是"述职"中的重要一环。

4. 经典案例：一份聚焦问题解决的述职报告

以广东省深圳市第二实验学校校长崔学鸿的一份述职报告为例。

这份述职报告的标题为《以党建为统领，聚焦问题解决——2019年度述职报告》，其中包括主标题和副标题，主标题围绕自己的工作特色拟定，体现了作者对于述职报告内容的整体定位。述职报告分为三大部分。第一部分阐述了作者初到这所学校时对学校现状的具体分析。第二部分是将半年来的工作概括为"三重十推"进行详细介绍。其中"三重"是重党建统领、重班子建设、重问题解决，主要谈思想建设、组织建设、作风建设；"十推"主要是聚焦问题、各个击破，从十个方面来谈具体工作的推进。第三部分主要是"摆"问题，并且提出对未来工作的思考。由于篇幅所限，本文仅呈现其中部分内容。

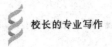

（四）做爱心满满的教育者，赏识关爱每一位学生

"赏识学生"是我一贯坚持的教育理念，我认为"教育从赏识开始""教育应该是绿色的"，即始终要把学生的身心健康放在第一位。在学校工作中，我强调要尊重赏识学生，促进学生快乐成长、全面发展。作为校长，我要求自己"像做家长一样做校长"，也要求教师们能够做爱心满满的二实教育者，像对待自己的子女一样对待学生，让学生在二实吃好、睡好、锻炼好、学习好。

本学期，我定期召开校长午餐会，广泛听取学生意见。"我们是为学生成长服务的，尽管学生的意见和要求不一定能全部满足，但一定要让学生满意。"这是我一直向干部和教师们强调的话，并且坚持"学生的事，再小也是大事"的原则，对于学生反馈的问题第一时间处理，比如同学们反馈的宿舍烟雾报警器异常影响睡眠和班级空调问题，都是当天反映当天解决。学生中流传着这样一句话："学生动动嘴，校长跑断腿。"刚开始在食堂、在校园，总会有学生来反映问题，寻求帮助，但一个学期下来，学生对学校各方面工作的满意度大幅提升，很少有学生来反映问题了。

在这部分内容中，我们可以感受到一位校长真实质朴的所思所行，其中既有"人"的在场，亦有"事"的呈现。作者突出"我"的视角，既呈现了"我"的理念，也将"我"的思考和感受、"我"的做法娓娓道来，读来朴实真切。作者又不仅仅停留在谈"赏识关爱每一位学生"的思想和理念，还通过事实说话，如定期召开校长午餐会听取学生意见，如及时解决学生反馈的学习和生活中的问题等，呈现"做了什么"，体现理念落地于实践的策略。与此同时，作者在讲述中既谈事又谈理，谈背后的思考，体现了工作推进有理有据，也体现了校长的认知高度和思想深度。

（三）讲话稿怎样写更有力量

讲话是校长需要经常面对的一项重要日常工作。戴尔·卡耐基说，"做领导的必要素质是能够站出来说出自己的想法"。校长们需要在各种场合宣讲制度愿景、传递思想主张，以此激励、激发师生。"会说"是一种重要的专业表达力。智慧、幽默、精彩的校长讲话，可能会成为一所学校流传的经典记忆，成为学生心中永恒的灯塔，它往往体现着校长的格局境界、素养才情。

由于目的、受众、场合不同，校长讲话的内容和方式也有所不同。例如，参加校外会议和论坛发言，与校内面向干部、师生的讲话就有较大区别；仪式庆典、表彰总结类讲话，与工作布置、教育动员类讲话也各有侧重。但是无论哪种讲话，都应有希望达成的效果与目标，都不能信口开河、云山雾罩，而是应该打有准备之仗。因此，精心准备一份有料、有理、有序、有情的讲话稿就十分必要。即使是一些临时场合的即兴发言，校长们也要做到胸中有"稿"，要根据"意图"迅速在大脑中组织形成讲话的框架和要点。这样的讲话既能体现讲者的思想风采，亦能让听者有所得、有所获。

充分把握以下几个要素，有助于校长们写出具有自己独特风格的讲话稿。

1. 选好主题，体现高远立意、鲜明主旨

主题是一篇文章的灵魂，讲话稿的写作也要首先确定主题。具有较高立意的讲话稿思想深邃、内涵丰富，更能带给人深远的启示。主题的选择因讲话对象、目的不同而有所侧重，通常可以根据学校办学理念、愿景规划、育人目标、特色工作等作为切入点，切合阶段性工作的开展，每次确定一个具体而明确的主题。例如，有的校长围绕学校办学理念提炼关键词作为全体教师大会的讲话主题，然后进行系列阐述，使教师形成了深刻认识，也产生了深度认同，并进一步明确了学校的发展方向和自己的责任与使命。还有的校长将学校育人目标中的关键词作为"开学第一课"的主题，传递对学生的殷切期望。

例如，华中科技大学校长李培根院士被学生们亲切地称为"根叔"，他的演讲也被无数人追捧。他担任校长九年间，分别以"转折""开端""学习""实践""超越""质疑""文化""自由""开放"九个关键词作为开学典礼演讲的主题，由此传递对学生的希望。而这样抛开了传统的"介绍学校＋提出要求"框架的讲话稿，也让学生年年有惊喜，年年有期待。

又如，山东省济南市第九中学校长苗翠强在 2021 年春季学期开学典礼讲话中以"人生的长度与密度"为主题，告诉正处在人生积累期的同学们，"追求人生的密度才是延长长度、拓宽宽度、加深深度的关键"。那么如何从密度看人生呢？他引

导学生们从"45分钟是一节课的长度，效率是一节课的密度""24小时是一天的长度，自律是一天的密度""1095天是高中的长度，坚持是高中的密度""时间是人生的长度，行动是人生的密度"几个角度切入，思考如何用行动成就有密度的人生。讲话既切中学生当下的学习实际，又带领学生放眼家国未来，既有实际的学习方法引导，又有人生理想与高远志向的引领，是一篇较精彩的讲话稿。

2020年春季学期，全国中小学生经历了"史上最漫长寒假"，迎来了不同形式的云端开学典礼，很多校长结合这段令人刻骨铭心的"抗疫"经历，为师生上了生动的"开学第一课"。例如，海南省海口市琼山区椰博小学校长叶丽敏以"在记'疫'中向美生长"为主题为学生讲开学第一课，广东省佛山市第三中学初中部校长谢先刚以"'不幸'也是一所好学校"为题，做致全校师生的讲话，其中都呈现了深刻立意。

2. 拟定结构，注重起承转合、言而有序

讲话稿的篇章结构可以根据主题进行架设，如由远及近、层层递进，如并列论述、环环相扣，如激趣开头、首尾呼应，如有分有合、跌宕有致。总之，如同前面章节所述，脉络清晰，以"凤头、猪肚、豹尾"呈现结构之美的讲话稿，既能引人入胜，也必能令人回味无穷。

例如，在"人生的长度与密度"这篇讲话稿中，校长首先总述人生"四度"，然后以伟大人物为例具体阐述为何要追求生命的密度，接着笔锋一转，提出主题，即"从密度看人生"。然后紧紧围绕主题，以一节课、一天、整个高中生活、人的一生之长度为例，论述如何为长度加密，延伸生命的意义。这几部分以递进关系层层深入，每一部分中既有理性的点拨，也有实战的方法，更有感性的呼唤，既发人深省，又触动心弦。最后作者将意义进一步升华，引导每名中学生能够立足家国使命、未来发展思考个人成长，做"眼中有光、脑有智慧、脸上有笑、心有善念、脚下有路"的中学生。

叶丽敏校长的讲话稿是以"总—分—总"的结构进行内容呈现的。在对那段"抗疫"记忆进行总述之后，作者将那些日子里出现的人物、事件、共情一一道来，分别进行具体阐述，以"我们不会忘记'疫'中那些人""我们不会忘记'疫'中那些事""我们不会忘记'疫'中那些共情""我们不会忘记'疫'中师育""我们不会忘记你们的

'疫'中生长""我们要在记'疫'中借'疫'再育""同学们要在记'疫'中向美生长"为框架，通过由远及近讲述"疫"中的难忘与感动进行情感铺垫，由此进一步对学生提出当下的要求与未来的期许，从而实现情感的升华、动力的激发，激励学生满怀信心开启新学期、踏上新征程。

上述两篇讲话稿均能做到逻辑清晰、情理交融，充分体现了作者在写作中谋篇布局的能力。

3. 筛选素材，讲究细节真实、问题务实

大话空话、套话假话都令人厌烦。因此讲话稿的内容要围绕"实"字做文章，要在确定好的主题之下，选择精练适切的素材作为支撑，让讲话丰富饱满、有血有肉。有些校长的讲话稿甚至就是一篇优秀论文或者一篇高质量的学术报告。

(1)讲真实故事

故事能够发挥以点带面的作用，令人印象深刻。校长要善于讲故事，以故事打动人、感染人、凝聚人。针对不同群体的讲话，可以分别选择那些具有代表性的典型故事作为案例。尤其是身边人、身边事，同类人、同类事，其激励和鼓舞效应更为显著。校长平时在深入学生、走近教师时了解到的生动故事都可以作为很好的素材。在讲述故事时需要注意故事的典型性，既要讲述生动感人的细节，还要讲述其背后蕴含的思想智慧，并且故事要能够与所阐述的理念相吻合，这样才能实现理念落地、启迪思考的初衷。

例如，东北师范大学附属中学校长邵志豪以"彼此照亮　互做榜样"为主题，在高三年级下学期开学典礼上所做的讲话，不仅讲述了学校1992届校友、2020年援鄂医疗队队长的故事，而且讲述了在家访中发现的学生身边的真实榜样故事，以此激励高三学生以榜样为引领不断超越自己，同时为学弟学妹做榜样。

(2)讲实在感受

讲话稿中有真情实感，推心置腹，由己及人，更容易拉近讲者与听者的距离，让听者感受到讲话人的诚意。许多讲话之所以赢得好评，往往也是因为其中涌动着真情，渗透着实感。我们经常说，能够打动自己的文字，往往也能打动他人。但是这种真情应该源自真实的素材，因其具体实在而让人感受深刻。

例如，谢先刚校长的讲话稿在点出主题"'不幸'也是一所好学校"后，就呈现了2020年在这所特殊的"学校"中，自己所感受到的"那许许多多终身难见的场景"，并且将自己由此产生的强烈的"真情实感"通过排比句式进行表达——

所有这些，对我们来说，难道不是一份丰厚的精神感召吗？难道不是一节发人深思的智慧课堂吗？难道不是一次充满启迪的成长报告吗？让我们再次看到了一个强大的祖国，一个伟大的民族，一个奋斗的时代和每一个生命的宝贵……

在讲话稿的最后，作者又通过具有感染力的抒情式表达，以一语双关的关于"春天"的期待，激发师生对未来生活的向往，从而使师生以热情积极的心态投入这个特殊的新学期的学习与生活——

让我们一起在新建的网络学校里，在春天的这个社会大课堂中，爱护自己、关爱他人；以坚定的自信、自律、自强，去阅读、去探究、去研讨、去体验，提升自己、帮助同伴、贡献社会。待到云开雾散、春暖花开的时候，我们相拥红棉树下，共叙这段时光的历练，分享这段日子的美好，迎接更加灿烂的新学期。

愿红棉家园中的你，一天比一天更好！

(3)讲实际问题

针对某一阶段某一群体存在的普遍性困惑或问题，进行有针对性的讲话，往往会收到很好的效果。但是此时空泛地谈问题表现意义不大，若能针对问题提供解决方法和策略建议，则会更受欢迎。讲话是否有力量、有影响力、有价值，往往在于是否能够切中要害，直指关键和本质问题，与讲话长短无关。能够呈现客观事实、翔实数据，能够对问题进行理性分析进而提出有建设性的观点，这样的讲话稿才能对工作开展具有切实的指导意义。

例如，在"人生的长度与密度"讲话稿中，作者针对学生如何提升学习效率的问题，就提出了实实在在的解决方法，如"晚自习是知识系统化的最佳时间，把零散的概念和原理放到知识系统中去，利用思维导图从整体、全局和联系中去提纲挈领地研究"等，引导学生掌握学习方法，做到"周周清""月月清"，如此才能掌握温故知新的学习诀窍。

4. 精准表达，追求辞章文采、情感升化

讲话稿的写作也要讲求语言运用的艺术。正如老舍先生在《关于文学的语言问

题》中写的："我写文章，不仅要考虑每一个字的意义，还要考虑到每个字的声音……让句子念起来叮当地响。"

一方面，讲话稿要体现一定的文采。优质的讲话稿犹如一篇美文，既真情洋溢，又气势磅礴；既体现哲理性，发人深省，又具有感染力，风趣幽默；既朴实真诚，又具有感召力量。引经据典、旁征博引，这其中体现着校长的文笔风采、风格特点，甚至专业所长。另一方面，讲话稿写作又必须考虑特定的讲话场合和对象，做到"稿中有人"。要让语言表达风格适合特定的场景，既要体现一定的站位高度，又要让听众听得懂，能够领会其核心意图，同时感觉温暖可亲。

例如，浙江省杭州市高级中学校长蔡小雄(2021 年 8 月调任杭州二中校长)在2021 年新学期致辞"最好的年华 做最有力的登攀"中，就有这样激情洋溢的表达。例如，"纵使春天的道路充满泥泞，我们的攀登步履却始终铿锵——正因为有登攀中那些不断跌倒再爬起的坚持，才有攀上顶峰时最真实的荣耀与感动！""我们置身美好的春来之时，最佳的打开方式就是向着梦想登攀；我们躬逢伟大的时代，最好的珍惜方式就是为时代贡献个人力量""登攀时，人群熠熠，你我如光"等，不仅让莘莘学子感受满怀豪情，增添登攀的信心与勇气，而且实现了意义的升华，将个人成长与书写时代华章融汇在一起。

又如，北京实验学校校长曾军良的 2021 年春季开学典礼讲话以"让梦想在这里起飞，让学业在这里日进，让生活在这里灿烂，让青春在这里飞扬"为主题，讲话中以精致的排比、形象的比喻抒发情怀，寄望学生心怀理想、充实人生、展翅飞翔，表达了对学生的深切祝福和殷切期待。以下仅呈现其中一个段落——

"一年好景君须记，正是橙黄橘绿时"，如今正是一年中最美好的时光。亲爱的同学们，你们准备好了吗？当你们打开新学期这本大书时，都要问一下自己：我的理想是什么？一个人有了理想，就像漂泊在茫茫大海中的扁舟，找到了正确的航向；就像在风沙四起的荒漠中，出现了一片绿洲；就像在荒凉的孤岛上，忽然听到了夜莺的啼鸣；就像梦魂牵着生命的脚步，一路跋涉，万水千山，只要锐意进取，就一定能够达到理想的彼岸。

当前很多校长经常陷于事务性工作，亲自撰写讲话稿好像也成了一种奢侈。很多校长将写讲话稿的工作安排给办公室的老师来完成。这些经过他人精心炮制的讲

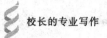

话稿往往也文采斐然，但是由于站位格局、思想高度、认识角度、理解深度存在差异，却缺少了"人在其中"的真实感、亲切感。校长写作讲话稿，本身也是梳理工作、明晰理念、厘清观点的过程，也是促使自己的思考进一步深入深化、实践进一步总结凝练的过程，是将办学理念、育人目标、改革方略如何落地落实的思考，也是不断提高自己的表达能力、写作水平、专业素养、思维水平的过程。校长对外的表达代表着学校的整体风范，对师生也具有精神引领的作用。因此，校长们的专业写作，不妨从一篇篇讲话稿的历练开始。

附经典案例

人生的长度与密度（节选）

同学们，上次的开学典礼我们以时间为轴聊了学习和成长中的"起点、极点和终点"，今天我想和大家聊的话题是——人生的长度与密度。

人生有四度。长度是寿命，对寿命的追求是自然生命的本能；宽度是经历，是人在旅途见过的辽阔风景，遇到的优秀的人；深度是收获，是人穷尽一生所能达到的成就。而对于正处在人生积累期的同学们来说，追求人生的密度才是延长长度、拓宽宽度、加深深度的关键。

密度是个物理学的概念，某种物质单位体积的质量叫作这种物质的密度。但对于人生而言，你利用时间的质量就是你人生的密度。大发明家爱迪生在他79岁生日那天自豪地对朋友们说："我已是135岁的人了。"以勤奋著称的爱迪生，一天工作十几个小时，全年无休，一生拥有1093项专利，这个纪录至今无人能破。他就是用增加密度的方法"延长"了生命的长度，创造了事业的辉煌也改变了世界的面貌。正如尼采所言："生命的意义注重的是生命的密度，而不是长度。"从密度看人生，你能得到什么启示呢？

45分钟是一节课的长度，效率是一节课的密度。高中知识难度大，覆盖面广，掌握正确的学习方法，养成良好的学习习惯才能让学习变得有效率。早自习朗朗的读书声，既是对自己学习情绪的调动，也是对周围同学的提醒和督促；课堂听课，抱定"堂堂清"的决心，动眼动手动脑，不但把握住每一个知识点，更把老师讲课时的思维规律和方法厘清；自习课是对一天所学"趁热打铁"的时间，通过独立完成作业，加深对课堂知识的理解和记忆，学会运用知识解决问题，做到"日日清"；晚自习是知识系统化的最佳时间，把零散的概念和原理放到知识系统中去，利用思维导图从整体、全局和联系中去提纲挈领地研究；自主梳理、定期总结，做到"周周清""月月清"，你就掌握了"温故知新"的学习诀窍。掌握好方法，养成好习惯，规划好任务，效率为每一节课加密。

24 小时是一天的长度，自律是一天的密度。进步不能一蹴而就，但它可以分解成踮起脚尖就能够到的"小目标"，这就是你的"最近发展区"。比如，你想拥有强健的体魄，那每天跑步就是你的"最近发展区"；你想成为守时的人，那每天早到校10 分钟就是你的"最近发展区"；你想取得好成绩，那每天吃透一道题、牢记五个单词就是你的"最近发展区"。每天耕耘自己的"最近发展区"，每天都可以成为更好的自己。与努力攀登相比，总有那么多让你感觉轻松和享受的事情，睡懒觉、刷抖音、玩游戏，不知不觉间一天的时间就能消磨殆尽，然而自律的人却能将同样的24 小时变成计划表上密密麻麻的任务，变成习题本上举一反三的收获，变成一本本书的积累，变成实实在在的进步。自律就是寻求进步的信念，脚踏实地，自我管理，自律为每一天加密。

1095 天是高中的长度，坚持是高中的密度。一节课的全神贯注很容易，一天的充实自律也不难，难的是在这场为期三年的马拉松赛场上，始终如一。在刚刚踏入高中校园的那个起点上，每位同学都有同样的初心：好好学习，努力成长，考上一个好大学。可是求学和成长的路充满困难和考验，半年、一年、两年，你一定会有一段时间感觉自己达到了心理或生理的极点，惰性会制造各种借口劝你放弃，而唯有坚持才能让你找到属于自己的节奏。不忘初心，牢记学习是高中生的使命；心无旁骛，克服原地不动的惰性和随波逐流的诱惑；善始善终，做对自己的成长有意义的事。坚持是起点的坚定、极点的突破、终点的从容，坚持为高中加密。

时间是人生的长度，行动是人生的密度。古人云，果决者似忙，心有余闲；踟蹰者似闲，心有余忙。我发现，有的同学一提起学习，就觉得负担重，压力大，今天拖明天，明天拖后天，很简单的事拖成了很严重的事。举个生活中的例子，晚饭后家长要求你刷碗，你可能用"等我喝点水""再吃个苹果""看完这段电视"等等推托。刷完三只碗其实是件很简单的事，却用了很长时间，成了很大的负担。长此以往，总觉得欠着账，总觉得时间消耗了很多，却没做几件事。但有行动力的人做事

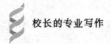

情，今日事今日毕，不在拖延上虚耗时间，坚守永不欠账的原则，每一件事都能收获幸福感。做一个手忙心闲的人，因为明确的责任和目标而眼中有光，因为切实可行的计划而脚下有路，因为满满的获得感和成就感而向阳绽放，行动为人生加密。

同学们，我们每个人面前都有一张长长的历史"清单"，我们的民族是历经风雨才走在伟大复兴的路上；我们面前都有一张长长的未来"清单"，未来三十年是你们的时代，也是我们的祖国奋力实现"两个阶段"奋斗目标的三十年。你们每个人手里还都攥着一张长长的个人"账单"，眼中有光、脑有智慧、脸上有笑、心有善念、脚下有路是九中对你的期望，更是你面对未来的底气。

新的学期，新的起点，唯愿每一个九中人与时代同行，用效率追赶时间；向未来而学，用自律追求成长；以梦想为马，用坚持实现目标。

老师们、同学们，就从这个春暖花开的清晨开始，让我们用行动成就有密度的人生！

（节选自山东省济南第九中学微信公众号《校长致辞》，引用时有改动）

（四）写出一份优质的规划方案

学校发展规划是校长管理学校的重要工具，作为一种时间跨度较长的计划，它担负着引领学校发展、塑造学校未来的重要作用。学校发展规划的制订不仅仅是为了完成一个静态的文本，而是从学校实际出发，多方参与、集思广益，以"会诊"的方式回顾过去、明晰现在、远观未来，创设学校发展蓝图，凝聚共同价值观和共同目标的动态过程。规划中既要有对现状的精准把握、对问题的深刻揭示，也要有对未来的洞察预判；既要立足当下的社会发展与教育发展定位，具有超前的眼光、全局的视野，又要遵循可持续发展的理念；既要有可量化的操作指标，又要有明确化的评估反馈。学校发展规划通常是经过集体智慧凝聚、内外资源融通，通过调研、讨论、撰写、审议等过程科学合理编制而成的。

一份优质的学校发展规划，能够使学校全体教职工明确"现在在哪里""明天去哪里""如何抵达"，以及个体在整体中的位置和未来发展方向。它是全体师生在一段时期的行动纲领，也是学校管理者开展工作的备忘录和工作指南，更是一份检验学校工作成效的评估清单。作为一个指导学校科学发展的纲要性文件，一份完整的学校规划至少应该包括以下一些内容。

1. 摸清家底，知道"我们在哪里"

科学的规划首先来源于清晰的自我认知。学校要通过全面深入的了解和客观理性的分析，对自身基础和发展现状进行全方位盘点，明确自身所处的位置。规划文本中具体要呈现以下基本内容。

一是"自我盘点"找优势，看看"我有什么"。通过对学校的历史传统、特色文化、环境资源等进行分析，总结梳理已有办学成果和经验，明确过往成就取得的根本原因，寻找值得坚持和发扬的强项，这是学校未来进一步发展的坚实基础和强大支撑。

二是"认清位置"找不足，看看"我缺什么"。要通过理性分析、科学诊断，寻找影响学校目标达成、制约学校发展的不利因素，以及当前存在的最大困境和核心问题，由此明确学校未来发展需要补的短板，明晰努力的方向。

三是"了解需求"找机遇，看看"方向在哪里"。通过对当前社会发展趋势、教育发展形势，对国家和地方教育方针政策的综合分析，了解社会和时代对人才培养的新要求、新挑战，形成学校关于未来教育和未来学校发展的共识。

上述内容不是校长苦思冥想"创造"出来的，也不是个别专家闭门造车"推敲"出来的，更不是复制粘贴"堆砌"出来的，而是凝结着全校师生家长、社区人士等各方面的心血，是群策群力的结果。

在"摸家底"的过程中，可以采用一些技术手段或者工具，如问卷调查、访谈、头脑风暴、PEST 分析框架①、SWOT 分析法②、"问题树"分析法、绘制社区地图等，助力信息采集、问题研判，进行学校内外部发展机遇与挑战的系统分析。例如，为了发掘更多有用信息，发现一些新问题或者隐性问题，可围绕学校发展规划中的关键要素，如学校制度建设、课程开发、学生核心素养培养、教师专业发展等，针对不同群体分别设计有针对性的问卷或者访谈提纲。此外，要在信息汇总的

---

① PEST 分析是指宏观环境的分析，P 是政治（politics）、E 是经济（economy），S 是社会（society）、T 是技术（technology）。

② SWOT 分析法即态势分析法，S 是优势（strengths），W 是劣势（weaknesses），O 是机会（opportunities），T 是风险（threats）。

基础上，对各种零散混乱的信息进行归类整理，读懂各类信息背后所反映的真实问题，进一步使问题清晰化、明确化，如表现在课堂教学、校园文化建设、后勤保障等方面的问题；然后对问题进行排序，梳理出关键问题，并且通过画"问题树"的方法对问题进行层层剖析，以进一步澄清本质问题，提出应对之策。

例如，四川省成都市盐道街小学基于访谈调查总结出的学校推进课程改革中的核心问题之一——教师的五育课程整合力不足，通过画"问题树"的方法，深入挖掘问题背后的原因，分析其后果和影响，进而寻找有效对策，这也使得规划制订中的解决措施更具针对性(图 6-1)。

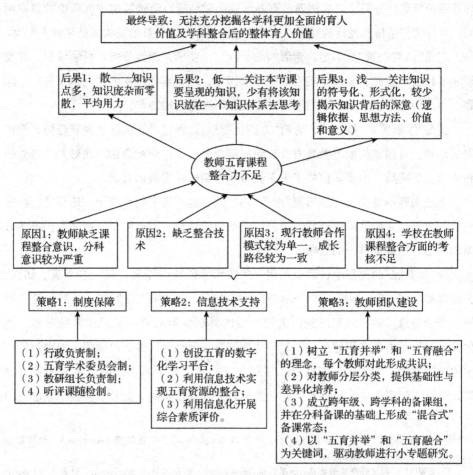

图 6-1 四川省成都市盐道街小学"教师的五育课程整合力"分析图

关于此部分内容，各学校可以根据实际情况，以不同格式呈现在规划文本中。有的学校将其统一放在"学校现状分析""学校发展生态""学校概况"中。有的学校分"总体概况""发展优势""瓶颈与不足"等几部分进行呈现。具体的框架结构不必拘泥，体现各学校特色、服务学校实际即可。

2. 明确愿景，知道"我们要去哪里"

在明确现状的基础上，接下来需要清晰准确地描画学校发展的愿景，确定一定时期的发展目标，让师生更清晰地"看见未来"。体现在规划文本中，应该具体包括以下一些内容。

一是呈现核心价值追求。理念不明，方向不清。学校每一个阶段的发展，都应该紧紧围绕核心价值观和办学基本理念，这是学校规划制订的根本宗旨。因此，学校发展愿景的提出，应该基于学校办学理念的引领。

二是描画共同愿景。通过陈述学校一段时期的总体发展目标，呈现未来发展能够达到的理想状态，是对学校未来发展的定位。这个愿景不是凭空想象而来的，而是从学校办学的现实中生发，为学校未来的发展提供方向指引，应该是全体教职工的共同追求。

三是确定重点任务。也就是对学校所提出的总体发展目标进行具体描述，确定重点发展的项目或者领域。规划制订中，确定发展目标最为重要。很多专家都提出了目标建立需要遵循的 SMART 原则，即一个好的目标应该是明确的(specific)、可以测量的(measurable)、可实现的(achievable)、现实的(realistic)、具有明确时间限制的(time－bound)。此外所提出的目标应该与前面呈现的问题相对应，应该具体明确，即因为要解决某一问题，因而要确定某一目标。

例如，广东省深圳中学在其"十四五"学校发展规划中，围绕管理、课程和师资三个维度，提出要着力加强的五大要素，包括"加强改进党的领导""促进教师专业发展""打造资优生孵化器""整合创新教育资源"和"建设世界一流校园"。(朱华伟，《中小学管理》2021 年第 3 期)

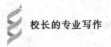

3. 制定措施，知道"怎样达成使命"

措施是基于目标而提出的，是指为实现学校发展规划所确定的目标，需要采取的一系列具体行动。措施需要与目标相对应，为实现某一目标可能需要采取 N 个措施、完成 N 项行动。可以根据前面"问题树"分析中所列出的对策，形成有针对性的解决问题的行动。

首先，措施是可以具体落实的行动。措施的表述应该具体明确到一些具体事项，避免使用笼统、空泛、抽象的词语进行描述。

其次，措施应体现针对性、操作性。措施是基于目标提出的，旨在解决问题，因此要具体到事项、内容、部门、负责人、完成周期等，以确保实效性。

再次，措施可分解为具体的工作框架和日程安排。只有将目标和措施落实到年度、学期计划，使远景目标与近期事项结合，使学校长期规划和部门及个人的短期计划配合，才能确保使命达成。

最后，措施的实施效果可以进行检测。措施的可检测、可评估，既能确保任务的完成度，也能使教职工在项目推进过程中体会到成就感，由此增强达成目标的信心。

4. 提供保障，知道"如何顺利前行"

在心怀愿景，一步步推进目标实现的过程中，如何确保工作的有效推进？学校需要为规划的实施和计划的执行提供各方面保障，主要包括服务于发展目标的人、财、物等必要资源，如制度措施保障、评价激励保障、培训研究保障、物资财力保障等。在一些学校的规划文本中，"虎头蛇尾"表现得较为明显，往往前面部分的几大行动写得声势浩荡，但是保障部分的内容却一带而过，或流于形式，或空空而谈。在撰写规划文本时，对"规划实施的保障系统"这一部分也不能忽略，要在深入考量的基础上认真撰写，以强有力的保障系统坚定教职工落实规划的决心和信心，同时也可以为规划实施期内学校编制预算提供依据。

例如，《安徽省合肥市屯溪路小学 2015－2018 年三年发展规划》就分四个层面呈现了其"保障与支持系统"。

第四部分：保障与支持系统

一、组织保障

1. 进一步调整屯溪路小学组织机构设置，成立"两院一中心"，即博雅课程研究院、博雅学堂研究院和协商管理研究中心。

2. 确定学校发展项目的具体负责人，领衔各项目进展。

二、专业保障

1. 继续以促进教师专业发展为学校发展的核心工作。

2. 加强合作，与各师范院校广泛开展持续深入的学习交流。

三、物质保障

1. 进一步提升学校的基础设施建设，营造良好的学习环境。

2. 学校未来三年的预算原则上依据本规划项目所需经费进行申报。

四、政策保障

1. 学校通过召开教代会、少代会和家长代表大会，提升学校治理水平，保障学校规划的落实。

2. 进一步修订教师学年度考核机制，建立教师协商式发展性评价体系。

5. 有效评估，知道"如何检验成功"

为了保证学校发展规划的实施不偏离轨道，保证精心讨论编制的规划得以真正落地落实，学校内部的自我评估与外部的督导评估、阶段性评估及整体性评估都是必要的。因此，一份优质的学校发展规划，其中还应该有清晰的、可衡量的评价标准，并且明确对规划实施进行系统监测的部门、方法，这样可以在规划实施中明确自己走到了哪里，随时对过程进行检视，让学校发展和师生成长"看得见"。例如，海南省海口市椰博小学在其"十四五"学校发展规划文本中，就明确提出了"基于数据的学校发展"和"日常评估与专项评估整合"的办学评估思路。

以《安徽省合肥市屯溪路小学 2015－2018 年三年发展规划》为例，学校将每一个阶段的工作明确完成标准，并且制定了督导评估细则，形成了《合肥市屯溪路小学 2015—2018 年三年发展规划评估指标》。学校根据六大发展项目(详见后文)形成六个 A 级指标，每个 A 级指标下设不同的 B 级指标，具体设置评估内容、评估指标及分值，明确评估责任部门。评价标准可衡量而且便于操作。

如根据"博雅教师队伍建设"这一发展项目，形成"博雅教师队伍建设"这一 A 级指标，以及"师德建设""教师专业发展""博雅教师评价体系"三个 B 级指标。其中，"教师专业发展"这一指标分值为 7 分，评估内容为"教师制订切实可行的个人专业发展规划"，包括以下三项评估指标——

①教师个人 SWOT 分析客观、准确；三年总目标与学校规划一脉相承，至少有三个外显的、可检验的指标；分年度目标紧紧围绕总目标科学合理地细化；个人发展性评价细则立足于分年度目标，细化为可衡量、易测评的条目式表述。

②对照个人专业发展规划检验分年度目标落实情况，形成阶段性自评报告，跟进落实。

③对照个人专业发展规划检验跟进落实情况，实现预期目标。

这样的评价标准具体明确，可衡量，也方便操作，有助于对学校规划实施中各阶段工作完成情况进行及时有效的评估，从而避免规划的实施流于形式，停留于表面。

6. 经典案例：一所学校的三年发展规划框架

价值引领 文化传承 综合改革 内涵发展

安徽省合肥市屯溪路小学 2015—2018 年三年发展规划

前言

第一部分：学校发展基础

一、历史与积淀

(一)学校初创期(1958—1978 年)

(二)学校发展期(1979—1998 年)

(三)学校文化探索期(1999—2007 年)

(四)学校文化自觉期(2008 年至今)

二、学校现状分析

（一）学校发展优势

（二）学校发展劣势

1. 多校区办学带来的管理问题依然存在

2. 教师发展状态整体一般，职业幸福感不强

3. 博雅课程建设起步较晚

4. 学困生的帮扶工作未取得进展

第二部分：学校发展概念框架设计

一、学校办学的理论体系

二、学校办学的实践体系

第三部分：学校发展目标定位

一、办学总目标

二、学校发展项目设计

（一）英才少年培养计划

（二）博雅教师队伍建设

（三）博雅课程体系建立

（四）博雅学堂实践研究

（五）博雅学园创设实践

（六）协商管理理念实践

第四部分：保障与支持系统

一、组织保障

二、专业保障

三、物质保障

四、政策保障

由于篇幅所限，本文无法完整呈现一所学校的发展规划，但是值得一提的是，学校为分解工作目标，以"重点项目推进"的策略来保证规划中阶段性目标的完成。针对上述六大发展项目，学校分别列出了工作目标、实施策略和路径、分阶段目标设计，以保证项目在规划时间内完成，从而让规划中的目标有了切实推进的路径，

而不仅仅只停留在文本上，停留在口号中。

例如，通过对"博雅课程体系建设"这一目标进行分解，确定每一年乃至每半年的工作目标，然后再根据阶段目标确定重点推进的项目，如"博雅课程"研究院的设计、博雅课程总规划的调研分析以及撰写、"博识课程"与"雅趣课程"的规划纲要、课时计划的编制、每一门课程标准与学材的开发等，以保证整体工作目标的达成。

以下以"博雅教师队伍建设"为例，呈现该规划文本中关于学校发展目标的具体表述。

(二)博雅教师队伍建设

博雅教师队伍追求以为人师表自律、以价值实现内驱、以事业成功为幸福体验的精神文化，是一支爱岗敬业、学识广博、业务精湛、勇于创新的教师队伍。

1. 工作目标

(1)开展教师个人协商式发展性评价与优化博雅教师评选机制，提高教师发展自主性和主动性。

(2)搭建名优教师培养和青年教师成长平台。三年后，发展区市级骨干教师、学科带头人等不少于学校教师总数的30%，培养3~5名在全省乃至全国有一定影响的名特教师。

(3)开展系列团队活动，提升教师职业幸福感。

2. 实施策略和路径

(1)规划教师个人专业发展。引导教师进行科学的自我分析，明确个人专业发展方向并制订分年度实施计划，学校组织论证。

(2)创造博雅教师成长环境。完善建设教师队伍的相关制度，深度推进协商管理，组织有利于教师身心发展的团队活动，给予教师适当的人文关怀。

(3)探索有效的教学研究形式。以问题为中心引导教师走教学研究之路，加强集体备课，探索课程、课例、课题等行动研究，提升教师教育教学研究能力。

(4)实施名特教师引领计划。发挥骨干教师、学科带头人和名特教师的示范、引领和辐射作用，成就名特教师的专业发展，搭建青年教师的成长平台。

(5)完善博雅教师评选机制。制订合肥市屯溪路小学"博雅教师"评选认定方案，建立与优化博雅教师评选机制，进一步明晰博雅教师培养梯队，激励和促进教师自主发展。

3. 分阶段目标设计

阶段	主要内容	成果形态	负责部门
2015年9月—2016年8月	1. 制订教师个人专业发展规划并论证	教师专业发展规划集；博雅教师评选方案	教导处工会
	2. 建设博雅教师评选、认定方案和评价激励机制，评选、认定第一批15位博雅教师		
	3. 规划学校名师工作室和名班主任工作室建设，提供更大的支持和帮助	名师工作室规划；教师社团	
	4. 组织团队活动		
2016年9月—2017年8月	1. 完善博雅教师评选、认定方案和评价激励机制，评选、认定第二批20位博雅教师，完善教师队伍建设的相关制度	博雅教师评选方案；相关制度结集；教师评价考核细则修订	
	2. 通过教师个人专业发展规划的达成度进行教师评价		
	3. 组织团队活动	教师社团	
2017年9月—2018年8月	1. 通过教师个人专业发展规划的达成度进行教师评价，评选、认定第三批30位博雅教师	教师评价考核细则	
	2. 组织教师参加区、市、省各级骨干教师、学科带头人、名师、名班主任、教坛新星和特级教师等评选	颁发荣誉证书	
	3. 组织团队活动	教师社团	

(五)常用公文写作要遵循基本规范

具体公文写作都有其基本格式和要求，在公文写作或者应用文写作类书籍中，对此都有详细介绍，在此不做赘述。此部分仅根据目前学校工作中经常遇到的公文写作类型，列举一些关键点和注意事项，以方便校长们对公文的优劣进行基本判断。

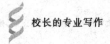

1. 撰写函件要注意语气措辞

学校对外的公函有多种类型，通常是在洽谈、询问、答复、请示或者请求批准某些具体事项时使用，重在沟通。公函有时候比较正式，大多数时候可以灵活行文。函件因为是就具体事项展开的，说得清楚明白就可以。因此，语言表述要简洁明了，态度言辞诚恳，除了基本的礼仪用语，要避免一些虚套的表述，也不必追求辞藻华丽，更要避免出现绕来绕去的现象。此外在具体写作时还要尽量把握分寸，即对上不逢迎，对下不强压，平级间也不必过于客套。

2. 工作报告重在"就事说事"

学校需要完成的工作报告主要包括综合性工作报告和专题性工作报告，无论是"综合"呈现全面工作，还是专题工作专项报告，其中都要包含成绩、做法、经验、体会、打算等内容，类似工作总结。工作报告的使用频率也较高，其主要作用在于承上启下，回顾上一阶段"做了什么"，提出下一阶段"要做什么"。报告的水平和质量，影响着教育主管部门对学校工作开展情况的了解程度，也是对作为报告人的校长的思维能力、工作能力及表达能力的综合衡量。因此校长们要提前做好功课，写好工作报告。

工作报告的写作虽然有一定的模式，但具体写什么则要从实际出发，既要全面介绍整体情况，注重恰如其分地呈现所取得的成绩；又要突出重点成效，通过有详有略的表述方法，将工作中的特色充分展现出来。此外，如果要撰写情况报告，则需要针对某一情况分析原因、教训，写明改进措施等。如果是建议报告，则主要针对具体事项或者某一方面的工作提出建议。这两种报告的针对性都比较强，写作时重在实事求是。

3. 事务性通知要注重清晰表述

通知是一种应用广泛的文体。在日常生活中，我们经常会看到各种各样的通知，如布置工作、传达事项等都要用到。根据适用范围不同，常见的通知类型包括发布性通知、批转性通知、转发性通知、指示性通知、任免性通知、事务性通知六种。中小学校经常使用的是事务性通知，也就是将日常工作中的有关信息或要求用通知的形式传递给师生或家长，如与教师工作、学生学习和家校活动相关的各类通知等。现在多发布在学校校园网站或者微信公众号上。因此，事务性通知也是学校常用的一类公文写作。

按照应用文的写作要求，通知一般包括标题和正文，正文中要写清缘由和具体事项，内容要尽量简明扼要。需要注意的是，在当下的新媒体时代，公文写作不仅仅要求正确、规范地传递工作要求，很多时候，它们也成为学校对外展示的"颜面"。有些学校对此还没有引起足够重视，很多时候发布在微信公众号上的各类通知行文逻辑混乱，甚至还有不少词语滥用现象，影响了学校和教师在公众心中的形象。因此，如何以清晰凝练、干净利落的文字，鲜活而又接地气的语言风格，让刻板的公文写作增加美感，提升吸引力，增强感召力，也成为新时代公文写作的基本要求。

4. 总结材料要勇于亮出"颜值"

汇报材料或者经验介绍材料，通常是就学校某一方面的工作或者某项活动的开展情况进行汇总介绍，如学校文化建设总结、学校特色建设汇报等。工作总结是对学校某一时期工作的回顾梳理等。这几类学校经常遇到的应用文体在撰写时侧重点各有不同，但又有诸多类似之处，即对某一方面工作或者某项活动进行全景式扫描，尽可能既呈现全貌，又突出亮点与特色。在结构安排上，既可以纵向依序递进式呈现，也可以横向分块并列式讲述，或者根据一定主题横纵交叉地梳理经验或做法。那么，写作此类应用文体时，如何在既定框架内凸显特色，亮出闪光点呢？

(1)注意全景描画，避免流水账式罗列

工作总结、各类经验介绍或者汇报材料，要对工作有全方位考量，在呈现时需要兼顾方方面面，体现全局性，对某一方面或者某一环节的遗漏，往往也意味着工作内容的部分性缺失。但是面面俱到并不意味着事无巨细罗列过程，在有限的篇幅内，各项工作的介绍都要详略得当，要尽量抓关键点，写出具有实质意义的内容。

(2)体现创新点，将"重头戏"的戏份写足

在工作全局或者活动全程的介绍中，避免平均用力，要将那些体现实效性、价

值性的内容写充分，突出自身的与众不同之处，以免将特色内容淹没在材料中。

(3)摆事实，更要重视概括性

工作总结或者经验汇报不是系列工作的简单相加、全盘堆砌，因此不仅仅是将材料摆放出来就可以，而是要在汇总的基础上进行综合分析，在把握整体情况的基础上形成基本判断，并且能够跳出事实，总结规律、提炼方法，从而为下一步的行动提供依据。

(4)客观分析得失，呈现启示反思

在回顾梳理已有工作的同时，若能同时进行理性思考，总结成功之道，分析问题缘由，为未来工作的开展提供启示，为同行提供可资借鉴的经验，这样的总结会更加厚重，也会更有价值。

七、讲好教育故事：实现教育经验的理论表达

故事力是信息时代个体应具备的重要能力之一，也是学校管理者的一项重要领导力。在日常实践中，中小学校长和教师经常运用的一种表达方式，就是讲述自己的教育故事，通过故事传递思想、抒发情感、阐释理念、探讨经验。现代人喜欢听故事甚于道理。优秀的教育故事，不仅是教育者对教育生活的真实记录，融汇着作者的喜怒哀乐，反映着作者的情感情怀，而且也彰显着独特的教育价值。当下也有很多管理者通过敏锐捕捉发生在校园里的故事，充分发掘其意义，凸显其价值，让教育思想和管理理念通过故事进行更有效的传递。

这种讲述故事的写作方式，也属于教育科研的常用类型，包括叙事研究与案例研究，它们都属于质性研究，因为更具人文性，与实践工作者的工作方式更接近，因此也广受关注。此部分主要选取三种比较有代表性的讲述式文体进行具体阐述。

（一）教育叙事：讲出故事背后的意义

叙事，即讲述事情。作为一种认识世界和表达思想的方式，叙事式的思维和表达方式由于更加切合中小学校长和教师的表达特点与表达需求，因此很受欢迎。教育叙事研究，即以叙事方式描述特定教育时空中的人物、事件以及各种生活方式和行为关系，通过对教育经验的阐释来揭示教育意义。长期从事教育叙事研究的华东师范大学教育高等研究院院长丁钢教授认为，叙事更是一种经验的理论表达方式。近年来，教育叙事研究被广泛应用于中小学教育科研中，成为促进教育者专业成长的有效路径。

1. 讲故事是否等同于做研究?

很多校长认为只有规范的调研报告、行动研究、经验总结才能算作教育论文。但是由于缺少开展教育实验的基本训练,在进行实践经验总结时又因理论素养不足而导致概括能力有限,缺少对经验的提升高度,工作经验的典型性与先进性梳理不充分,因此谈及论文写作时总感觉困难重重。我们曾经建议一些校长讲述自己的教育管理故事或者梳理自己的成长历程,但经常会有校长对此提出质疑:这能算论文吗?

当前关于教育叙事研究的认识有两种不同观点。一种是以一线工作者的叙事文本为对象进行质性研究,即"分析他人的叙事";另一种是将中小学校长和教师自身的故事讲述纳入其中,即一线教育工作者既是讲述者,又是研究者,他们以"讲述"的方式呈现原生态的教育经历和工作状态,进而反思并改进学校管理和教育教学实践,因此也被称为"叙事的行动研究"。本书采纳后一种观点,主要介绍从校长的视角如何撰写教育叙事,以叙述的方式开展研究,进而反思教育经验,提升管理理论,改进管理实践。

校长将自己的学校管理和教育教学故事进行叙述之后形成的文章,展示了教育的真实情境,阐述了作者对学校管理的理解,呈现了教育教学的改进过程,体现着个体成长的轨迹,流露着作者的真情实感。这种不讲理论、表现为故事样式的文本,并非真正意义上的教育论文,而是一种记叙文的文体呈现,因为更符合日常表达习惯,更易引起读者共鸣,因此也体现其独特的研究价值。当然,在有了大量的教育故事积累之后,校长们也可以基于某些主题形成对一些特定问题的思考与分析,由此形成规范的教育论文。

2. 自传叙事和管理叙事: 什么样的故事适合讲述?

叙事研究重在讲好故事,但是到底什么样的故事适合叙事?如何选择典型故事作为叙事样本?如何抓住经验的故事性特征,撰写阐述性故事?

校长的教育叙事可以从以下角度切入。一方面,校长可以从自己的生活和工作等领域选取关键事件进行讲述,包括生活叙事和管理叙事;另一方面,可以通过对自身成长历程进行梳理，呈现"个人教育史"，总结经验教训，反思成败得失，这种叙事被称为自传叙事。此外，校长也可以基于课堂教学、课堂观察记录撰写教学叙事。

(1)自传叙事：梳理个人成长历程

所谓自传叙事，即讲述自己的故事。校长可以通过回顾个人的学习、工作、培训等成长经历，寻找关键节点，并且将关键人物、关键事件放置在教育改革和学校发展的大背景下，反思成长中的经验和得失。通过校长的自传叙事，我们能够了解一位校长的教育理念形成过程，学校办学中的实践智慧，以及促进个体成长的关键因素。这样的叙事写作，不仅有助于校长对自己的教育智慧、办学经验进行系统梳理，而且能够给更多校长、教师以启迪和帮助。校长成长的过程往往都经历了"千锤百炼"，其中什么样的事件可以称之为关键事件呢？

其一，成长经历中具有转折意义的事件。每个人在成长过程中都会经历许多令人印象深刻的事，从不同的角度读取，也会有不同的意味。校长在写自传叙事时最好选择那些对当下工作发生意义的关键节点，如自己教育管理理念发生改变的节点、工作岗位调整的节点，这些节点如同一个个成长阶梯，反映了作者的生活轨迹变化，体现其如何通过每一步的跨越，取得当下的成绩，形成今天的思想和理念。这些事件不只是"大事"，可以从小处着眼，对个体而言体现了转折意义、意味着转折阶段即可。在具体写作时，校长们要将自己的真情实感融进去，体现"我"在其中的所思所想、所悟所得，可以让读者从中感受到校长的个性品质。要避免将自我成长历程写成工作履历报告，只见事情，不见人。

其二，促动思想观念和行为发生重大改变的人物或事件。每个人成长中都离不开一些"重要他人"，可能是父母家人，也可能是老师同学、领导同事等。他们或者曾给予精神上的激励，或者提供了行动上的支持，直接促动了自我教育教学技能或管理技巧的提升，影响或改变了自己的学校管理和教育教学观念等。还有一些对自己产生重大影响的事件，如某次培训、某次比赛、某次活动、某个事件的处理、某个问题的解决过程等，可能改变了自己对管理制度、对教育教学、对师生关系、对家校沟通、对教师培养等方面的看法。之所以要记录这些人物和事件，是因为"变化"的发生、"影响"的产生、"作用"的发挥。因此，在具体写作时，不仅要勾勒人

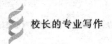

物、描述事件，更重要的是呈现发生了怎样的改变。

其三，可以选取成功的事件，也可以选择失败的、遗憾的、懊悔的事件。尼采说，那些不能杀死你的，终将使你更强大。曾经的挫败、困难都是一种磨砺，曾经的遗憾、失败也会促动自我的深层次反思。例如，有位校长在写教育叙事时提到了初任校长时的一个关键事件，讲述他在一所学校由于干群矛盾问题处理不当而引发教师告状，最终不得不离开那所学校的经历。这件事情促动他对人际交往、管理沟通方式有了更深层的理解。

(2)管理叙事：讲述学校管理故事

校长们每天要遇到形形色色的事情，有与中层、教师、学生的互动，有具体管理中个别化问题的解决，有常规工作的决策与处理，这些都可以成为管理叙事的素材。但是如何于常规事务中发掘有意义的、可以讲述的故事呢？

其一，基于管理问题的解决。校长可以针对管理工作中遇到的具体问题，通过对问题解决过程的记录，形成对自身领导方式与管理风格的感悟与思考，并且通过积累，不断改进管理实践，实现自我提升。问题可以多种多样，可以具体到一件事情的某个问题，如一次突发事件的处理，一节课堂中的现象观察，化解一位教师或中层的困惑，解决一位来访家长的意见反馈等。

其二，基于管理理念的思考。校长也可以基于自己长期以来对学校管理和教育教学的理解与思考，进行持续不断地观察、记录，进而形成深入思考，将管理叙事的记录过程，作为推进教育思想和管理理念不断丰满完善的过程。如果校长能够将无意识的碎片化记录，转变为有意识的将思考与实践对接的叙事，这对于校长思维品质及管理风格的形成都大有助益。

其三，基于管理举措的推进。校长在学校开展推进的各项举措，往往是一个连续的过程，有的还要经历较长的一段时期。若能围绕特定事项，从最初的思考到过程中的细节，到其中面对的困难、解决问题后的喜悦、收获的启示，将其间发生的故事进行记录，这也是校长开展行动研究的一种资料收集方式，如探索一种新教师培训方式、改进课堂教学模式、推进校本教研走向深入，等等。

其四，触动心灵的教育故事。那些打动人心的故事往往蕴藏在习以为常的日常生活中。校长要以教育人特有的敏感性，感知、聆听、发掘、记录这些生动的瞬间、精彩的细节、美好的互动，让鲜活的教育故事讲述热气腾腾的校园生活，传递师生生命成长的声音。例如，在活动现场、课堂里、走廊上、图书馆、食堂里，校园里的所有空间，每天都在发生各种各样的教育故事，重要的是校长要有善于发现的眼睛，善于感受的心灵，能够发现并且记录这些故事，能够发掘行为背后蕴含的意义。

例如，李镇西在《留下一座堆满故事的校园》（《中小学管理》2016 年第 3 期）中讲述了 20 个故事，每个故事并不很长，但却都是其教育思想和教育理念的鲜明呈现。这些思想和理念没有以深奥的道理进行宣讲，却又让你在读故事的时候无时无刻不被打动。

3. 撰写教育叙事：如何讲好故事？

在前文中，我们曾经介绍了写作中的"故事思维"，分析了好故事的基本特征有哪些。在具体写作中，要想写出一篇优秀的教育叙事，可以从以下几个关键步骤入手。

(1) 聚焦主题，为故事赋予深刻内涵

在一篇教育叙事中，主题是牵引故事发展的主线，是希望通过故事呈现的思想，是故事背后蕴含的意义。之所以选择讲述某一个或某几个故事，是因为希望借助它传递"我的"思想和情感。

例如，《从"捞仔"到"根哥"：品味"根教育"的幸福》（柯中明，《中小学管理》2017 年第 2 期）一文中，广东省广州市番禺区市桥中心小学校长柯中明讲述了自己办学中的几个故事。其中一则故事就是讲述自己初到一所村小当校长时所经历的"关卡"，以三个故事的讲述，呈现了自己面对困难时，如何依靠自身的执着、韧劲、努力在学校扎根，办出一所好学校的经历。下例呈现的是其中第一个故事，即如何赢得参差不齐的家长群体的信任和支持。故事将家长最初的质疑、轻慢、不信任等态度都淋漓尽致地表现了出来，而家长前后态度的变化，不仅凸显了他这个新校长所面对的困难，而且更真实地传递了他的办学理念，使读者对其办学历程更加感受深刻。原文如下——

2002 年 9 月，通过公开招考，我被任命为广东省广州市番禺区红基学校校长。学校位于番禺区与顺德区交界处的紫坭村，当地人喜欢把外来人员称为"捞仔"，意为"捞世界"的外地人。我从一个"捞仔"开始，到最终带领这所村小实现"弯道超越"，经历了三道关卡。

◆ 第一关："不讲当地话，做什么校长！"

村小的发展必须服务于当地村民和孩子，与村里干部群众处理好关系是当村小校长必须过的第一关。一方面，我先跟随教育主管领导拜访当地村干部，积极争取他们的支持。另一方面，为了与家长友好合作，刚开始工作不久，我便组织召开了全校学生家长会。

至今我仍清楚地记得那天家长会的情形。预定时间是周末晚上七点半开始，可 700 多名家长在八点半左右才到齐，而且姿态各异，有的光着膀子，有的穿着短裤、趿着拖鞋，有的叼着香烟，有的满脸酒气……我的开场白还没说完，现场已经变得嘈杂起来。"你讲的话我听不懂！你不会讲紫坭话（当地人讲的话称为紫坭话），到我们这里来做什么校长！"有家长突然站了起来，大声叫嚷。我错愕之余，只能强作镇定地硬着头皮继续往下讲："看一个人行不行，不是看这个人说什么，而是看他做什么、做得怎么样。请大家以后看我的行动吧。"

但是，我该如何争取家长们的支持呢？既然集体交流行不通，那就单独面对面交流。一方面，我积极学习粤语，利用一切机会讲粤语，还特别聘请学生当"粤语教师"，并且关注当地的一些风俗民情，以便更好地融入当地生活。另一方面，我组织教师开展了"走千家"家校联系活动。很多时候，我还独自一人骑着自行车穿梭于村头巷尾，与村民促膝谈心，为他们的家庭教育提供建议。几个月之后，村民慢慢接受了我，不仅认可了我这个校长，还把我当作村里的一员。

(2)深描细节，让故事完整而有深度

叙事研究侧重于还原教育过程，通过细节描述来展现一种生活方式，注重事情发生发展的完整性。在讲述故事时，情节的起伏跌宕往往牵人心弦，因此，通过深描的方法将故事中的矛盾冲突形象地呈现出来，更容易引人入胜。深描是人类学研究中的核心方法，也就是对观察或者研究的对象进行细致入微的、深入内层的描写和解释。故事如果能够生动地展现细节、还原情节，往往能让读者产生身临其境之

感，如见其人，如闻其声，感受作者所感所悟，甚至产生心有戚戚的共鸣。

例如，《留下一座堆满故事的校园》中的"故事十二：暖乎乎的毕业照"总共 469字，其中用 222 字呈现了一个对话场景，以对细节的深描，将办公室老师的"为难"——这种"为难"来自惯性思维，将校长的"坚决"——这种坚决源自内心"学生第一"的学生观，用几句对话写得鲜活真切，如同就在眼前一样。原文如下——

故事十二：暖乎乎的毕业照

2007 年 6 月的一天，我应初三学生邀请和他们一起拍毕业照。

来到学生队列前，我看到前面整整齐齐放着一排供校长和教师们坐的椅子。这似乎是天经地义的，但我实在看不惯。每次坐到第一排中间，我都有一种别扭的感觉。

我说："把椅子撤掉！"

办公室的老师有些为难："撤掉？那您和老师们站哪里呢？"

我说："这还不简单吗？我和老师们都到学生中去，想站哪儿就站哪儿！"

很快，椅子被撤掉了。我站到了孩子们中间，各位主任、教师也穿插在孩子们的队列中。

我让孩子们都用两只手竖起兔子耳朵，面带笑容——"咔嚓"，一张自然朴实的毕业照诞生了！

接下来，所有毕业照都是这样拍的。我对教师们说："这才是真正的师生情！以前，总是领导、老师坐着，孩子们站着。这一坐一站，显示着等级，官本位的气息在校园弥漫，我们却浑然不觉。"

从那以后直到现在，武侯实验中学每年的初三毕业照都是这样拍的。师生平等，亲密无间。

这样拍照还带来了一个意想不到的效果——每次拍照前整队时，只要教师走向学生队列，学生就都争着抢老师："张老师，站我这儿！""陈老师，我这儿为您留着位置了！"……那个场面，让每位教师心里都暖乎乎的。

(3)夹叙夹议，让故事传递思想和情感

教育叙事，事是地基，但是只有引申出意义，事的价值才得以突显。叙事中要融入作者对管理、对教育的深刻理解，折射自己的思想与理念，并且通过讲述过程推动认识的进一步升华，这样才能发挥改进实践的重要作用。但是，叙事研究中"理"的点拨，不是将事与理截然分开，先写案例，再做评析，拿理论为实践、为故事"贴标签"，而是将想法、思考、道理，融在故事的字里行间，在描写的同时直抒胸臆，用夹叙夹议的方式表明情感变化和内心感受。也就是说，故事的价值与意义往往穿插渗透于故事之中。

例如，《留下一座堆满故事的校园》中的"故事一：请学生题写校名"，作者一边讲故事，一边在末尾直抒胸臆、点明主题。

故事一：请学生题写校名

2011 年 9 月，以原成都市武侯区新苗小学为基础的武侯实验中学附属小学在新校园成立了。

由谁来题写校名呢？有老师说："自然应该由李校长写啦！"我说："我不是最合适的校名题写者。"也有老师说："请文化名人写吧！"我说："这当然可以，比如我可以就近请流沙河先生为我们题写校名。但文化名人依然不是最合适的人选。"老师们茫然地看着我。

我说："让孩子们写！因为这校园首先是属于他们的！"

于是，全校的孩子们开始一遍遍书写"成都市武侯实验中学附属小学"这 13 个字。最后，五年级许晴航同学的字入选。几天后，她题写的校名被镌刻在学校大门之上。

后来，为了方便师生进出，武侯实验中学在校园后围墙处开了一个大门。我同样请全校学生书写校名。这次，初 2015 届程文迪题写的校名被选中了。

我先后请许晴航和程文迪在各自题写的校名下合影留念。我分别对她们说："孩子，等你 80 岁的时候，别忘了牵着小孙子到这里来看看，告诉他，这是奶奶当年在这里读书时题写的校名！"

就这样，虽然我们没花一分钱润笔费，但校名的题写却做得很有意义。

我曾对老师们说："什么叫'以人为本'？这里的'人'，不是校长，不是名人，更不是领导，而是普通的孩子。让每一个普通的孩子载入史册，这就是'以人为本'！"

上述故事中，最后的点评看起来是从故事延伸出来的思考，但也是作者内心坚守的教育理念，通过故事传递出的理念，让我们在阅读的时候感觉这样的情感流露是如此顺理成章，是自然而然从心里流淌出来的，这样就比生硬地讲述"教育要以人为本"来得更加真实。

需要提醒的是，校长们在写作教育叙事时，在感性地抒发感情、渲染情绪的同时，也不必夸大情绪情感，以免有虚假之感。此外，意义的阐述源自故事、高于故事，但不能脱离故事，更不能为了意义而意义，非要为有限的故事延展出无限的意义。真正的意义说理应该意味悠长，深刻而隽永，属于画龙点睛之笔，让人恍然顿悟、回味无穷、意犹未尽。

(二)管理案例：凸显典型情境的独特价值

案例研究，是教育者反思学校管理和教育教学实践以及开展行动研究的重要工具之一。学校管理案例则是学校管理者通过对管理现场和典型事件进行观察分析、价值挖掘、意义提炼，由此撰写的一类文稿。管理案例看似是在叙事，其实重在说理，旨在呈现"事"背后蕴含的意义，由此凸显其"研究"本质。案例与叙事有相似也有不同，二者都需要讲述故事、由事及理，但案例又不同于叙事。案例研究具有情境性，聚焦特定情境中的事件，可以是单个案例，也可以是多个案例的综合描述，通常基于对特定问题的关注，具有典型意义。案例可以通过叙事的方式来呈现，但是在案例研究中，案例讲述所占的篇幅较小，重点在于分析和讨论。

关于案例研究的理论溯源与实践发展，很多教育研究及写作类著作中都有过详细介绍，此处不再展开论述，我们将关注点放在具体应用上。在实际写作中，校长们经常遇到的困惑主要表现在如何判断案例的价值，如何讲述案例，如何把握分析的要点，如何进行意义提炼等，本节重点根据上述问题进行阐述。

1. 聚焦认知冲突，选择典型案例

身处学校管理和教育教学实践中，每天都会遇到很多人和事，有些是校长亲历的，有些是其他人讲述的，其中反映的问题也形形色色。有些是顺利解决了某个难题的成功案例，有些是经历重重障碍，最后结果仍不尽如人意的失败案例；还有一些存在冲突和争议，至今仍悬而未决的案例。无论是哪一种案例，总会引发我们一

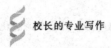

些思考。正因为案例众多，所以令很多校长困惑的是，什么样的事件能够拿来作为被研究分析的有意义的案例？校长在撰写案例分析类文章时，可遵循如下几个特性来选择案例。

(1)具有独特性，能够形成新的关注点

这种独特性主要表现在两方面，一是事件本身具有独特性，是之前未曾发生过或者未曾留意过的一种类型，它反映了学校管理或教育教学中某个需要关注的新问题；二是在平常事件之中发现了原本未曾注意的新现象或者新特征，由此可以形成解决问题的新角度。

(2)具有代表性，能够揭示普遍性问题

这也就是说，事件本身要具有典型特征，在一段时期的同类型事件中，要能够更加聚焦问题的本质，揭示问题的内涵，对于该类问题的解决能够提供普遍性方法。

(3)具有现实性，能够聚焦关键性问题

所谓现实性，即事件所反映的问题直指教育理论和实践领域普遍关心的焦点、痛点、难点问题，对于此类事件的分析阐释以及对策建议，能够回应期待、释疑解惑。

(4)具有复杂性，能够体现现实意义

事件本身的复杂性，往往也集中反映了实践中理念与认识的矛盾冲突。此类事件往往能够触发不同角度的观察与思考，进而形成对事件多方面影响因素的认识，由此促动对问题的高水平认知。

2. 突出关键细节，真实再现情境

管理案例写作有其特定的文本结构。一篇优秀的管理案例主要包括如下一些基本要素。

(1)亮出鲜明主题

写作案例时首先要考虑想要反映的具体问题是什么，也就是为什么要写这一个或几个案例，要聚焦特定的核心思想。主题的形成通常有两个渠道，一种是基于长期或者一段时期以来所关注的学校管理或教育教学中的突出问题，有意识地在实践中收集、选择案例；另一种则是基于日常观察收集积累的一些典型案例，通过比较分析，引发思考，提出新问题。

（2）呈现真实情境

案例是客观呈现已发生的事件，应该是对管理现场的真实再现。管理现场的描述主要包括背景介绍和事件概况，尤其是不可忽略一些关键性细节。在具体写作时要注意以下几方面内容。首先，案例撰写要尊重事实，针对虚构情节的分析和探讨不具有实际意义。不过，为了保护当事人的隐私，在案例中可以不用真实校名、人名。其次，叙述要客观，以白描手法清晰呈现事件发生的来龙去脉即可，尽量不要夹杂个人情感在其中，以免影响评议和分析的客观性。

（3）凸显关键问题

案例写作虽然要重视现场和细节，但这并不意味着有闻必录。案例研究的缘起是案例，但重在解析举一反三、由此及彼的道理，有时候甚至只用三五百字简要呈现案例，而用较大篇幅进行分析阐释。因此写作时，对于一些与事件关系不大的场景、对话甚至人物表情和着装等细节，若无必须，可直接忽略不计。此外，案例写作不同于教育叙事，不必讲求故事的完整性，其目的是反映案例背后隐含的问题，呈现从案例中获得的思考。因此，为了让问题凸显出来，要重点写矛盾和冲突，写转折和变化。

3. 寻找因果关联，揭示核心问题

案例研究的独特价值就在于理实相融，能够在说事的基础上，站在更宽阔、更高位的视角就事说理，由此架起实践与理论的桥梁。因此，它也是反思学校管理实践的有效工具。但是即使是同一案例，不同的学校管理者对此也会有不同的认识，因此如何把握案例的核心价值，明晰其中的关键问题，由此进行深入分析，则是案例写作中的重要一环。

（1）针对单一事件，进行因果分析

相对而言，对于单一事件的分析是线性的。例如，针对某个线索清晰、事件相对简单的单一案例进行深入分析，了解案例中的主要矛盾及其冲突点，分析其影响因素；或者选择其中一个角度，就案例中的某一侧面进行重点分析，了解其所揭示

的重要问题，进而揭示成因、寻找对策。

(2)针对综合事件，进行专题分析

学校管理具有综合性，有些案例包含的信息量较大，其中囊括了丰富的、多层次的问题，其中不仅有关键问题，而且有一些隐蔽的问题。这时候就可以通过深度追问，抓住案例的实质性或根本性问题，以此为主线展开专题分析，由此形成对核心问题的深层理解和把握。绘制鱼骨图或者问题树等都是较实用的分析工具。尤其是旁枝末节信息较为芜杂时，在具体分析时要能基于综合判断厘清本质，并且不受无关信息的干扰。

(3)针对同类事件，进行对比分析

在具体的学校管理和教育教学现场，有时候同一问题可能会在不同节点反复出现，有时候同类问题也会以不同形态出现。因此，在进行案例分析时，可以选择将一组类似或者相关联的案例进行组合，通过"比较"，分析案例所涉及的学校管理相关领域，解析问题的共性表现与不同特征。这样可以揭示一类普遍性问题，并且由此探寻产生的原因，解读其中的规律。

4. 探寻改进策略，提炼普遍意义

案例研究的目的，是通过对已知事例的解析，为学校管理和教育教学改进提供经验、反思，并且对症下药，提出有效解决策略。

(1)从个案走向类问题

这是从特殊走向一般的过程，即基于对案例的分析，将其上升为对学校管理实践中一类问题的剖析。这就需要校长能够从一个或者几个案例中，梳理出普遍规律，由此形成对某一类问题的认识，这样才能充分发挥案例的价值，让其意义最大化。

(2)对着问题写建议

在撰写对策和建议时，建议要与问题有一一对应的关系，以体现针对性，切忌避开问题泛泛而谈，为案例强加一些宏观理论；或者是谈大而空的管理策略，对于解决问题没有实际意义；或者是小而不当，未能在原有事件的基础上有所突破和推进。

5. 经典案例：读出案例背后的意义

以下通过两个管理案例来进行具体分析。

案例一：《改造我们的团队：探寻学校管理变革新范式》（刘菲菲，《中小学管理》2018 年第 3 期）（节选）

梳理问题归因的"鱼骨图"：形成解决具体问题的有效策略

笔者曾在一所新学校工作，因学校地处城郊接合部，进城务工人员子女的剧增，导致学校规模迅速扩大，在师资不足的情况下，60％的教师来自学校自聘，这种状况已经严重影响学校的发展。

笔者有一次和一位主任去一个班里听随堂课。虽然已经开学两个多月了，但是这个班的班级常规还没有抓到位，教师讲课时，大部分孩子的倾听习惯都很不好，教室里闹哄哄的。主任一边频频起身用眼色、用提醒来帮助教师维持课堂纪律，一边很焦急、很愤怒地对我说："校长，如果我是家长，我真的想把这个老师赶下讲台！"主任的话让我十分震惊。我问她："除了把她赶下讲台，还有没有别的办法？"她一筹莫展地摇了摇头。

针对此类问题，我将西方管理界常用的一种分析工具——"鱼骨图"引入学校管理中，为干部们发现管理问题、剖析缘由、解决问题提供了直观的思维导图。比如，针对"把老师赶下讲台"这个问题，其原因至少可以找到六根主要的"鱼骨"，如招聘教师条件设定较低、招聘教师的流程不完善、教师任职前培训不够、团队指导乏力、聘任教师自身动力不足、教导主任专业引领不到位。接下来，可以围绕这几根"鱼骨"，寻找枝节"鱼刺"，然后将这些原因进行排序，分析哪些是最重要的、最急需解决的问题，最终形成解决方案。

比如，针对"团队指导乏力"这一问题，我们提出了"五步行动法"。一是通过调研分析法，重点了解新教师和青年教师的从教需求、困惑、痛点、盲点；二是通过分项结对法，以师徒结对的方式，从教学、班级管理、基本技能等不同领域分项结对帮扶；三是通过目标导向法，明确教师的基本要求和发展方向，帮助其尽快适应工作环境，实现从新手教师到成熟教师的角色转变；四是通过"事上研磨"法，引导他们积极听不同项目师傅的课，并且认真上好每一节课，把教学能力的提高落实在每一天的课堂教学中，同时每天撰写班级管理反思日志，不断改进班级管理方法；五是通过"一日蹲点法"，促使学校行政管理督学团队全过程、全方位、全课程深入观察该教师的教育教学行为，关注细节和流程，提出合理化改进建议。经过上述五步行动，"团队指导乏力"这根"鱼骨"逐渐软化，不再成为教师发展"如鲠在喉"的"鱼刺"。诸如此类，我们将"鱼骨"逐一剔除、逐一优化。

这一管理案例重在提供解决问题的"策略"。第一自然段是背景信息，简明扼要地介绍了学校师资严重不足的现状以及对学校发展的影响。第二自然段呈现了一个情境，选取的案例非常有代表性，看似是写教师素质欠佳导致课堂纪律问题突出，实质是呈现干部面对管理中的问题不会分析、无力解决的状况。作者对案例的描述适可而止，并没有将当时的现场以及随后发生的事情进行全过程介绍，而是通过关键细节，将问题和矛盾暴露出来，如通过"频频起身""提醒""焦急""愤怒""赶""一筹莫展"等关键词语，重点突出"主任"面对教师在课堂上的表现产生的情绪变化以及面对问题时的无可奈何。

第三自然段是作者"探寻解决策略"的过程，即针对此类问题，探索将管理界常用的一种分析工具——"鱼骨图"引入学校管理，并且带领团队学会借助这一分析工具发现问题、剖析缘由并寻找解决方案。第四自然段则以其中一个问题为例，即聚焦"团队指导乏力"这一问题，详细呈现了由此形成的有针对性的解决方案，提出了干部指导教师专业发展的"五步行动法"，同时帮助干部形成了解决具体问题的有效策略。

案例二：《"弃权票"诱发的管理智慧》(王惠东、熊川武，《中小学管理》2014年第4期)

多年的管理经验告诉我们：反映群众意愿的事无小事，一些看似细微的现象背后往往存在着值得管理者深思的问题。在学校中层干部年度考核中，我们经常对考核结果进行分析，以便"见微知著"。比如，尽管2013年全体教职工评价中层干部的结果令我们非常欣慰，但是有件"小事"却引起了我们的注意，即有十几张弃权票。虽然与300多人的投票总数相比，这个数字几乎可以忽略不计，但是静心想一想，其背后似乎有值得玩味的东西：这是对中层干部工作不满意而发出的"无声抗议"？还是对学校工作"事不关己，高高挂起"的一种态度表达？

这种表决过程中的"弃权"现象，如果用管理心理学上赫兹伯格的双因素理论对其进行分析，那么可以得出多种可能性。赫兹伯格认为，员工对组织的满意度不能仅仅以"满意"和"不满意"来衡量，与"满意"相对的是"没有满意"，与"不满意"相对的是"没有不满意"。把"没有满意"（并不意味着"不满意"）变为"满意"，会激励人们努力工作；把"不满意"变为"没有不满意"，虽然没有增加"满意"度，但是却消除了抱怨或不满，可以使人获得内心的宁静与安全。

由此看来，投弃权票的教职工大多不是对中层干部"满意"或"不满意"（这两种态度一般会通过投票表达出来），而是持"没有不满意"和"没有满意"的态度，似乎大多是"无倾向状态"，即通常说的"模棱两可""说不清"。通过分析，我们推断出，教师们"弃权"的主要原因可能有三个：一是对评价本身有意见，如认为评价是形式主义、走过场等；二是对评价对象没有比较准确的认识，认为与其投不准确的票，还不如不投票；三是对评价对象确实不满意，但因担心得罪人而不敢投否定票（这种情况所占的比例可能较小）。

中层干部考核虽然是考察个人的德、能、勤、绩、廉，但实际上涉及学校工作的各个方面，因此，其中的问题也值得学校领导班子关注与反思。在我们看来，这些弃权票至少表达了"没有满意"的倾向，或多或少反映了中层干部工作的某些不尽如人意之处。对于基层管理者来说，仅仅让教职工"没有满意"（哪怕是极少数人）是远远不够的。如果我们能把这些"没有满意"变为"满意"，那么就会调动更多教职工的积极性。于是，我们提出了"二次投票"的思路。这里的"二次投票"并不是真正投票，而是用一种大家认可的方式广泛征求教职工的意见，倾听他们的心声。

我们先组织中层干部畅谈对弃权票的认识，既预防中层干部存在"十几张弃权票不必小题大做"的思想，也可以打消他们担心追究某个人责任的顾虑。在中层干部达成共识后，在一次全校例会上，我们向全体教职工开诚布公，谈了对弃权票的认识和反思，并承诺欢迎每位教职工通过校长信箱、短信、面谈等方式，对学校领导和中层干部进行"二次投票"。

最初我们还有顾虑，担心教职工并不把"二次投票"当回事，没想到，结果大出我们的预料，数十位教师通过多种方式做出了积极回应。他们推心置腹，说出了许多想法和建议，有的尖锐，有的平和；有的直接，有的委婉；有的浅近，有的深

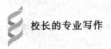

远，甚至有很多是我们平日里根本没法听到的。有的教师还公开承认自己是投弃权票者，并陈述了之所以那样做的原因。后来，我们将这些建议进行整理，分门别类送往各个部门，以促进他们改进工作。

从对弃权票现象的理性认识与认真对待中，我们收获了新的思考与观念。

其一，管理者必须尊重、理解并善于倾听教师发出的不同声音。事实告诉我们，"沉默"不等于"无语"，"弃权"的背后也有立场。"弃权"和"满意""反对"一样，都是教师表达利益诉求、观点想法的方式。

其二，管理者要正确看待"弃权"的意义。我们不能简单地把"弃权"视为墙头草或和稀泥式的中立，更不能完全将其归入"反对"或"默认"的行列，甚至还要善于逆向思维，准确区分积极"弃权"和消极"弃权"，同时发现理性"弃权"背后的积极因子。在一定意义上，理性地"弃权"比纯粹出于个人情感好恶、盲目投反对票或满意票更合理。

其三，管理者要善于透过现象看问题，并且将其当作改进工作的契机。管理者要透过"弃权"现象，发现管理中存在的不足，不断优化管理机制；要杜绝管理中的长官意志、暗箱操作等弊端，放开心胸，广开言路，让教职工在全方位占有信息的前提下，通过制度性渠道发表观点，让"无言、难言、不敢言、悄悄地言"变为"能言、多言、理性地言、多为学校言"。

这个管理案例的描述相对比较简练，线索也较为清晰，就是学校中层干部年度考核中出现了"十几张弃权票"。虽是单一事件，但原因却是多层面、多角度的。作者引用管理心理学上赫兹伯格的双因素理论对案例进行分析，并且针对各种可能性，进一步厘清教师"弃权"的主要原因，在对问题进行反思后，探索实施改进办法，即提出"二次投票"的思路，广泛听取教职员工的反馈，也得到了积极回应。最后，作者提出由此案例得到的启示、形成的思考，在理性认识的基础上，更新了管理理念，也为未来改进管理工作提供了新的思路。

(三)教育反思：记录高质量的工作日志

区别于正式的论文写作，一些非正式的写作方式也被校长和教师广为应用，即笔记体文本的写作，如教育日志、教育教学反思、教学后记、教育随笔、读书笔记等。这类笔记体文本的撰写相对比较自由，带有鲜明的个人色彩，可以作为工作复盘、资料积累的有效工具，有助于教育者及时总结工作中的经验得失，记录整理瞬时闪现的思想火花，抒发学校管理和教育教学中的感悟思考，对于促进教育者的专业发展具有独特意义。

由于笔记体文本的写作更多时候是一种个人行为，因此对于文体、格式、篇幅等均无严格限制和要求，有时候可以是一篇完整的文章，有时候可能就是一个片段的记录，在写作时往往根据作者的表达愿望，形成不同的写作思路和风格。如有的人善于感性表达，有的人擅长理性分析，有的人喜欢随笔记录一些点滴思考，有的人天生具有故事敏感。倘或日积月累坚持记录、反思，对于个人思维方式的历练、写作能力的提升都大有好处。若能将一段时期的笔记体文本进行分类整理，提炼有价值的信息，将零散的内容体系化，不仅有助于教育者教育教学行为的改进，而且可以帮助其将感性经验与理性认识有效对接，形成自己的研究成果并得以发表，反而收获"无心插柳柳成荫"的欣喜。

各类笔记体文本的价值，一方面源自其中所包含的大量真实鲜活的教育场景；另一方面更重要的则是来自其中所蕴含的思想内涵。在此类文本中，教育反思是比较典型的一种写作方式。基于课堂教学实践的教学反思，看起来似乎更容易撰写，因为可写的内容很多，无论从教学内容、教学设计、教学方式、师生关系、学习者视角切入，都显得更加"有料"，更有话说，既丰富多彩，又能够聚散随意。相对而言，校长的事务性工作较多，每天遇到的事情较为琐碎，而且还会因为各种身不由己的安排限制时间。因此，写教学反思的教师很多，写教育反思的校长很少。当然我们也知道，有很多校长将写作当作一种习惯甚至一种生活方式，通过记工作笔记、管理日志等方式，对自己的管理实践和教育教学生活进行记录和反思。例如，魏书生、李镇西等名校长都有数十年坚持写教育日志的良好习惯。

优秀的教育反思，既是高质量的工作日志，也可以经过加工，将其转化为教育叙事或者案例研究。本节主要选取以下三个关键点来介绍教育反思的撰写。

1. 记录的多元视角

校长的工作笔记周期可以因人因事而异，虽然不必强调天天记、事事记，但是

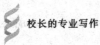

可以根据自己的生活和工作习惯确定一个相对固定的时间段，以便形成规律，固化为习惯，并且能够从中感受到乐趣。如果仅仅抱着完成任务的应付心态来对待这件事，那么很容易陷于流水账式的机械性记录，这样的教育反思也未必真能起到促进思考、改进实践、提升自我的作用。

写出高质量的教育反思，首先要选好切入点，即校长们的工作笔记中到底该记些什么？在每天的管理实践中，到底有哪些需要记录？哪些值得记录？

(1)关注差异点，发现"不寻常"

校长每天要处理的事务较为繁杂，也需要与各种人群交流互动。在一日校园生活中，早中晚也会有不同的工作节奏。例如，清晨在校门口迎候师生，走进不同学科、不同教师的课堂听课，与班子成员或中层干部商议事项，去教育行政部门参加会议，解决教职工随时反馈的问题，处理教师间或者教师与家长间的矛盾纠纷，应对校外相关单位的事务协商，等等，这些可能都是绝大多数校长每天必做的功课。在日复一日的琐碎日常中，有按部就班的流程，也会有一些突发事件，校长要善于在寻常中关注差异、发现不同，这些"不寻常"之处，往往就是问题的生发点，也是校长需要记录的重点事项。

(2)关注兴奋点，记录"好思路"

对经验进行总结梳理和规律提炼，是推动实践由感性走向理性的重要路径。校长在学校方方面面的管理实践中，在日常教育教学现场，在处理事务、解决问题的过程中，那些顺畅之处、兴奋之处、感动之处、激发内心波澜之处，也蕴含着成功的经验。这可能体现于某件具体的事例，也可能缘于某个现场的观察；既可以是自己的成功案例，也可以是交流互动中的经典金句。这些闪光的瞬间、开心的时刻，如果没有及时记录下来，时间久了，往往就会淹没在琐碎的事情中。只有将类似事情进行记录，并适时总结解析成功背后的原因，梳理提高管理效能、改进管理实践的规律，才能推动自己不断成长。

(3)关注疑难点，梳理"大教训"

瓶颈、障碍、失败，也是记录的一个重点。从失败中吸取教训，从难题和困惑中寻找问题解决的突破口，探寻解决办法，才能推动实践再上台阶。围绕这些难点与痛点的思考，恰好是校长开展研究的起点，是校长突破瓶颈的关键点。将其记录下来，并且适时进行归类，有利于校长对学校发展进行更清晰的诊断，也有利于校长以问题为抓手，通过研究的方式，为各项工作的开展寻找到新的思路和策略，以此推动教育教学改进和学校发展。

2. 反思的多维路径

反思可以是即时的，也就是在记录管理现场的同时，省察自身的行为方式，写下当时的感悟；也可以是一段时期后，基于对同类型事件的分析，形成对某个问题的深度思考。但是反思又不仅仅是蜻蜓点水般"欣赏"或者"批判"，而是应该选择不同的反思角度层层追问，走向更高站位和更深层次的思考。

(1)立足于教育理念，反思各项工作的目标设置与流程设定

在对学校实际工作中的各环节以及其中存在的问题进行反思时，应能基于对教育本质问题的思考，来反观教育实践，并将其作为各种管理和教育教学行为的修正器。

(2)立足于领导方式，反思具体问题解决的合理性

就事说事，往往陷入工具主义的框架。校长的领导风格和管理方式，决定着其处理问题的方式。而从另一个方面来说，校长正是依托于一件件事情的处理，一个个决策的推进，形成面对具体事务时的姿态、心态，由此锤炼并形成自己的做事风格、管理风格。因此，在对具体问题进行反思时，可以跳出"事"的框架，关注"人"的影响。

(3)立足于人的发展，反思管理方式的科学性

一项制度的推进、一次活动的组织、一门校本课程的开发、一份绩效工资方案的确定……学校管理中的各种计划方案、各项决定举措的制定实施，都是涉及各类主体的管理过程，需要综合考虑方方面面的因素。因此，对于学校管理与教育教学各方面事项的反思，校长应该真正站在教师中心、学生中心，从服务师生、发展师生的角度去衡量其科学性，以免出现决策上的偏差。

(4)立足于研究者视角，反思学校管理或者教育教学活动的实效性

与上述三种反思角度不同，有时校长们还可以尝试换一个观察角度，即通过转换身份，站在旁观者尤其是研究者的视角，对于管理与教学流程进行更加客观理性

地思考。这样有助于跳出自我认知的局限，不仅关注做了什么，更关注这样的做法是否有效，过程是否合理，成功背后有哪些可总结的经验，如何通过下一步的行动改进，避免类似失败，等等。

3. 意义的深度拓展

有价值的教育反思，应该不仅仅是了解"是什么"，还应该有"怎么样""为什么"的层层追问，这样才能在相似的风景中，感悟不同的意义。为了实现意义的拓展，对于成功的或者失败的事件可以分别进行"经验式反思"和"教训式反思"。在进行反思时，可以尝试思考以下问题——

★这件事情是怎样发生的？

★什么原因导致了事情的发生？

★这些原因是偶然的，还是持续已久、之前未曾关注的，还是以前关注过但未引起足够重视的？

★这些原因中哪个最关键？它反映了什么问题？是最迫切、最核心的问题吗？

★为什么会出现这个问题？

★我采取了怎样的措施？取得了成效还是导致了失败？

★这样的措施是基于什么样的思考？背后的依据是什么？

★再遇到同类型的事情时是否依然可以采取此策略？/再遇到同类型的事情时如何避免发生类似错误？

★是否还有其他解决策略？如果有，是什么？

★在成功解决问题的方案中，是否还存在哪些不足？可以有哪些策略让其更加完善？在此类成功中，可以提炼出哪些方法？这些方法以后应如何应用？

★在失败的解决方案中，是哪个环节出现了问题？为什么？教训是什么？可以做什么样的改进？其他人对此类事情是如何解决的？是否有可以借鉴的经验？

★成功或者失败的事件是偶发的吗？还有没有类似现象或案例？如果有，为什么会多次出现？通常都是在什么情况下发生的？规律/问题是什么？为什么出现这样的问题？这样的问题如何解决？

…………

通过穷追不舍式地追问，可以推动教育反思由表面走向内核，促进更深层的思考，从而让成功具有可复制的意义，让失败凸显其警示性价值。这样写作教学反思的过程，不仅仅训练思维力与写作力，而且也能够促使校长的实践不断向纵深推进。例如，有位校长这样分享他写笔记式文本的习惯——

在长期的学校工作中，我一直保持着勤记的好习惯。我的工作笔记一学期至少两本，且保管得非常完好。当校长十多年来，我已积累了40多本工作笔记，经常翻阅这些笔记，既是进行工作反思，也是为写作积累素材。此外，平常阅读时的点滴启发，聊天过程中的思想火花、灵光一闪的小创意或者有启发的话题，我都会记录下来，"储蓄"为经验、教训、思想，由此逐步建立起自己写作的"储蓄罐"。《办教育师资是关键》《由旅行谈开去》等小短文就是我在不同情境中与他人交流的感悟所得。

——(《乡镇校长如何做研究》，《中小学管理》2016 年第 3 期)

4. 经典案例：教育反思的力量

《反思的力量有多大，教育就能走多远》(刘艳萍，《中小学管理》2013 年第 1 期)一文中呈现了几个较为典型的教育反思，以下仅以其中两则为例呈现如何让反思走向深处。

"王牌活动"滑铁卢的启示

一次教育活动的诊断，带给我非常珍贵的启示。

"十佳中学生"颁奖典礼作为学校曾经的"王牌活动"，竟然在 2008 年"你最喜欢的校园十大活动"问卷调查中，由上一年的第四位一落千丈，在前 20 名中都不见其踪影。这个我一直引以为傲的"王牌活动"，耗费的人力物力十分巨大，场面也非常隆重，上一年大家还那么喜欢，今年怎么就不买账了呢？我开始运用诊断的办法，来寻找问题背后的问题。

诊断结果是：原封不动地复制活动流程，无论我们组织活动时多么用心，只要没有新意，就不会赢得青少年的心！

因此，我们必须重新开发和改造我们的教育课程。《十一学校行动纲要》第 39 条提出，实施不被拒绝的教育。兴趣是最好的老师，学校的重大教育活动都尽可能办成学生的节日，并使学生终生难忘。

是呀，终生难忘的活动，学生怎么可能拒绝呢？但要做到让学生终生难忘，谈何容易！于是，我们进一步思考：活动的"新"需要创意，而创意必须来自校园民主，"拥有一个好主意的最好方法是拥有许多主意"，学生的广泛参与是解决问题的突破口！我们需要注意的是，让学生"参与"，而不仅仅是"参加"。

想清楚了这个问题，校园里的教育活动开始发生变化。以开学典礼为例：2009年，开学典礼第一次榜上有名，成为学生喜欢的十大校园活动之一。这是学生参与的结果。2010年开学典礼，从活动的组织策划到每个环节的参与，学生成为不折不扣的主体。六种颜色的开学护照，将学校的文化和学生的成长紧密联系起来，让初一到高三六个年级的师生全部参与进来。2011年的开学典礼，在四个策划小组的智慧创意下，我们引入开学火炬的文化载体，通过大屏幕现场抽取火炬手，每个人都兴趣盎然地期待结果。最刺激的环节是飞机航模在空中抛下幸运球选取开学铃声按响者，引得全场师生翘首以盼。学生将其评选为十一学校历史上最激动人心的开学典礼。

当教育不再循规蹈矩、墨守成规，而是充满了活力、激情和创意时，学生才可能获得成长，成为有想法的人！

这则教育反思中，作者选取了一则有挫败感的事件，一个"王牌活动"被学生"嫌弃"了！问题出在哪里？立足于学生发展的视角，作者对活动组织、流程设计进行反思，最后得出结论：要让活动办得"让学生难忘"，受学生欢迎，应该充分发挥学生的主动性，让学生"参与"并"卷入"其中。由此开展的活动改进也赢得了学生的期待，作者也由此收获了对教育理念的更深层次的理解。

作者的另一个反思则是源自一篇学生征文——

一篇学生征文的"刺激"

"我们不喜欢像木偶或者道具一样被老师刻意点缀在活动的某一处，不喜欢目光呆滞、神情木然地听大人们没完没了地讲话，不喜欢老师总怕我们在活动中出差错而一遍又一遍地教导。我们喜欢自己策划、自己创造、挑战自我、充满新奇的教育。"这是2005年春天，我读到的一篇学生征文《这样的教育，我们喜欢》。扪心自问，学生不喜欢的事情，我们到底做了多少？我们的教育究竟给孩子留下了什么？

那时的我，虽不能很透彻地想清楚这个问题，但能隐约感到我们的教育缺少些什么。学生作为一个独立的生命个体，渴望个性的张扬，渴望身心的愉悦，渴望学校鼓励他创造。而学校能给他这些吗？

反思归反思，但一回到现实中，我马上又以一个教育管理者的身份质疑自己的反思：学生个性张扬，不服管理，乱了规矩怎么办？身心愉悦，不思进取，教学质量出现波动怎么办？思维活跃，不听话，挑战师道尊严怎么办？这么大的学校，这么多的学生，不严抓，如何保证教育教学井然有序？不训导，如何掌控学生的成长？

一想到校园的有序、规范是大事，反思的力量就弱了下去，我又开始扎在具体事务里忙碌起来。然而那年秋天，百度贴吧上的一个帖子，让我又陷入痛苦的反思中。

贴吧是学生可以发牢骚的地方，也是可以听到学生真话的地方。对于我和我的管理方式，有些学生竟然说"看到她我就很难受""整天给我们布置任务""多无聊的一个人啊"！看到这些，作为一个一直以自己职业为傲的教育者，我真的感到很难过。我每天从早忙到晚，竟然如此让学生讨厌？我愿意成为这样的人吗？我愿意自己做的事情那么没有价值吗？

于是，在之后的很长一段时间里，我都陷入痛苦的自问中：如果一切从管理的角度出发，那么学生在学校接受的是教育还是管理？如果泯灭个性，整齐划一，只见森林不见树木，那么学校教育和工厂批量生产有什么区别？如果把学生规规矩矩、不越雷池一步看作教育的成功，那么为何会有"钱学森之问"？我们的教育究竟要培养什么样的人？

观念上痛苦挣扎，实践中不知道路在何方，我只能原地踏步。

…………

正是基于这样的困惑，作者对实践中的探索、转折、突围不断进行反思，并且"重新架构了自己的思维方式和行为习惯"，在对教育的求索过程中，痛并快乐地前行。

因此，教育反思既不像教育叙事那样有完整的故事，也不像案例分析那般侧重于对案例的研究，它可以基于学校管理和教育教学生活中的故事、人物、细节，甚至一次对话、一次观察而展开，有启示、有感悟即可，有时候也会关联一段时间的思考。总之，反思越深入，越有利于改进。

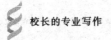

八、做好新闻宣传：提升学校的"颜值度"

学校宣传包括对外的展示报道和以内部呈现为主的校园新闻。一方面，做好学校经验报道，通过一定的方式对学校特色工作、先进典型人物等进行宣传，可以使学校的办学特色、教育教学成果等得到更多认可，让学校的工作被同行、家长、社会了解，有利于营造学校办学的良好氛围，树立学校的良好形象、优质口碑、卓越品牌。另一方面，学校通过校报校刊、校园广播、宣传栏、校园网等，以校园新闻的形式介绍学校里新近发生的有意义的人和事，如举办的活动、取得的成绩、在某些方面表现突出的师生等，是丰富校园生活、凝聚师生精神、潜移默化引导教育师生的重要途径。

根据日常观察，我们发现学校以往的新闻宣传中也存在一种"强者愈强，弱者愈弱"的马太效应。一些善于进行经验总结、提炼办学成果，能够写好学校报道、呈现亮点特色的学校，往往会得到更多关注，因此学校对新闻宣传方面的工作也越加重视；而一些学校虽然做得多、经验优，但是不善总结、不会提炼，即使有机会，也难以脱颖而出发出自己的声音，而越是关注不足，学校干脆就越不在新闻宣传工作方面用力了。不过近年来，随着新技术的发展，传播媒介的丰富与扩展，中小学的"宣传意识"逐渐增强，很多学校探索通过更加多元的方式进行自我宣介与推广展示。特别是随着微信公众号、视频号的普及应用，"再小的个体也有自己的品牌"不仅仅是一句宣传语，诸多新媒介成为学校立形象、树品牌的良好平台。

与此同时，这也对学校的新闻宣传工作提出了新挑战和新要求。学校一方面要重视新闻宣传中多种传播媒介的综合应用；另一方面也必须明确，由于受众获取信息的渠道不断拓宽，学校新闻宣传的内外界限正逐渐变得模糊。每一则新闻报道、每一条校园资讯，面对的都是未知的、范围不断延展扩大的群体。由此给学校带来的正负面效应皆不可忽视。例如，一则学校总结某项工作的信息，有可能成为媒体追踪报道的热点经验；而信息写作中的一时疏漏，也有可能使某一事件"发酵"为众矢之的。因此，对于学校管理者和教师而言，新闻类写作由之前的"选修课"逐渐升级为"必修课"。

本部分主要以学校新闻宣传中常见的消息和通讯写作为例，介绍新媒体环境下学校日常新闻类写作的基本方法。

（一）写好消息：让公众号上的新闻亮点纷呈

中小学校微信公众号上的内容基本围绕校园动态、特色活动、典型人物、优秀经验等方面来呈现，而各类信息发布中又以消息类居多。人们常说的校园新闻，也就是消息这种新闻形式，它是报纸、电视新闻中使用最广泛的一种新闻体裁。

通常我们所说的新闻类写作有广义和狭义之分。广义的新闻包括消息、通讯、特写、调查报告等，狭义的新闻就是指消息。消息也是新闻写作需要训练的基本功。因为简短且具有时效性、真实性、客观性等特征，这也决定了消息的广泛应用性。看起来，作为传播新闻资讯的消息，比起内容厚重的学校经验报道、人物通讯以及专业性强的学术论文，好像比较容易撰写，因此也最不被重视，这由一些学校公众号上发布的语焉不详甚至错误百出的信息便可知一斑。其实，用最简短的文字，真实客观地呈现新闻事实，达至不增不减、寓理于事的境界，是最考验写作功力的。

1. 学校公众号的消息写作有哪些类型？

按照篇幅和内容，消息有不同的分类方法，如简讯、短消息、长消息，动态消息、综合消息、述评消息、特写消息、图片新闻等。目前学校公众号上常见的消息类型，根据内容来划分，主要包括动态消息和综合消息两大类。

（1）动态消息要体现"新""真""实"

所谓动态消息，也就是快速及时地报道学校里发生的重大活动，报道新发生、新发现的与师生密切相关的，有价值有意义的事件、经验、人物等，一般内容单一，文字精简，常常一事一讯。

动态消息一般要把握几个特点，一是以最新变化为着眼点，体现"新"，避免反复讲述陈年旧事；二是以客观讲述为特征，体现"真"，避免作者出面发表议论；三是要以事实说话，体现"实"，重在讲述新发生的事件、学校工作或者各项活动的最新动向。

(2)综合消息要注重"深""广""宽"

所谓综合消息，一般是报道发生在一段时间内的活动或者事件，或者是对学校及各部门一些典型经验、成功做法的集中报道，反映全局，体现发展趋势。

综合消息需把握以下几个特点。一是具有时间和空间的跨度，通常报道所涉及的范围较宽，既有当下，也有过去和未来，既有广度，也有深度和宽度，旨在让受众了解事情发生发展的全貌，由此得出较为全面的认识。二是具有整合性，报道的事实既可以是某一个事件的连续性过程，也可以是基于多个事件综合归纳后形成对事物的总体认知。三是具有概括性，尤其是在对一些成功做法进行报道时，有点有面，有细节，有重点，避免罗列事实或者奖牌荣誉，要呈现通过综合对比分析后发现的新问题、新规律，有助于读者对事物形成概括性认识。

2. 认识消息写作的"倒金字塔"结构

消息写作有多种结构形式，最常用的是倒金字塔结构，这也是消息写作区别于其他新闻体裁的突出特征。

倒金字塔结构强调"先入为主"，即按照新闻价值的大小，把最重要、最新鲜的事实写在最前面，先写读者最感兴趣、最希望了解的结果，按照重要性程度依次递减的顺序呈现新闻事实。这种传统的消息写作结构方便读者快速了解最有价值的信息，但也由于固定的框架格式，难以体现个性化写作风格。因此当下的消息写作，尤其是公众号的新闻报道中，我们经常可以看到一些更加灵活的"混搭"风格，也就是既有激荡人心、引人入胜的开头，也能够通过鲜活的细节、精彩的评议，吸引读者对事实的深层次关注，特别是文字和图片的搭配使用，使内容呈现更加丰富，也增强了阅读效果。

3. 消息写作需要"敲黑板"的重点问题

通过梳理消息写作的一些基本特点和关键要素，并且对部分学校公众号所发布的信息资讯、校园动态等进行深入分析，我们可以从以下几个方面为公众号上的消息写作圈划重点。

(1)呈现五个要素，明确"我要说什么"

消息虽短，"五脏俱全"，这是指消息写作要具备五个基本要素，即"5W"，包括 When(何时)、Where(何地)、Who(何人)、What(何事)、Why(何故)，也有"5W＋1H"之说，即增加了 How(如何)。通过对上述五个问题的追问，可以更全面地呈现新闻事实，回答读者关切的问题，这也是消息中需要呈现的基本内容。

(2)呈现客观事实，将观点与评论寓于事实之中

新闻最重要的特征是客观呈现事实，"用事实说话"。作者可以有观点与倾向，但是体现在事实的选择、直接引语的使用中。此外，消息写作是以第三人称来叙述，不要出现"我""笔者"等类似表述。在一些学校公众号所发布的校园新闻中，这两方面的问题都比较突出，如以"我们"的角色来讲述事实，作者时不时会跳出来发表看法和议论，甚至以评述代替事实。这样一来，原本是通过资讯传递客观的经验和成果，反倒添了些"自吹自擂"的味道。

(3)呈现关键导语，让开头直抵人心

消息的基本结构包括标题、导语、主体、结尾。其中导语又是重中之重，它是消息开头第一句或第一段，犹如"凤头"般引人瞩目。导语以最简明的文字呈现"5W"的核心要素，也就是最重要、最新鲜、读者最关心的事实，吸引着读者不得不继续读下去。

导语可以有多种类型，尤其是在新媒体时代，表述方式愈加多元。最常见的有直接点题式、现场描写式、问题提出式、结论呈现式等。一些学校公众号上的消息写作，经常会看到开头部分"锣鼓喧天""鞭炮齐鸣"，极尽铺陈细节、交代出场人物，但是往往看到最后，才了解基本事实，明白作者想要说些什么，而读者通常没有耐心在冗长琐碎的文字中检索重要信息。

(4)呈现直接引语，让经典表达点亮新闻主题

直接引语即直接引用他人的表达。在消息写作中，恰当使用直接引语，可以让

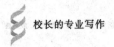

新闻现场栩栩如生，可以让观点更具权威性、说服力，可以让评议更显中肯客观，让报道增强可信度、可读性。美国著名新闻学家杰克·海敦曾经说过："引上几句话能使稿件生动活泼，就能使稿件'动起来'。"但是这并不意味着可以滥用直接引语，不能当事人的所有话语全盘照录，将新闻报道变成"众说纷纭"。在使用直接引语时，要注意以下几个问题。

其一，在人物选择上，要注意选择关键当事人或者权威人士、专家学者。他们所说的话对于表达情感、表述事实、凸显意义具有关键作用。

其二，在话语选择上，要注意选取经典话语，尤其是能够凸显人物个性特征、品性气度的，或者能够揭示本质的言辞、一针见血的锐评等。话不在多，贵在精，能够对主题深化起到"锦上添花"的作用。

其三，在表述方式上，要注意直接引语的真实准确，一方面要避免断章取义，为了迎合自己的主题而不考虑当事人的说话语境；另一方面要尊重原汁原味的表述，不能忽略所引话语与说话者的角色匹配度。

(5)呈现鲜活细节，让现场的生动感从文字中流淌出来

消息要还原现场情境，包括其中的人物活动与事情发生经过，因此，要写好消息，还要通过细致的观察，生动清晰地呈现鲜活的、有意义的细节，从而让事实的血肉丰满起来。但是注重细节，并不意味着事无巨细，在写作时要避免流水账式地讲述过程。另外，在描述细节时要注意选取典型场景、关键人物，不宜拖沓冗长，要学会对场景和细节进行概括性呈现。

(6)呈现精彩标题，要足够亮眼足够炫

有人说，得标题者，得新媒体。这样的观点虽然有点儿绝对，但是没有一个足够精彩的好标题，确实很难提高文章的阅读量。公众号消息的标题不仅要概括新闻事实、点明主旨意义，还要足够亮眼，吸引读者关注阅读。

因此，在制作消息标题时，一是要概括提炼核心思想，精准传递"想说的话"；二是要简洁清晰，避免过于啰唆的表达，如少用形容词、助词，尽量使用动宾结构的句式；三是充分亮出特色和创新点，激起读者的好奇心和阅读欲；四是要体现关联度，即通过角色转换，寻找事件与读者的关联性，并且有效表达；五是强调对核心问题的关注，以悬念引发读者思考；六是通过多种技巧的使用，如数字、典故等的运用，让标题或具体明确，或意味悠长。

（二）写好通讯：让师生成为校园新闻的主角

通讯、消息、评论，通常被称为新闻报道中的"三驾马车"。通讯能够比消息更详尽地报道新闻事件与典型人物，写作中可以综合运用叙述、描写、抒情和议论等多种写作手法以及多种修辞方法。因此，通讯写作中，背景材料可以更为丰富，对时效的要求可以相对宽松，而内容也更加具有深度，因为能够更深入具体、生动形象地反映事实，有助于读者深度了解"消息"背后的故事，其可读性也较强。

根据内容不同，通讯可以分为人物通讯、事件通讯、工作通讯等多种类型。从目前中小学校公众号上所发布的内容来看，这三种类型皆有呈现。人物通讯聚焦典型人物，通过描写一个人的经历或"雕塑"一群人的剪影，报道先进人物或者特色师生的成长历程和闪光事迹，重在表现人物的风采个性。事件通讯聚焦典型新闻事件，通过完整再现事件过程或者重点描写事件片段，报道新闻事件的前因后果、影响意义，重在记述事件的来龙去脉。工作通讯聚焦特定工作事项，通过描写工作现场，讲述工作内容，报道某项工作中出现的新情况、新经验，形成对问题的反思和改进，重在概括工作特征。例如，一些学校在"师者风采""名师说""榜样少年"等栏目呈现的是人物通讯，以"记一次学术节活动""记一次教研活动"等形式呈现的则是事件通讯，以"侧记""纪实"形式总结学校与友好校的手拉手支教工作、学校习惯养成教育的开展情况、某一门课程的推进实施情况等，则是工作通讯。

丰富的校园生活为典型事件或人物的报道提供了丰厚的土壤。学校公众号应该将生活在其中的师生作为新闻报道的主角，并且鼓励引导师生成为校园生活的记录者，把笔触渗透进热气腾腾的教育教学和学习生活中，发现热点亮点，触摸痛点难点，感受笑点暖点，然后记录它们、传播它们。学校可以充分发挥新媒介的作用，在新媒体环境下占据传播的主动权，让校园生活本身成为滋养师生生命成长的精神力量。

然而反观大多数的学校公众号，普遍表现出内容杂乱、形式花哨，但可读性较弱的弊端，很难吸引师生、家长及其他群体阅读，尤其通讯写作更是一个较突出的短板。通讯写作要找好主题、选好素材，在写作时应该更具灵动性，但是若把握不好，则会变成枯燥的工作材料汇总或者人物简介。因此，我们有必要对通讯这一新闻体裁的撰写要点进行梳理，以下重点从"事"与"人"两个视角分别进行介绍。

1. 写事：以新闻的视角发掘典型经验

校园里可以进行报道的事件，有正在发生的新事，有已经发生但很多人还不知道的事情，还有各时期各校区各部门的工作；有常规事项，也有突发事件。看起来可写的很多，但写好也有一定难度。本文将事件通讯和工作通讯统一归结为校园里的事件写作，主要从以下三个方面介绍一些写作要点。

(1)选好材：在同质化的工作中寻找亮点

虽然校园里每天有事件发生，但并非都值得进行报道。通常那些具有重要教育意义和启示作用、反映学校某一方面重大工作、具有代表性，而且能够呈现生动鲜活的故事场景的事件，都可以作为通讯写作的题材。而那些情节较为简单的事件，一般可以作为消息进行处理。

其一，围绕主题选材，赋予事件意义感。通讯报道是围绕一定主题来写的，主题是选材的标准。因此，写作材料的选择首先要能充分彰显主题的价值，可能是其中的关键节点，可能与关键人物有关，总之是为了更好地呈现、阐释、点明主题。就如同要以主题为线串起美丽夺目的项链，这时候不但要考虑每一颗珍珠的质量和适配度，还要考虑整体的均衡度及搭配比例，让整体的价值大于个体的简单累加。

其二，能够以小见大，突出事件的典型性。选材时不必刻意"求大"，并非"大事"才值得写。很多时候，事小理不小，要注意选择那些具有典型性、蕴含丰富意义和独特价值的事件。有时候，宏大的陈述与口号式的宣讲往往会让人感觉"面目可憎"，而那些与受众更为接近的日常故事则更具吸引力，也更能动人心。因此，在高远立意下，从大处着眼，又能回归平凡处，从小事入手，也是写作通讯的常用方法。

其三，浸入校园生活，挖掘事件的潜在美。除了跟随规定动作、追寻重大事件，还要善于潜入常规工作中，用心捕捉来自校园生活的真实声音。例如，学校每年都会在一些重大节日举行主题教育活动，如开学典礼、植树节活动、教师节庆祝活动、校园艺术节等，要想突破常规、写出新意，就需要走近参与者，探寻"此次"相较于"他次"的独特意义。此外，学校各部门、各年级组、各教研组的活动开展细节，其中的闪光点等，只有融入其中，才能发现更多值得挖掘的素材，因此，关键在于是否能以发现美的眼睛，发现教育教学生活之美。从这个意义上说，学校每位师生都可以成为出色的"通讯员"。

（2）布好局：依据主题为材料架构立体层次

通讯的题材往往串聚起多个活动场面甚至一段时期的工作。如何组织好复杂场景，将通讯写得结构清晰、形散神不散呢？写作时胸中有布局很关键。通讯报道的谋篇布局可以从以下视角来切入。

其一，把握关键阶段，从事件呈现切入。很多通讯稿件是为了完整详细地呈现一个事件。因此写作时就要围绕事件的起因、发展、高潮、尾声等，将全过程描写出来。但这并不意味着需要面面俱到呈现全部细节。通常可以选择整个事件中的几个关键环节，写最重要的、读者最关注的内容，由此串起整个事件。也就是说，"浓淡"相宜各描摹，那些关键情节要多花笔墨，非关键情节一笔带过即可，可有可无的则完全可以省略。

其二，选取不同角度，从经典片段切入。基于观察主体、观察时间的不同，对事件的关注可以形成不同的观察视角，由此形成对事件的立体认识，这种谋篇布局的方法往往也能带给读者不一样的阅读体验。例如，在介绍某一次主题活动时，可从学生、家长、教师等不同参与主体出发，描述他们在参与过程中的体验、感悟、收获等，由此帮助读者形成对整个活动的立体认识，而且融入参与者的活动评价，比作者"自说自话"式介绍整体活动更为客观真实。

其三，选取特色亮点，从工作开展切入。在对学校某项工作进行专题性报道时，可以从该项工作中的普遍性问题或者迫切需要解决的难题入手，将学校的经验进行归类整理，然后重点呈现几个最有创新性、实效性的做法，以"点"带"面"。此时，通讯稿的布局就可以根据这个"点"的层次或者内在逻辑顺序进行架构。

（3）叙好事，以多样化表达让情节生动起来

通讯写作中的叙事既要体现整体，又要呈现深度。那么如何使通讯稿件见事见人见意义？以下几个关键点尤其需要注意。

其一，揭示思想，体现意义感。对重大活动或者事件的报道，不是为了自我欣赏，或者简单地广而告之，而是重在通过事件向读者揭示一些具有启示意义的内容。因此，在写作时就需要深入挖掘事件背后的思想和意义，不仅要告诉读者"做了什么"，而且呈现"为什么做"的思考。如果作者对背景和意义不甚了解，那么就去找了解的人，让活动策划者讲述出来，并且用直接引语进行呈现。

其二，细节刻画，体现现场感。通讯要写得生动形象，主要依靠对现场细节的描绘。在描写时，可以采取多种表达手法。当然，并非所有的现场都值得细致刻画。例如，活动中、事件高潮处的精彩片段，如果在观察中留意到，通常会描写得比较逼真；若没有发现，还可以通过对现场亲历者的追问，还原丰富的场景，让读者如临其境，产生强烈的代入感。

其三，人物在场，体现真实感。事与人是紧密相连的，事因人生，人在事中。因此，写事件通讯和工作通讯不能单纯罗列事情，如果没有典型人物、经典对话，那么事件就显得干巴巴而且无生趣。如果能有人物穿行在画面中，既能让事件更鲜活，也能更具说服力。但是需要明确的是，写人是为了服务写事，为了深化主题。因此，人物的选择要选关键节点中的关键人物，描写人物时要选经典场景与经典语录。

2. 写人：精雕细刻绘制立体"肖像"

榜样的力量是最好的价值引领。学校公众号上人物通讯的主人公有校长、教师、学生，此外还有其他部门的教职员工，有些学校还有家长。主要报道在某些方面有突出表现或者彰显特色的师生，通过展现师生风采，树立典型，彰显理念，明确价值导向。据我观察的一些学校公众号来看，目前从不同角度介绍人物的有不少，如优秀班主任、育人楷模的故事和学生自我介绍等，但是停留在"简介"层面的居多，也因此可读性不强，阅读量有限。不过也有一些公众号上刊登了较高质量的人物通讯，从中能够读到鲜活的故事，看到灵动的人。

对于中小学而言，大多数人物的事迹并不具有闪闪发光的特征，也没有多么耀眼卓著的贡献，他们更多是兢兢业业在自己岗位上辛勤付出的教职员工，是校园里全面成长、个性张扬的学生。这时候该如何充分发掘普通师生的个性特质，写好师生故事，让师生的形象闪亮起来呢？我认为，写好人物通讯需要重点把握以下两方面要素。

(1)写什么——以关键事件凸显人物特质

之所以选择某个人物作为写作对象，或者因其赢得重要奖项、取得重大荣誉，或者因其具有某些突出特质、在某方面有突出表现。如果只是刻板地介绍人物的生活、学习和工作经历，罗列其所取得的奖牌奖章、先进事迹，那么这只能将一个鲜活的人变得僵化起来，而僵化的人物往往缺少亲近感，自然也很难发挥启迪引领作用。

报道典型人物，重在凸显其个性特质。而人物的鲜明特质，往往体现在关键事件中。中国青年报《冰点》周刊前主编杜涌涛曾说："决定这个人的人生走向的事并不是很多，一个人在重大关口所做出的选择最能体现这个人的个性。"因此，要通过人物在重大节点对关键事件的应对处理，在矛盾冲突中的抉择判断，来呈现其做事风格、信念坚守。表现一个人物的优秀与独特，不是停留在词汇的空洞描述上，而是用语言、用行动在读者面前站立起一个真实的个体形象。

(2)如何写——以典型细节刻画人物形象

那些具有典型意义的细节，不仅可以使人物更加立体生动，而且具有打动人心的力量。细腻精致的细节描写应该能够让人身临其境，产生情感共鸣。因此，撰写人物通讯时需要葆有同理心和共情力，真正走进人物的世界，站在人物的视角感同身受、同悲共喜。只有这样，才能深刻感知人物，让典型人物真实可感，而不是用事迹堆砌来"神化"和"夸大"人物。为了写好人物通讯，往往需要通过各种途径收集整理丰富的素材。这时候一定要勇于取舍，要依据主题来选择呈现那些最具特色的故事和细节，从而更好地凸显人物个性与魅力。

人物通讯通常以第三人称的视角进行写作，为了让文章的节奏不致平铺直叙，可以同时加进一些描写，如场景、动作甚至心理描写，这样可以增强文章的现场感，增强文字的信服力。尤其是适当运用人物的直接话语，可以将读者带进现场，让人物鲜活灵动。在这个过程中要注意，让人物"说话"，并不意味着要"原话照录"，而是要在尊重其表达原意的基础上有所取舍。最好选择那些最能体现个性特质、彰显个人风格的话语，同时要避免断章取义。此外，也可以适当选择周围人的

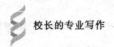

看法或者讲述，以另一个角度的评说来体现人物个性。倘若是对一组教师或者学生的群像描写，那么则要总结梳理这一组或一类师生的共同特征。

(三)案例分析：校园里的人和事可以这样写

通过关注全国各地近百所中小学校的微信公众号，对其一段时间以来所发布的内容进行简单梳理，我发现其中既呈现出一些鲜明特点，也有不少问题值得关注；既有一些优秀的消息和通讯写作案例，也有很多问题较为突出的写作文本。本文仅从新闻写作的角度列举几个普遍性问题，并选择一些好标题和优秀的通讯稿件进行具体分析，以期引起校长们对公众号这一传播平台所发布内容的关注与重视。

1. 校园新闻写作中的常见问题

通过浏览近百所中小学公众号上所发布的内容，我简要梳理了以下几方面问题，有的属于新闻写作中表现出来的问题，有的则属于整体定位与排版设计等方面的问题。

(1)发布什么？——精准定位，整体规划

在当下的新媒体时代，既然学校将微信公众号当作发布学校信息、展示师生风采、传播校园文化的重要媒介平台，那么就应该充分用好它，使其发挥应有的作用和意义。但是部分学校对于公众号上的信息发布定位不清晰、不精准，没有明确到底是"给谁看"。因此，可以看到，一些学校的信息发布随机、零散，如通知、公告、纪实、领导视察、学生活动、教师交流、班级风采等，有什么发什么，有的适合学生和家长阅读，有的适合教师阅读，有的只是表明"做过此事"，缺乏整体策划，缺少栏目规划，没有主题运作。不过也可以看出，有不少学校对于公众号内容的发布还是做了统筹规划的，不仅有清晰的栏目设计，而且有细分的内容板块，为不同读者提供了适合的阅读空间。

(2)如何发布？——赏心悦目，规范表达

要想起到良好的传播效果，就必须认真研究、仔细推敲所发布的内容，确保其具有真实性、新颖性、可读性，以及呈现形式的亲切感、吸引力等。

其一，从形式上看，文字与图片存在无界感，影响信息获取。丰富生动的图片呈现，可以美化版式，让校园活动播报更立体，人物形象更真切。但是综观一些学校的微信公众号，其中表现特别突出的问题，一个是在图片使用上过于频密散乱，没有主次之分，所选的图片也体现不出美感，不能很好地反映活动主题；另一个是注重形式甚于内容，用图片代替文字，尤其是在信息播报时，图片的排版过度拆分文字内容，经常是一句话还没读完，就要刷一组拼盘式的图片，严重影响阅读效果，影响对事件或者活动本身的了解。

其二，从标题上看，题目不符合新媒体传播的特点，缺乏创新性。标题制作表现最突出的问题是缺乏新意，不像新闻标题，不符合新媒体传播特点。首先是口号式标题、词组类标题用得较为普遍，如"书香溢满校园　经典润泽人生""强规范抓落实""让运动成为一种习惯""美化环境，植树造林"等类似标题，或者类似"××教育，我们一直在路上""逐梦新时代，开启新征程——记××学校的××活动"等格式的标题也较为普遍。公众号上每一则信息的标题都是学校的"门面"，可惜很多时候，看一所学校的信息发布，只需溜一眼标题，便不再有打开阅读的兴趣了。

其三，从内容上看，语言运用刻板生硬，规范性不足。一方面是在写作内容上缺少灵动性，介绍校园活动，只看到出席的领导和流水的过程；展示学校经验，通常有事情、无故事；展示人物风采，往往有履历、无人物。另一方面，再优秀的经验、再先进的事迹，如果未能进行有效呈现，也无法吸引读者驻足，自然也就无法发挥其传播价值。例如，有学校在师者风采的栏目中，介绍一些学科教师的典型经验，但若只板起面孔说其"兢兢业业工作"，就无法很好地呈现其个性特色。

2. 经典案例：学校公众号之标题赏析

从公众号上的信息发布来看，很多学校对于标题的制作还是格外用心讲究，也是下了一番功夫的。以下仅从我所浏览的公众号上节选几则标题进行品读。

提高自身"言值"，做有魅力的教师

——泉州晋光小学开展教师语言表达能力培训活动

这是来自福建省泉州市晋光小学公众号上的一则消息，标题属于两行题，包括主标题和副标题。消息主要介绍该校举行了一次教师培训活动，邀请电视台著名主持人从教学语言规范化及朗读朗诵基本教法两方面对教师进行指导。主标题中巧用大家熟悉的"颜值"转换为"言值"，既点明了语言表达培训，又强调了教师语言运用的重要性。

"河长制"进校园：用行动筑起生态之基

这是来自吉林省延吉市北山小学公众号上的一则小通讯，简要介绍了学校所开展的河湖保护系列教育活动中的"河长制"进校园活动。标题较为简明扼要，既点出了通讯的主题，也揭示了事件的意义，而且因为"河长制"有新意，也能够吸引读者打开阅读。

关于考试的 N 种模样

这是来自四川省成都市实验小学公众号上的一则事件通讯。主要介绍该校一年级孩子参加的第一次"大考"——超级英雄秀 2020 级期末综合测评活动，从"互助的模样""竞争的模样""过节的模样""跨界的模样""自信的模样""我在雅园学习的模样"等几个观察视角，呈现了学校注重多元化、关注成长性的评价方式创新。这样的标题具象但不具体，将考试评价这件看似严肃的事情以亲切平易的方式铺展在读者面前。

打开历史的衣橱，让你看见中国之美

——记我校美术节汉服进课堂活动

这是来自广东省深圳市龙岗区实验学校公众号上的一则图片报道，呈现学校美术教师引导学生在汉服课堂上了解汉服的历史文化，解读中国元素、中国风格、中国审美，让年青一代由中国传统服饰之美看到中国之美，进而形成文化自信。标题"历史的衣橱"给了读者想象的空间，寓意传统服饰，指向中国之美，与主题形成呼应。

"打破蛋壳"问鼎大概念 探秘科学追逐"光与影"

——成都市新都区 2021 年春小学科学新教材赛课活动在北星小学举行

这是来自四川省成都市新都区北星小学公众号上的一则消息，介绍一次以"大概念下的小学科学大单元教学"为主题的小学科学新教材赛课活动。标题中的"打破蛋壳""光与影"实指学校展示的两节科学课堂，展示教师在课堂上对新教材的把握、对大概念的理解，同时又借喻教师成长需要突破自身的壳，在不断挖潜、展示、交流中实现蜕变和超越。

那个三年"公主抱"的他，你还记得吗？

这是来自上海市闵行区实验小学公众号上的一则人物通讯，介绍一位刚刚获得市级"好人好事"表彰的老师。作为该校春城校区校务管理部主任，这位老师曾在三年间帮助渐冻症女孩跨越 104 级台阶求学路，是一个爱生活、爱学生、爱学校的老师。标题中的"公主抱"容易引发读者的好奇和关注。"你还记得吗"是一首歌曲的名字，这一句看似平常的问询由此唤起师生心中柔软的记忆，更加激发起读者探究"到底怎么回事"的愿望。此外，该校公众号上还有一些比较有特点、有新意的标题，如《这个五月，青春有你！寻找最 IN 的红色领航员》《队风纪展示、红歌传唱、团队拓展……这个"十岁生日"过得不一样》《当"小主综"邂逅教育戏剧，学生的体验是这样的……》，等等。

一零一中"最强大脑"走进多个校区，好老师悄悄"练成"

这是来自北京一零一中学公众号上的一则通讯，主要介绍一零一教育集团由一批正高级教师、特级教师、学科带头人、学科骨干等组成的学术委员会，到各校区巡回指导，带动一批批教师成长的事。《最强大脑》是一档颇受欢迎的脑力竞技类节目，许多"牛人"选手都给观众留下深刻印象。将学科"大咖"喻为"最强大脑"，既新颖又直观，他们有哪些助力教师成长的秘籍？这样的话题吸引着读者去关注背后的内容。此外，该校公众号上还有不少新颖吸睛的好标题，如《准备发射！一零一中同学们的科普小卫星，在线等你起名字》《诺贝尔奖遇到邮票有什么"化学反应"？这场校内展览不容错过》《雨天、雾霾天，也不会"体育老师病了"，体育课这么上》，等等。

3. 经典案例：榜样学生的生动展示

创意小达人　玩转小发明

古今中外，人类的奇思妙想，会创造出许多神奇的发明——苹果树下，牛顿的脑洞大开，发现了万有引力；蒸汽机旁，斯蒂芬孙勇于创新，发明了蒸汽机车。在巴蜀，也有这么一位"科学小达人"，他链接自己的日常生活，通过奇思妙想，发明了"一种家庭立体鱼菜共生循环系统"。

　　这就是来自巴蜀小学艾子立同学的作品！他的"一种家庭立体鱼菜共生循环系统"，通过使用太阳能，采用旋转立体栽培模式，提高了单位面积蔬菜种植量，并根据鱼菜共生的原理，解决蔬菜灌溉的问题，满足都市中的人们在有限空间里亲近大自然，体验亲自摘种瓜果蔬菜、喂养鱼虾的乐趣，也实现了"绿色、健康、环保、循环"的生产。

　　看到这里，或许你会问，子立究竟是如何创造出这项创意十足又贴近生活的发明呢？原来，子立从小就帮助爷爷打理楼顶小花园和阳台上的小鱼池，也常常跟随爸爸到田间地头体验生活，对各种现代化的农业设施和生产方式很感兴趣。"随着爷爷年纪的增大，给果蔬施肥浇水和清理鱼池就越来越显得力不从心了。"看着爷爷辛苦的模样，孝顺的子立便想到：是否能将自己平日科学课上学习、积累的知识与现实结合起来，为家里建一个将果蔬种植和鱼虾养殖结合到一起的设备呢？这样一来，既可以满足爷爷种菜养鱼的爱好，也能减轻老人家打理花园和鱼池的负担。

　　说干就干！从 2019 年 2 月开始，子立利用课余时间查阅相关资料，并实地进行了考察，通过请教科学老师、家长、专家，做了大量的准备工作。

　　在准备的过程中，子立发现家庭养鱼是很容易实现的，但蔬菜种植需要解决光照、土壤、水分、养分等一系列问题。蔬菜生长需要水分，而养鱼也需要水，所以是不是可以把养鱼的水用来给蔬菜灌溉呢？养分是蔬菜生长的又一关键因素，利用家里的餐厨垃圾进行厌氧发酵，制作有机肥供给蔬菜营养，同时池水里的鱼粪也能提供一部分营养，这样养分的问题也能得到解决。这样一步步地深入思考，子立围绕旋转栽培架研究、水分供给研究、养分供给研究、能量供给研究，设计了整个发明的构架，从草图着手，将自己的亲身经历和作品功能充分结合。

　　怎样才能进行多功能的取舍？怎样才能进行系统组合？怎样才能进行空间设置？由于作品涉及的科学原理较多，进入实操阶段，将想法"变现"，需要老师的不断引导，更需要子立坚持不懈和不轻易放弃的决心：技术卡壳怎么办，另辟蹊径！知识盲区怎么办，继续请教！测试失败怎么办，继续尝试！科学学科组的冉春燕、孙元利、魏寿煜老师给予他专业的引导，不断鼓励他。"能不能把书本知识和实践感受充分表现，注重小发明的实用性呢？"越挫越勇的子立拓展思路，在制作模型过程中，通过发现问题、解决问题，与老师和家长互相启发，不断完善种养循环和清洁能源系统，并对附带的自动滴灌、补给养分等功能进行了再次实践，对作品进行了最优化的改进。

有志者事竟成，经过一年多的不懈努力，子立终于实现了最初的设想。

"科学就在我们身边，发明创造并不是遥不可及。"近日，市教委公布了重庆市2020年度"小科学家"评选结果，子立成为9名"小科学家"中的一员。

"只从一个创意到一件产品是一个从无到有的过程，需要在失败中不断前行，不能轻易放弃，通过思考与观察，发现问题并解决问题，你也能成为小小发明家哦！"子立分享道。

在巴蜀，科学老师们的课堂上倡导自然研究，鼓励质疑求真，孩子们的科学知识在不断地积累中增长着、沉淀着，这也使得他们在潜移默化中养成了一种科学思维方式。学校通过创新思维方式，将看似触不可及的创造教育融入了孩子们的实际生活中，提高孩子们基于真实问题，解决真实问题的能力，致力于培养"头脑科学、身手劳工"的巴蜀孩童！

"子立拥有聪慧的双眼、善辩的口才、温和的性情、帅气的姿态、勤奋的心态。希望他在巴蜀这片沃土的滋养下，坚持谦逊稳慎、勤思苦学、阳光上进，未来的生命一定会更加精彩！"班主任江世君老师为子立送上了最真诚的祝福。

这是来自重庆市巴蜀小学"巴蜀榜样"栏目中的一篇人物通讯，作者是江世君、冉春燕两位老师。这篇通讯读来一气呵成，一位"科学小达人"勤于思考、执着钻研，面对困难勇往直前的形象跃然纸上。整体来看，这篇人物通讯主要体现了以下几个特点。

首先，主题明确，围绕"科学精神"讲述"科学小达人"的故事。这是"巴蜀榜样"系列人物之一。之所以成为"榜样"，是因为艾子立同学凭借发明作品"家庭立体鱼菜共生循环系统"，入选重庆市2020年度"小科学家"。这样一个新闻人物，他身上到底有哪些独特之处？这个发明到底是怎么回事？他是如何完成这个发明的？这些问题都是大家所关注的。本篇通讯稿通过对上述问题的解答，重点围绕他将奇思妙想转化为发明作品的经过来叙述，再现了一个"科学小达人"到底是如何炼成的，体现了人物的创新思维和科学精神。

其次，重点突出，聚焦想法"变现"的过程，呈现人物关键特质。作为一个热爱

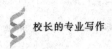

科学、喜欢钻研发明创造的榜样学生，艾子立同学身上可能还有许多良好品质和好玩的事，但是通讯稿并没有在旁枝末节上花费笔墨，而是在介绍了背景缘起后，把重点放在实操过程的讲述上，包括遇到了哪些困难、如何突破难题等。正是对解决问题过程中人物一系列表现的描写，让人物的个性特征、思维品质有了更鲜明立体的呈现。例如，"技术卡壳怎么办，另辟蹊径！知识盲区怎么办，继续请教！测试失败怎么办，继续尝试！"等表述，将人物勇于攻坚克难的品质体现得淋漓尽致。

再次，多种表述方式综合运用，以鲜活生动的场景和细节描写增强可读性。例如，对层层递进的思考过程的描写，体现了人物良好的思维品质；"怎样才能进行多功能的取舍？怎样才能进行系统组合？怎样才能进行空间设置？"这一系列排比句式的运用，体现了研究中需要面对的重重问题。此外，文中共有四处直接引语，第一句"随着爷爷年纪的增大，给果蔬施肥浇水和清理鱼池就越来越显得力不从心了"，体现了小子立对爷爷的心疼与关爱，强调了开展这项发明的动力；第二句"能不能把书本知识和实践感受充分表现，注重小发明的实用性呢？"来自科学学科组的老师，强调了科学老师在关键环节的专业引导和科学引领；第三句是艾子立同学的分享，以当事人的话语呈现体会和感悟，这样会更加真切可信；第四句是班主任的一句祝福，通过班主任对这位榜样人物进行全面评价，由此可以让读者形成对人物的全面认识，也就是他不仅是"科学小达人"，而且德智体美劳全面发展，所以无愧于榜样的形象。

最后，以点带面，彰显学校育人理念，实现价值引领。稿件最后以一个孩子的成长，来反映科学教学中对学生科学思维与创新能力的培养，彰显学校"头脑科学、身手劳工"的培养目标在教育教学和课堂中的落地落实，起到了以小见大的作用。

4. 经典案例：校园活动的现场特写

食堂变课堂 "厨神"在身旁（节选）
——记青岛二中院士港分校首届校园美食节活动

俗话说："民以食为天。"中国饮食文化是一种广视野、深层次、多角度、高品位的悠久区域文化。12月31日上午，青岛二中院士港分校校园美食节隆重举行。本次美食节活动也是主题式教学"小脚丫走四方"活动的深度延伸和实践之旅。把食堂变课堂，把美食变课程，食堂的叔叔阿姨当老师，为全体师生上了一堂色香味俱全的美食课程。

…………

当同学们走进食堂，看到精心布置的活动场地，熟悉的食堂已旧貌换新颜，各种食材已经摆放在同学们眼前，等待着同学们的精心烹饪。大家迫不及待地来到各自的位置上，急切地套上围裙，带上厨师帽，本来安静的食堂一瞬间成了欢乐的海洋。

"我会擀饺子皮了！""看，这是我包的饺子。""快来看看我们制作的超级大蛋糕，那味道肯定赛过世上的任何蛋糕。"……

人群中突然爆发出了热烈的欢呼声，原来有位同学的糖葫芦做好了。这位同学高举着自己做好的糖葫芦，脸上洋溢着兴奋的笑容，和周围的同学们炫耀着自己的果实，因为通过自己的努力做出的美食，更别有一番风味。

"我成功了！"旁边的一位同学也不甘示弱，紧跟着前一位同学的步伐，举起了自己制作的糖葫芦，语言急切又夹杂着满满的自豪。

周围的同学或是投来羡慕的目光，或是争相前来品尝，抑或是争先恐后地制作自己的美食，希望自己的美食早些出炉。

随着时间的推移，这样的声音越来越多，食堂也越来越热闹，大家制作的美食的香味也弥漫在校园中。

…………

本次美食节拉开了美食主题课程的帷幕，后面学校将围绕美食主题继续开展传统文化、劳动、语文、数学等多学科的融合课程学习，相信学校会在"造就终身发展之生命主体"理念引领下，打破学科界限，深挖课程资源，为学生创造全面发展的机会，办好满足学生发展需要的学校。

这是来自山东省青岛第二中学微信公众号上的一则小通讯，记录了学校首届美食节活动开展的现场，以上仅节选片段内容进行赏析。

这篇小通讯选取了一次有意义的校园活动来进行讲述。这一事件具有一定的代表性，作为首届校园美食节活动，它是"美食主题课程"的开启，也是美食与学科融合课程的开启，体现着传统文化教育、劳动教育、亲情感恩教育的多元融合，是学生喜欢的、有意义的因而也值得记录和书写的校园活动，尤其是其中有很多生动鲜活的场景，能够反映学生学习的生动样态。

通讯的标题由主标题和副标题组成。主标题既呈现了该次活动的主旨，即"将食堂变为课堂"，也展现了学生们在课堂上的状态及收获，"厨神"之喻既形象有趣，又有"高大上"的感觉；副标题是辅助说明，清晰地告诉读者具体是一次什么样的活动。

导语部分第一句以中国饮食文化之重要性作为切入点，使活动立意有了较高站位；然后很明确地指明时间、地点、活动主题，揭示活动的意义，即"本次美食节活动也是主题式教学'小脚丫走四方'活动的深度延伸和实践之旅"；并且以概括性的表述，介绍了这次美食节活动的主要内容，即"把食堂变课堂，把美食变课程，食堂的叔叔阿姨当老师，为全体师生上了一堂色香味俱全的美食课程"。

这篇通讯的另一个特色是关于细节的描述鲜活生动。作者在叙述过程中，通过类似"我会擀饺子皮了！""看，这是我包的饺子""快来看看我们制作的超级大蛋糕，那味道肯定赛过世上的任何蛋糕"等直接引语的使用，还有"高举着自己做好的糖葫芦，脸上洋溢着兴奋的笑容，和周围的同学们炫耀着自己的果实""旁边的一位同学也不甘示弱，紧跟着前一位同学的步伐，举起了自己制作的糖葫芦，语言急切又夹杂着满满的自豪"等场景描写，将当时的场景逐层拉近，真实呈现在读者面前，让人如闻其味、如感其态。

5. 经典案例：经典事件的深远意义

这一杯"Mojito"，能否让你爱上数学课？

还记得不久前周杰伦那首"Mojito"吗？一零一中的同学们创作了一曲数学版"Mojito"，其中唱道：微醺时的眼眸，不仅是因为尝到了数学的苦头，今日也成了与数学邀约共舞……

来一杯数学"Mojito"怎么样？

2020年6月，周杰伦发布新专辑"Mojito"，主打歌连同他的MV在网络上火了一阵儿，之后网络上出现了各种翻版，有翻唱、有吐槽、有恶搞。在一个人人都可以登上网络表演的时代，一首歌引起了一场狂欢。

"有没有可能通过改编周杰伦的'Mojito'的方式，宣传一下数学课？"热聊中的初三(11)班的同学们，听到了佟昀老师的提议。

张榆晨和她的同学们听到这个点子，觉得惊讶也欣喜，"佟老师上课还是挺严肃的，没想到她会鼓励我们去做这样的创作"。

同学们很快写出一版歌词，里面是各种各样对数学的疑问和吐槽。

"可能第一个版本，有很多学生对数学课的心声，但实际上还是对数学不太了解。"

第二稿、第三稿，歌词里出现了大量数学学习的方法，原本欢快的拉丁舞曲，显得生硬不协调，仍然不如意。

佟昀老师把同学们召集在一起，从数学学习的角度聊聊心得，建议同学们能再对数学有更深的理解。其实，她希望能够激发这些创作的同学一些对数学的热情，也希望通过这个作品能让数学变得有趣起来。

在佟昀老师的回忆里，这次聊天之后，同学们有一周没再联系她，她们不再匆匆地送来一稿又一稿。

"一周之后，再看她们写出的歌词，视野完全不一样了，包含的知识也更丰富，也超越了仅仅是对学数学苦闷的表达。"他们经历了什么？

原来，那一段时间，创作者们去找熟识的"数学学霸"，去听听他们是怎么理解学好数学这件事的。一零一中学也能让初中的同学很便捷地找到高中的同学请教。这段交流，给这些常在数学题面前畏难的同学们打开了更新的数学世界。

张榆晨说："那段时间我总结了很多数学知识和解题方法，比以往的考试准备得还充分。"

又经过一番打磨之后，歌词确定为我们现在看到的这一版，"判别式千变万化，辅助线众里寻他"，片子中模仿原曲还有一段精彩的说唱，只不过围绕数学的Rap，已经不再把数学当作对手，而是朋友。

就这样爱上了数学！

6月底，同学们决定开始正式筹备拍摄这部音乐视频。

主创的同学们集中到校园里拍摄了三次，他们在一零一中的不同角落，舞蹈、欢笑、翻跟头，这成为他们结束中考后，又一次和校园的亲密接触。

"他们还去借了学校王师傅的三轮车，可能这是他们觉得特别重要的校园记忆。"佟老师笑着说。

学校不仅在暑期为这些要拍视频的同学们开放了校园，学校老师也很愿意帮着学生们把这事做得更好。学校曹媛源老师帮着联系了专业的录音棚，同样也是免费开放给这些同学们，让最终的音频呈现也有很好的效果。

8月5号完成视频制作，8月21号完成录音，9月初片子终于定型。

前后三个月的视频计划完成，这其中原本自认同数学无缘的同学们，对数学有了全新的热情。他们也完成了中考，完成了从初中生向高中生的蜕变。

佟昀老师想要通过这个视频宣传数学的目的，先在这群同学身上实现了。这个视频还会燃动多少少年的心，值得期待。

一帧一秒里的热爱！

一零一中的老师们在不断尝试，如何能激发学生的兴趣。十年前做实践活动，可能是组织学生去量高楼，做个优化车棚的策划。现在年轻人开始刷短视频，老师们开始找机会从学生热爱的东西入手，让他们爱上课程。

"学生觉得苦的东西，也许和他们喜欢的东西放在一起，就没有那么苦了。"找准学生的动力点，对不同的孩子因材施教，是一零一中老师们不断思考的进取法则。在佟昀老师心中，不同类型的学生，教学的方式也应该做相应的调整。

佟昀老师见过特别有天赋的学生，有的刚上初一初二，就有可能去参加高中的数学竞赛并获奖，但是这类型的学生，可能会把太多精力放在单一学科上，缺少其他学科上的知识储备，甚至有的不善于与人沟通。

一零一中会给这样有能力的学生更大的学习平台，他们有机会被组织进跨年级的学科学习中，依照他们的兴趣和能力，有可能提前学到对他更适合的、深入的学科知识。这个平台，就是一零一中孩子们向往的"英才学院"。

面对这样的学生，各学科的老师之间还会做相应的沟通，老师们不再是单一课堂上的单一视角去观察学生，这会让稍微偏科的同学，有更多的机会在弱势科目上被关注到。"全面发展"的理念，细致入微地落实到了学校教学和生活的方方面面。

面对学习态度好的同学，当然这些同学不一定有多么拔尖，佟昀老师说："这个时候就要手把手地帮助他们，帮他们抵消畏难情绪，保持住学习的状态。"或许这个时候，"引路人"，是对老师最合适的称呼。

还有一些同学，在佟昀老师看来，是有充足潜力可供挖掘的学生，他们乐于思考，乐于探索，乐于主动阅读。尤其在数学这门抽象的课程上，这样的孩子会和习惯于重复做题的同学不一样，他们更有可能发现数学之美，从事数学研究。"这个时候，我们就要保护好学生的学习热情，让他们始终能保持探索的欲望。"

尝试鼓励学生将面对数学的体验做成音乐视频，就是面对不同类型的学生，一个有魔力的开始。

"当太阳升起，结果已揭晓，来吧，数学请与我共舞在今朝。"同学们在这曲"Mojito"的最后，向数学发出邀约，那些抽象的难题，似乎再也不能让这些学生困扰。

在一零一中，依然会不断地引来天才的孩子、态度好的孩子、有热情的孩子，他们终将也会在这样的师生互动中得益。与兴趣为友，不畏艰难。

这是来自北京一零一中学微信公众号上由郭琦老师撰写的一篇通讯。这篇通讯写得十分精彩，呈现的是一个很有意思也很有意义的经典事件。其标题制作、细节描写、结构架设、语言风格都很有特色。整体读来，既形象生动，又意义深刻，一方面贴近当下新媒体时代的阅读和表达习惯，另一方面也体现了传统通讯写作中的一些典型特征。

在一零一中学，一群初三学生模仿周杰伦的经典曲目，创作了一曲数学版"Mojito"。在创作过程中，学生们通过多种渠道和不同方式，如自己总结、请教老师、与"数学学霸"交流、跨学段交流等，深入理解数学学科的价值和意义，发现数学之美，当他们得以沉浸在数学世界中，从之前的"在数学题面前畏难"到逐渐开启走向数学的大门，才真正将数学的意义与音乐的韵律相互交融、完美呈现，最终完成了歌词创作与视频录制。

这篇通讯为我们呈现了学生通过自己感兴趣的方式认识课程进而喜欢课程的一个特色案例，也是从另一个角度讲述了学生基于自己感兴趣的主题，在体验、探究、合作中开展的一次深度学习之旅。因此，介绍这样一件事，其更深层的意义在于揭示其背后蕴含的理念。也就是通过佟昀老师"从学生热爱的东西入手，让他们爱上课程"的个案，展现了一零一中学教师如何尊重学生、因材施教，让不同类型的学生都能在校园里、在学习生活中实现"全面发展"，这也是一零一中学的价值追求。

九、走向专业发表：让文章赢得编辑青睐

在专业写作这个链条上，文章发表像是末梢和终端，作者将研究成果梳理形成论文，将所得、所思、所悟形成文章，最终目的也是为了得到认可，而被专业期刊选中刊登，就是一种最显性的专业性肯定。对于校长们来说，所撰写的专业文章得以在具有一定影响力的期刊上发表，可以使实践经验得到传播和推广，从而在更大的范围内彰显其意义和价值。文章发表又如同一种过程性评价方式，可以激发作者思考与写作的动力，坚定作者"写"的信心，激励作者"写"的兴趣。实践、研究、阅读、反思、写作、发表、再实践……由此形成一个校长专业发展和自我完善的闭环。因此，校长们要愿意写、经常写，在对自己的文章进行精心打磨后，还要勇于投稿，敢于将自己的"成果"亮出来。

时下网络上经常会看到一些为"发表文章"支招的文章，这其中有一些比较实用，但也有不少"歪招"，如果应用这些"招数"，不仅于投稿和作品发表无益，往往还会有一些反作用。作为一个资深编辑，本书中我仅以《中小学管理》编辑部的编审流程和一个普通编辑的视角，谈谈校长们所关心的文章发表问题。

（一）知己知彼：与高契合度的期刊完美相遇

"知彼知己，百战不殆"是一条适应性很强的"兵法"策略，这也适用于投稿前的自我定位与期刊选择。只有更深入地了解自己的作品成果，才知道要寻找怎样的期刊；只有更全面地了解刊物需求，才能实现精准投稿。有人说，知己知彼是应该的，但在投稿中却也屡屡"吃败仗"。在我看来，之所以难得期刊"青睐"，往往还在于知之不深、知之不足。无论对自我，还是对期刊，如果仅停留于浅层的了解，自

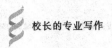

然只能触其皮毛；若能达至深入的研究，才会有清晰的自知和真正的"懂得"。

1. 清晰的自知：要有对稿件的自我评估

校长在写论文时，要对即将写的文章有一个清晰的定位；在完成论文后，则要对自己所写的文章有一个相对准确的评估。这两点都很关键。那么主要应该从哪些方面进行评估呢？

(1)明确"写给谁"，知道文章所面对的读者群体

这个定位其实校长们在确立论文主题的时候就应该心中有数了。写的是学校管理经验、管理案例，还是课程体系建设、跨学科学习探索，还是课堂教学、学生学习方式改进？校长可以依此对自己的稿件进行简单归类，然后转换视角，思考这样的主题和内容更适合哪个群体阅读，哪个群体会更关注、更欢迎？明晰内容指向，能够为寻找目标期刊找准靶向。

(2)明确"怎么样"，知道文章能够达到的质量层次

这一项对校长们来说有点儿难度。一方面是因为校长们不太懂得判断标准，所以不知道自己写得到底如何，是否符合刊物发表的质量要求；另一方面则是因为"自知"原本就有难度，校长们对于自己的实践经验往往是自我感觉比较良好，所以会产生认知错位的现象。要想突破上述两个问题，一是多阅读，看的好文章多了，识别能力自然会有所增强；二是在写文章之前做文献综述，对比同类型经验，寻找差异点，找准自己的特色。

(3)明确"做什么"，知道自己的真实发表需求

作者投稿目的不一，有些没有比较明确的目的性，如有校长因为热爱写作并坚持写作，基于特定主题写作后希望得到更专业的认可，实现更广泛的传播。还有一些则目的较为明确，如阶段性总结课题研究成果，积累成果为职称评定做准备等。由于各种评价会有期刊地域、标准与层次的具体要求，如省级刊物、核心期刊、C刊等，因此校长们可以基于自己的投稿需求，分层次列出一些目标期刊作为"必选项"和"可选项"。

2. 深切的"懂得"：要有对目标期刊的深入研究

校长们可以在自我评估的基础上，确定相应的目标期刊。但是仅"知己"还不

够，倘若你给的不是期刊想要的，那么再优质的论文，也会与心仪的期刊擦肩而过。只有你读懂它的需求，将最好的自己呈现在它面前，才会有一场完美的相遇。因此，校长们一方面要有经常阅读一些专业期刊的习惯；另一方面，即使之前"脸生"，但至少在投稿之前，应该认真做点儿功课，好好研究一下目标期刊。这种研究，不是泛泛地翻一下目录，简单溜两篇文章就可以，而是应该真正"读懂"它。

(1)读懂定位，了解目标期刊的服务人群

每本专业期刊都有其基本的读者定位，也就是所服务的读者类型。有的期刊定位从刊名上一眼就能分辨出来，还有一些期刊仅从刊名上难以明确，就需要从其内页标注、栏目设计等方面进行观察分析。例如，《中小学管理》明确提出自己的办刊定位是"助推本土教育理论创生　陪伴管理者专业成长"，坚持做扎根一线的学术刊物。此外，有些刊物的定位可能还会在一段时期有部分调整，因此不能依据自己之前的印象来做简单的判定。当校长们对自己文章"写给谁"的判断与目标期刊"为了谁"的定位相吻合时，才能保证你的立足点恰好是它的关注点。

(2)读懂风格，了解目标期刊的个性特质

如同每个人一样，每本专业期刊也都有自己鲜明的个性特质，这也是期刊历经多年逐渐积淀形成的办刊风格。这些风格体现在栏目设计、版式规划以及文章特点等诸多方面，是一本刊物区别于其他刊物的显著特征。因此校长们在翻看目标期刊时，首先要重点研究一下其栏目设计，分析每个栏目的关注重点、文章比例，由此了解期刊的关注重心，然后明确自己的文章与各栏目的匹配度，让目标更加精准。接下来要认真阅读其中所刊登的文章，尤其是对匹配度高的相关栏目的文章风格有一个基本的认识。当校长们对自己文章"怎么样"的评估与目标期刊中的文章质量相当甚至有所超越时，那么被选中的概率就会大大增加。

(3)读懂内容，了解目标期刊的重点关注

研究的深度，重点体现在对目标期刊选题方向的了解。各专业期刊都有自己的整体选题计划和栏目主题策划。校长们一方面可以通过目标期刊对外公布的年度选题方向或者栏目约稿计划，了解其近期重点关注的选题策划，以此对接自己实践中的亮点，检视自己的文章是否可以为期刊提供一线鲜活的典型经验；另一方面可以通过对目标期刊相关栏目一段时期内刊发的稿件进行深入分析，了解其所关注的重点主题以及相关实践经验的侧重点，对比自己文章中的特色点，检视自己的文章是否提供了独到的思考或者超越传统经验的创新性探索。

　　高质量的文章，遇到高契合度的期刊，才能够彼此读懂、惺惺相惜，于作者和期刊来说，都恰到好处。

（二）彼此读懂：如何更好地与编辑互动

　　从投稿到稿件入选、刊登的过程中，作者经常需要与编辑进行沟通。基于专业期刊编辑在专业领域形成的学术影响和专业地位，校长们往往对他们心存敬畏，甚至敬而远之。这种刻意的距离无形中也带来了编辑与作者一定程度上的疏离。但也有一些作者在多次投稿之后，会与编辑建立常规性的互动。根据我的观察和体会，建议校长们不要将与编辑的联系和互动，仅限于投稿、改稿，而应该与编辑建立一种真诚的对话关系，将学术期刊作为推动理论与实践互相融合、共同推进的桥梁，不断促进自我的提升与成长。

1. 重问题探讨："读懂"实践是为了更有效地呈现经验

　　报纸编辑与专业期刊编辑的经历，让我有一个特别深刻的体会，就是专业期刊的编辑与作者的感情往往更加深厚。因为对于专业期刊而言，编辑对一篇文章的修改加工往往需要花费更多的时间与精力。尤其是类似《中小学管理》这样偏重学校管理实践的期刊，由于三分之二的作者是一线实践者，他们有丰富多彩的实践，却囿于理论水平不足和视野的局限，稿件往往停留于"事"的层面，完不成普遍性"理"的提炼，这就对编辑工作提出了较大挑战。编辑不仅仅要把好政治关、知识关、文字关，要对字词句段进行精准修改，而且要有对文章内容甚至作者本人的充分"读懂"，在此基础上完成对文章意义与价值的精确提炼，从而既能满足有用、实用、好用的需求，又能体现学术的高度、深度、宽度。

　　基于上述编辑工作的基本思路，校长们在与编辑互动时可以侧重以下两方面内容。

(1)重思想、思路、思考，让实践凸显真实价值

　　校长们与编辑进行互动时，要秉持一种开放的心态，基于自己的实践，呈现背

后的思考、实践中的具体思路以及对其中问题的思考，让编辑融入"事情"中，有助于编辑更深度地了解实践的价值所在，从而将文章中的特色与经验进行更充分的呈现和彰显。例如，我在与作者就稿件进行交流时，经常通过追问的方式，与作者一同厘清更深层的思考，使之前未能在稿件中充分展现的亮点释放出来，使潜隐在经验背后的问题解决、难点突破显现出来，让典型经验在特定环境下突显特别的意义。

(2)明优势、特色、亮点，让经验得到充分发掘

理想的互动是双方基于彼此的充分信任，既可以敞开心扉谈问题，也可以毫无保留说经验。除了投稿、改稿，校长们也可以与编辑在学校、在会场或者通过微信和电话等方式沟通，一方面了解期刊的关注重点，另一方面要勇于展示自己学校的独特实践，提出自己的问题困惑，从而为期刊的主题式策划贡献智慧、提供解决方案。受限于时间和精力，专业期刊的编辑不可能对所有基层的优秀经验了如指掌，而这种互动不仅有助于编辑发现更多典型经验，而且也使校长的办学实践有了被发掘的可能。

例如，在运作 2020 年第 5 期"教育扶贫扶弱"的本刊视点策划时，我想到一次偶然沟通中所了解的云南师范大学附属小学"扶贫扶智"的扎实行动，便约请该校周群校长完成一篇稿件，由于有行动、有思考、有深刻的感受，他们也及时呈现了一篇高质量的文章，成为当期本刊视点中的一个典型案例。

2. 重反思启示：被发表或被"枪毙"都不是最终结局

"百发百中"的作者毕竟是少数，绝大多数作者都有过稿件被"枪毙"的经历。有些校长和教师甚至在一次投稿遇挫后，再难提振写作的信心。但是经常写作的校长和教师都知道，谁的稿件没有过被"毙掉"的命运呢？重要的是如何通过进一步反思，从成功中梳理继续写作的方法，从失败中提取再次投稿的动力。

若稿件被刊登，作者可以将刊登后的文章与自己的原稿进行比对，尤其是一些被大刀阔斧修改过的稿件。面对改动较大之处，不妨多问自己几个"为什么"，在比较中进行反思，寻找自己成长的空间。若文章未被选用，可以在期刊中找来一两篇相似主题、相似文体的文章进行比对，看不足到底在哪里，到底是因为选题的问题

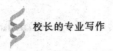

还是表达的问题，是否有修改的可能，如何修改，并且通过邮件等方式与编辑进行交流，以收获可以借鉴的启示。

这样的"回头"与"打量"的过程，也是与专业编辑深度对话的机会，不仅能够使作者跳出自身实践反观稿件，而且能对一本期刊的选题定位、用稿风格有更深刻的了解，更加明晰编辑眼中的好稿件到底是什么样的，到底如何才能写出符合期刊定位的优质稿件。

这种比对，可以从以下几方面展开。

(1)第一重对比：不一样的开头，体现着切入角度的选择

校长们写的实践性论文的开头要么重视宏观论述、意义阐述，要么是大篇幅的学校基本情况介绍，往往缺少对问题的聚焦和关注，因此编辑对稿件的修改，往往首先会在开头部分进行较大程度的调整。如将宏大意义或者具体事实的阐述调整为"问题的关注"，从"一校一事"转化为以一校为例来谈"大家的事"，使问题凸显更加值得关注的意义。因此，开头部分的对比，重在观察编辑是从什么样的角度提出问题，以及如何将个体的问题上升为群体关注的普遍性问题。

(2)第二重对比：搭建好的框架，让逻辑更加清晰

文章的逻辑就体现在框架中，很多学校的实践经验，表现在逻辑上的问题，一个是臃肿，一个是凌乱。因此，对文章框架的调整，是编辑修改文章过程中的重要内容，只有首先将框架梳理清晰了，才能将文章内容进行更有条理的归类梳理。因此，在回看修改后的稿件时，可以先将框架进行对比，看看这样的呈现与之前的框架有何不同？做了怎样的调整？调整的理由是什么？框架的对比有助于作者重新梳理自己的经验，厘清其中的逻辑关系。

(3)第三重对比：画龙点睛的提炼，可以让文章熠熠生辉

一线实践者的文章以"事"为主要内容，往往陷在一所学校的具体事情当中，至于希望阐述的道理、想要分享的思考，则往往埋在一大堆事实里，需要读者自己去查找。如何从这些闪烁着智慧光芒的实践中提炼出普遍性的道理，总结出可以推广的方法，校长们往往尽了力，却始终难以达至理想状态。因此编辑在修改稿件时，往往会在这方面用力，将"事"上升到"理"的层面。那么到底该如何进行提炼、实现提升呢？作者可以从对比中发现规律，找到自己的差距及努力的方向。

（4）第四重对比：同一件事情，怎样表达更精练精准？

实践类论文中往往有较多案例呈现，案例可以使文章更形象生动，有理有据，也更具可读性。但是在写作案例的时候，有些作者往往会偏重于细枝末节，陷进案例中进行冗长细致的表述，于是整段文本只见叙事且过于琐碎。编辑在对案例进行修改时往往会进行较大幅度删改，因此作者可以将具体案例的整体表述方法进行对比，看看编辑如何将案例中的零散细节调整为概述性描写。此外，也可以进行一些具体细节处的对比，推敲一些文字句式的表达，看其如何达到最优化效果，如何更精准地传情达意，如何读起来更加简洁明快，等等。

（5）第五重对比：换一个标题，文章仿佛有了神采

虽然了解了一些标题制作方法及注意事项，但是在实践中仍然不会制作标题，这是很多作者经常遇到的问题。经常研磨推敲一些好标题，是学习标题制作的有效方法。因此，作者可以将编辑修改后的标题与自己的原有标题进行对比，思考之所以这样修改的原因，或者在此基础上，继续进行修改，并且对不同标题的优势与不足进行对比，如此经常反复演练，对于标题制作也会逐渐游刃有余。

通过这五重对比，好文章的形象就犹如呈现在眼前，再提笔行文时，判定标准也就了然于胸了。

（三）坚持原创：避免学术不端行为

原创性是评价一篇文章的底线。近几年陆续有一些著作侵权事件被曝光，而据很多校长和老师反映，这些被曝光的不过是沧海一粟。例如，有些校长或教师直接将他人的文章、讲稿、课件稍加修改，然后加上自己的名字拿去发表；有的干脆"移花接木"，名字一换便另投他处；最常见的则是在写作中直接或间接照搬他人文稿中的观点却不注明出处。从道德方面来讲，这是令人不齿的剽窃或抄袭行为；从法律层面而言，有些性质较为恶劣的行为还可能涉及侵权，面临被起诉的风险。

写作是一件苦差事，需要大量的积淀积累，还要能静下心坐下来。但是这个时代诱惑太多，急功近利的人也越来越多，有些人为了在短时期内"出成果"，于是千方百计寻找"速成"捷径，而网络时代又为文章的"复制""粘贴"提供了极大便利；还有些人拿"不懂""不知"作为理由，不是说"天下文章一大抄"么，因此看到他人的思想观点"很好"，文字很精彩，自己很欣赏很认同，所以就拿来用了；还有些人则认为，教育理念、教育思想的运用不就是应该相互借鉴嘛，自己的行为属于"合理引用"。在这个信息随处可获取的时代，坚持写作的独立性、保持作品的原创性似乎成为一件很有挑战性的事情。

那么，著作侵权到底是怎么一回事？到底何为抄袭？何为合理引用？校长们在写作时首先要了解一些关于著作权的基本常识，认清学术不端行为的具体表现，区分合理引用与抄袭的不同，以避免陷入侵权纠纷。

1. 对侵权说"NO"：了解一些著作权常识

只要存在作品的创作和使用，就会涉及著作权问题。对著作权的保护，是知识产权保护的组成部分之一。校长们也要了解一些基本的著作权常识，一方面，是要尊重他人的著作权；另一方面，也是为了保护自己的著作权不受侵犯。《中华人民共和国著作权法》和《中华人民共和国著作权法实施条例》中有详细的权利责任界定。校长们在作品创作中需要注意以下一些问题。

(1)什么样的作品受保护？

作品无论是否发表，都享有著作权。这些作品，是指文学、艺术和科学领域内具有独创性并能以某种有形形式复制的智力创作成果，包括文字作品、口述作品、艺术作品、美术作品、摄影作品、电影作品、图形作品等。对于学校教育工作者而言，教案、教学课件、论文等，都属于上述作品的范畴。

著作权包括发表权、署名权、修改权、保护作品完整权等人身权，以及复制权、发行权、出租权、展览权、表演权、放映权、广播权、信息网络传播权、摄制权、改编权、翻译权、汇编权，应当由著作权人享有的其他权利等财产权。如果是两人以上合作创作作品，那么合作作者将共同享有著作权。不过，为完成单位任务所创作的作品属于职务作品，作者有署名权。

(2)怎样算是侵权？

新修订的《中华人民共和国著作权法》自 2021 年 6 月 1 日起施行，按照其中第五十二条的规定，侵权行为主要包括以下一些内容。

(一)未经著作权人许可，发表其作品的；

（二）未经合作作者许可，将与他人合作创作的作品当作自己单独创作的作品发表的；

（三）没有参加创作，为谋取个人名利，在他人作品上署名的；

（四）歪曲、篡改他人作品的；

（五）剽窃他人作品的；

（六）未经著作权人许可，以展览、摄制视听作品的方法使用作品，或者以改编、翻译、注释等方式使用作品的，本法另有规定的除外；

（七）使用他人作品，应当支付报酬而未支付的；

（八）未经视听作品、计算机软件、录音录像制品的著作权人、表演者或者录音录像制作者许可，出租其作品或者录音录像制品的原件或者复制件的，本法另有规定的除外；

（九）未经出版者许可，使用其出版的图书、期刊的版式设计的；

（十）未经表演者许可，从现场直播或者公开传送其现场表演，或者录制其表演的；

（十一）其他侵犯著作权以及与著作权有关的权利的行为。

如果发现上述侵权行为发生，侵权者应当承担停止侵害、消除影响、赔礼道歉、赔偿损失等民事责任。

（3）怎样不算侵权？

按照新修订的《著作权法》第二十四条规定，还有一些情况可以不经著作权人许可、不向其支付报酬来使用作品。例如，为个人学习、研究或者欣赏，使用他人已经发表的作品；为介绍、评论某一作品或者说明某一问题，在作品中适当引用他人已经发表的作品；为学校课堂教学或者科学研究，改编、汇编、播放或者少量复制已经发表的作品，供教学或者科研人员使用，但不得出版发行。上述情况属于"合理使用"的范畴，只是在作品使用时"应当指明作者姓名或者名称、作品名称"，并且不得影响该作品的正常使用，也不得损害著作权人的合法权益。

（4）如何保护自己的权益不受侵犯？

其一，要了解著作权法中的权责界定，熟悉有哪些作品权益受到法律保护。尤其是在互联网时代，侵权行为的发生过于便捷，为保护自己的权益，校长们要对著作权的一些常识性问题有所认识，如了解作品的保护期限，明确作品被合理使用的限度，分清作者与汇编者的权利范围等。例如，按照著作权法第二十二条的规定，作者的署名权、修改权、保护作品完整权的保护期不受限制。又如，自己的作品被他人汇编出版时，虽然汇编作品具有著作权，但是要事先征得作者的许可授权且要支付报酬。

其二，明确作者身份，保护合法权利。作者在作品文稿中要注意清晰标示自己的作者身份，在微博或者微信公众号上发表文章时也要做原创标识，并且留存好底稿，以备查询；此外还可以向国家著作权主管部门认定的登记机构办理作品登记。在遇到著作权被侵犯的情况时，可以通过多方渠道收集证据，与侵权者交涉，要求其"停止侵害、消除影响、赔礼道歉、赔偿损失"等，或者可通过诉讼途径来维护权益。

2. 学术不端行为的主要表现

作为由来已久的"顽疾"，学术不端行为一直让各方头痛。一些期刊采用编辑部"公告"的方式，提出具体要求和处理意见等"郑重声明"，还有一些期刊则采用多种技术手段如学术文献不端检测系统等，寻找防范和应对之策。校长们在写作与投稿过程中应对学术不端行为的表现及防范形成一定的认识，以避免陷入"学术不端"的旋涡。

参考国内外的相关定义，学术不端行为主要聚焦为四类：抄袭、伪造、篡改及其他。"其他"主要包括不当署名、一稿多投、一个学术成果多篇发表等。2016 年 9 月 1 日开始施行的《高等学校预防与处理学术不端行为办法》第二十七条中列举了以下七种学术不端行为——

（一）剽窃、抄袭、侵占他人学术成果；

（二）篡改他人研究成果；

（三）伪造科研数据、资料、文献、注释，或者捏造事实、编造虚假研究成果；

（四）未参加研究或创作而在研究成果、学术论文上署名，未经他人许可而不当使用他人署名，虚构合作者共同署名，或者多人共同完成研究而在成果中未注明他人工作、贡献；

（五）在申报课题、成果、奖励和职务评审评定、申请学位等过程中提供虚假学术信息；

（六）买卖论文、由他人代写或者为他人代写论文；

（七）其他根据高等学校或者有关学术组织、相关科研管理机构制定的规则，属于学术不端的行为。

3. 如何不踩到学术不端的"红线"

根据编辑在处理稿件时遇到的不同情况，我们发现，在学术不端的各种表现中，中小学校长们经常会触碰以下几条"红线"。

(1) 怎样会被认定为抄袭？

著作权法所列出的著作权侵权行为中，第五项为"剽窃他人作品的"；《高等学校预防与处理学术不端行为办法》中所规定的七项学术不端行为之首即"剽窃、抄袭、侵占他人学术成果"。按照《现代汉语词典（第7版）》释义，剽窃即抄袭窃取（别人的著作或其他成果），在此处与抄袭同义。这是日常实践中最常见的一类学术不端行为，也是校长和教师在发表文章、出版著作时最易触碰的红线。

其一，抄袭包括多种类型，既有显性抄袭也有隐性抄袭。显性抄袭较易识别，是指有些作者对他人的作品不加改动，直接改头换面后据为己有，或者大篇幅地照搬照抄，这也是一种比较低级的抄袭行为。近年来曝出的一些公众事件说明，仍有一些教师在使用此种抄袭方式。隐性抄袭则有较强的隐蔽性，主要是指有些作者在写作时并不直接照抄，而是通过调整顺序、更换词语、改变表达等方式对他人作品进行适当改动，变成自己的作品进行发表，这是一种较为高级的抄袭方式，识别也有一定难度。即使被发现指出，也常常被解释为"合理引用"，因而难以处理。

其二，避免自己抄袭自己的作品。由于中小学校长们撰写的实践性论文主要是总结梳理学校的实践经验，围绕整体工作往往会有多次呈现，如选择不同节点的梳理、围绕特定周期的总结、选择特定切片的展示等，也会选择不同期刊发表。这样在使用学术文献不端检测系统进行检测时，往往会显示较高的复制比率。个别作者将自己多年前已发表的旧作重新"另投他用"并不属于此类，而是属于"一稿多投"的情况。因此，校长们如何基于前期成果选择新角度、写出创新点，这一点就很关

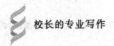

键，这也是避免出现"自我重复"的有效方法。

(2)如何把握"合理使用"的界限？

个体的经验积累，往往是站在前人研究的基础之上的。撰写论文或者出版著作，其中既有自己的独立见解、独特实践，也离不开对他人成果的借鉴。因此中小学校长和教师"为介绍、评论某一作品或者说明某一问题"时，可以在作品中适当引用他人已经发表的作品，即"合理使用"。著作权法中关于"合理使用"的规定，既是对著作权的必要限制，也有利于对已有作品的传播与推广。但是"合理使用"也不能不加限制地滥用，如果把握不住合理的"度"，则会导致侵权行为的发生。

其一，"合理使用"要有量和质的限度。在引用他人作品时，一方面要考虑适当的比例，即引用的数量要合理，目前不同级别的刊物都有引用率的要求，如大部分学术期刊的标准要求在 10％～15％。高校本科毕业论文不同学校要求也不同，通常要求在 20％～30％。另一方面，要衡量所引用的内容是否构成自己作品内容的"主要部分"或者"实质部分"，是否影响了原作品的正常使用。也就是说，如果引用了他人文章中的核心观点或者事实论据，即使注明来源，也属于不合理的使用。

其二，直接引用与间接引用均需注明出处。在具体引用他人作品时，可以直接引用原作品中的观点和内容，也可以对原作品中的观点和内容以概述的方式进行间接引用。无论是采取哪种引用方式，均需要按照参考文献著录的基本规范注明出处。很多作者往往只对直接引用注明出处，对于间接引用却没有进行任何标注，由此产生隐性抄袭，导致侵权行为的发生。

在实践中还有另一种情况，有些校长和教师在进行演讲或者授课时往往会借鉴参考一些名师大家的讲义材料，用于丰富课堂教学，这样的使用属于"合理使用"。但是倘若要将他人讲义中的观点或内容整理成自己的文章进行发表，则损害了著作权人的合法权益，属于违反著作权法的行为。

(3)如何合理署名？

作品的创作者具有署名权，不当署名属于学术不端的典型行为之一。所谓不当署名，要么是"偷梁换柱"，将他人作品署上自己的名字；要么是"顺路搭车"，使自己成为他人作品的共同作者；要么是"独占成果"，在集体成果上只署自己名字。作品署名也是实践中经常遇到的一个问题。例如，学校教研组集体备课形成的教学设计、由校长安排教师撰写的学校工作经验、校长和多位教师共同撰写的学校著作等，到底应该属谁的名字？这可能需要具体问题具体对待。

其一，区分主要贡献者，呈现共同智慧。对于由一个团队的集体智慧形成的教学设计方案、课题研究报告等，在署名时可以列出执笔人、主要贡献者，其他参与讨论或者做出贡献的成员、提供学术支持的专家学者、提供素材支持的其他参与人员等，则可以在注释中表达致谢。

其二，界定职务作品，体现代表意义。在中小学校的实践类论文署名中存在一个较突出的问题，也就是文稿由办公室相关教师完成，署名却是校长。这种情况算不算"不当署名"呢？按照著作权法第十八条规定，"自然人为完成法人或者非法人组织工作任务所创作的作品是职务作品"。因此，基于学校宣传报道工作的需要，教师按照校长布置的工作所完成的学校经验总结文稿属于职务作品。基于校长在写作中发挥的指导作用以及对于学校工作整体的代表意义，可作为共同作者署名，但不能因此忽略了作者的署名权，除非教师本人自愿放弃。

（4）如何避免"一稿多投"？

一稿多投的现象在中小学校长和教师中也较为常见。有的作者不清楚期刊的具体要求，同时为了提高文章的刊登概率，所以经常将一篇论文同时投给几家刊物；还有些作者则是将同一篇文章根据不同期刊的稿件风格，将题目和内容稍做调整后投给不同期刊。这种一稿多投的行为可能会导致同一篇文章在不同刊物的重复刊登，浪费了版面资源，损害了期刊的学术声誉。特别是对于一些恶意的"一稿多投"，已经被学术期刊列为坚决抵制的"零容忍"行为。

为避免出现一稿多投，一方面，作者在投稿前，可以根据自己的具体需求，提前了解一下目标期刊的审稿周期，让投稿更精准一些；另一方面，要及时关注投稿通道中呈现的审稿动态，若有时效的迫切需要，也可以通过其他方式与相关版面的责任编辑进行沟通，了解审稿进展，由此及时调整自己的投稿方向。

4. 坚持原创性：写出自己的独特作品

一篇优质的学术论文，其可贵之处在于独立的思想、独到的见解、独特的实践。这里所说的原创性，便是体现了创造性的意义。"赋予你的写作以最终价值的

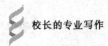

是你的洞察力和真知灼见，只要你保持头脑清晰、思想诚实，就不会落入俗套。"美国作家多萝西娅·布兰德在谈创作时曾这样说过。因此，校长们要善于从自己的思考和实践中发掘那些生机勃勃的东西，以创作出更多有生命力的作品。

(1)不人云亦云，贡献别具一格的思想

于众说纷纭、千姿百态、世相万千中，能否保持客观理性和独立思考，既体现着思维方式的差异，也彰显着视野与格局的不同。校长们既要勤于学习、善于借鉴，将科学先进的教育思想和管理理念融会贯通于已有的知识体系，将前人的智慧融入个体的思维空间，由此形成自己的理解与判断。这些从"已知"走向"未知"的探求，便是思想成长历程中的独特光亮。

(2)不随波逐流，呈现个性化的解决方案

真正体现原创性的内容，是运用于实践的独特理解，生发于实践的独特思考。躬耕一线的校长，其优势就在于丰富的实践，因此，将理念运用于实践，以实践的视角检视理论，才能够彰显自身的价值。校长们应该在学习思考的基础上，跳出文本的束缚，挣脱思维的框架，基于对教育理念和管理方略的理解，因地制宜地进行创造性应用，由此呈现针对一系列问题的个性化解决方案。

后　记

　　这本书其实已经在心里酝酿甚至发酵了很多年。真正着手写作整整用了一年时间，其间也曾有多次搁置，甚至一度以为自己无法很好地完成书稿。倒不是不愿多花气力，实在是因为乡近情怯，愈写至深处，愈发现自己的浅近。甚至在完成最后一小节的书写之后，还迟迟不肯收笔，总感觉部分内容未能尽如心意。这个春天的花红柳绿已经扑面而来，我跟自己说，我可以辜负了户外的春光，但是不能再辜负笔下的文字。于是便将自己封闭起来，再次对文稿进行通读，并且屡次提出质疑、屡次修改调整，虽然所成书稿仍未十分满意，但已经不能再拖日期。因此也一直心怀忐忑，唯愿不辜负那些对我寄予厚望的校长朋友们所心怀的期待。

　　我为什么要写这本书？

　　作为一个曾经自我标榜的文学青年，我对文字的热爱早已深入骨髓。年少的文字仅限于"起舞弄清影"的自我舒展。那时候，我以为能够诚实地表达自我就是写作的意义。作为教育记者的多年经历，我开始为文字赋予灵动感和现实性。那时候，我以为客观地记录、真实地传递这个世界的美好与善意，就是写作的意义。在《中小学管理》这本核心期刊十年的历练，我对精雕细琢背后的"推""敲"有了更深层的理解。作为一个资深编辑，我在文字之间成就他人也成就自己，也因而理解了写作中的"成全"。

　　做记者时，我以为最大的成就感是将眼中的故事转化为报纸上的铅字。在学术期刊做编辑工作，我更加深切地体会到"为他人做嫁衣裳"的苦乐酸甜。虽然加工每一篇文稿所花费的时间和精力真的无法用字数来计算，但是每次为一篇文章"呕心沥血"之后看到其眉清目秀的模样，每次看到校长们面对精修后的稿件，因为被读懂而产生由衷的认可和完全的信赖，那份成就感竟然丝毫不逊于自己的文章新鲜出炉。也正因此，我了解他们的痛点在哪里，也知道他们的需求是什么。我想，完成这部书稿，既是一次自我反思与总结梳理，也是自己基于实践开展研究，进而提炼升华的过程。从另一个意义上说，能够坚持做一件自己喜欢的事情，我也是幸运而又幸福的。也因此多年跋涉，乐此不疲。这本书，就算作为自己交上的一份答卷吧。

写作是可以学习的吗？

面对市面上形形色色"应景"的写作培训，不少人会有此疑惑。对于专业写作这个颇具技术含量的专业活儿，若是"写"的天分先天不足，后天可以弥补多少呢？对此我想谈点儿自己的体会。

我一直不擅长绘画，认为那是富有天分的人所从事的专业性活动，因此总感觉心有障碍，也从未想过尝试。后来才知道，只要通过专业训练，再加上一定的熟练度和自己的理解、观察、感悟，我也可以完成自己的作品。我不必追求惟妙惟肖的完美，但是至少可以用画笔与周围的世界互动。天分需要"中大奖"般的偶然，但是技能却可以是通过努力训练、熟能生巧之后达至的必然。一件事情，如果你愿意做、想做好，就可以做到足够好。

文字书写看起来单调甚至有些枯燥，但也是一件极为丰富有趣的事情。除了工作的必须，如果你愿意尝试，它可以带你领略一个更为丰盈的内在世界。正如朱永新教授所说，专业阅读是站在大师肩膀上前行，而专业写作是站在自己肩膀上攀升。因此，我在跟一些校长朋友们交流时，也总是鼓励他们在琐碎繁杂的工作之余，给自己留一些静心读书写作的空间，不必刻意追求某种结果，也不必以作家的妙笔如花为比对，坚持阅读、观察、思考，书写自己的教育史，生命就会在文字中开出别样的花朵。

感恩生命中的扶持与陪伴。

这几年我陆续在各地分享一些关于专业写作的理解与思考，也不断总结提升原有的实践经验，有不少校长朋友多番催促，鼓励我一定要写一本专业写作的书，只是我一直心有敬畏，迟迟不敢动笔。好友颜莹新近出版的《教育写作》一书给了我许多启发，也促动我真正开始动笔写作，将之前零星的思考与点滴的积累进行汇总整理。但是写这本书的过程中，我也遇到了不少难题，因为本书内容已经超越了我日常工作的范围，校长们的一些应用性写作并非我所擅长，因而只能边研究边写作，但是越写越发现自己的不足。仓促之间，书稿内容难免有缺漏和不足之处，还望读者们能多提批评建议，以期进一步完善。

在报社与杂志社工作的这些年来，我得以有机缘结识许多学识渊博、底蕴厚重的专家学者和一批坚守教育理想、教育情怀的中小学校长，感谢他们一直以来所给予我的支持和帮助。在此次写作过程中，更有诸多校长朋友为我提供了相关研究素材，将他们的真实文本毫无保留地呈现给我，在此一并致以我诚挚的谢意。

感谢柳斌老师为本书题写寄语，顾明远先生、李烈校长拨冗为我的书稿作序。我曾几次采访柳斌老师，得其指导，并感受其教育家情怀与师者风范。虽然多次聆听顾老报告、阅其文集，也有过数次现场交流，并得以同框合照，但未曾想能得顾老亲自写序指导，鼓励提点，让"原想收获一缕春风"的我，却收获整个春天的温暖。认识李烈校长十余年来，她一直是我喜欢、欣赏的女性榜样，是我所热爱、敬重的校长朋友，也是情深意重的姐姐和亲人。虽然各自忙碌，见面寥寥，但每一次相见时她毫不掩饰地肯定与鼓励，也是我一直以来努力前行的莫大动力。

在《中小学管理》杂志社工作的十年里，在社长柴纯青、前任主编沙培宁、现任主编孙金鑫的鼓励与帮助之下，我得以不断地发现自己、超越自己，感谢他们这一路坚定而无私的扶持和陪伴。编辑部的同事们是我可爱的工作伙伴，因为有他们，令许多屏幕前"耕耘"的单调日子变得趣味盎然。

父母的理解、包容与支持永远是我最温暖的港湾和最坚实的支撑。感谢我的家人们，在我专注写作的这段日子，疏于对他们的陪伴和照顾，但是他们却给予我源源不断的能量和继续前行的动力。

时逢春暖花开，愿世间美好，与我们环环相扣。

以此为记。

谢凡

于 2021 年 3 月

参考文献

[1] 张肇丰. 从实践到文本：中小学教师科研写作方法导论[M]. 上海：华东师范大学出版社，2011.

[2] Spenser. 写作是最好的自我投资[M]. 北京：中信出版社，2018.

[3] 粥左罗. 学会写作：自我进阶的高效方法[M]. 北京：人民邮电出版社，2019.

[4] 熊浩. 论文写作指南[M]. 上海：复旦大学出版社，2019.

[5] 芭芭拉·明托. 金字塔原理：思考、表达和解决问题的逻辑[M]. 汪洱，高愉，译. 海口：南海出版社，2013.

[6] 周新年. 科学研究方法与学术论文写作[M]. 2版. 北京：科学出版社，2019.

[7] 李冲锋. 教师如何做课题[M]. 上海：华东师范大学出版社，2013.

[8] 柳夕浪. 教学成果这样培育[M]. 北京：教育科学出版社，2019.

[9] 楚江亭. 校长如何规划学校发展[M]. 北京：北京师范大学出版社，2016.

[10] 刘维良，王淑娟. 校长成长之路：从教育叙事看校长的胜任特征[M]. 上海：华东师范大学出版社，2018.

[11] 刘祥. 改变，从写作开始[M]. 上海：华东师范大学出版社，2019.

[12] 孙金鑫. 信达雅：专业表达的理解境界[J]. 中小学管理，2019(06)：5—9.

[13] 崔建军. 论文文献综述的地位、写作原则与写作方法——以经济学专业论文写作为例[J]. 唐都学刊，2014(05)：117—121.

[14] 罗月领，韩振. 大数据时代应用文写作中数据的应用——以公共政策评估报告写作为例[J]. 新闻与写作，2013(11)：69—71.

[15] 刘伟. 浅谈述职报告的写作[J]. 应用写作，2015(05)：11—13.

[16] 艾英，陈海秀. 如何提高述职报告的写作质量[J]. 长沙铁道学院学报(社会科学版)，2011，12(01)：99—101.

［17］张松祥．当下大学校长开学典礼讲话稿的特质与启示［J］．应用写作，2017（12）：27－30．

［18］娄延果．校长讲话稿的撰写与价值追求［J］．河北教育（综合版），2020（09）：16－17．

［19］王方全．中小学科研课题结题报告写作诊疗［J］．教书育人，2016（20）：51－52．

［20］李洵．教师撰写研究报告的常见问题［J］．上海教育科研，2011（03）：47－48．

［21］丁钢．教育经验的理论方式［J］．教育研究，2003，24（02）：22－27．

［22］周俊．学校管理案例分析的技术与策略［J］．中小学管理，2006（11）：25－27．

［23］雷思明．教育人应知应懂的著作权常识——从南方某小学"名师"抄袭事件说起［J］．中小学管理，2020（5）：33－35．

［24］朱显荣．试析抄袭的认定标准［J］．河南司法警官职业学院学报，2005（02）：68－71．

［25］基础教育国家级优秀教学成果资源服务平台．《中华优秀传统文化·博悟课程》开发与实践［EB/OL］．（2020-06-06）［2021-02-14］.http：//s.enaea.edu.cn/h/gjjzyfwpt/cgzsfj/zhyxctwh/cgbg/2020-06-06/10837.html.

［26］基础教育国家级优秀教学成果资源服务平台．事实和证据视野中的课堂教学诊断［EB/OL］．（2020-05-21）［2021-02-14］．http：//s.enaea.edu.cn/h/gjjzyfwpt/cgzsfj/sshzjsy/cgbg/2020-05-21/7333.html.

［27］教育部．高等学校预防与处理学术不端行为办法［EB/OL］．（2016-07-18）［2021-03-01］.http：//www.moe.gov.cn/srcsite/A02/s5911/moe_621/201607/t20160718_272156.html.

附录 1：关于专业表达

责任与情怀

2015 年 12 月 31 日，2015 的最后一天，微信朋友圈被各种的联欢和祝福刷屏，编辑部的灯光却一直亮到深夜。当最后一遍仔细核对完本刊微信公众号上的新年祝福文字和图片，我们才得以将自己汇入这个大都市的车流人海。

这一年的 365 个日夜，就这样被画上句号。

这一年，我将穿行的脚步，定格在全国各地 40 余所中小学校园里。

我被许许多多的校长和老师所打动。在北京一师附小，我看到"快乐教育"在一所学校 30 年的坚守；在深圳南山后海小学，我看到"云管理"背后凝聚着一位校长的担当；在安徽合肥金葡萄小学，我看到一所农村学校如何将"精细化管理"做到极致；在贵州贵阳白云路一小，我看到"儿童化视角"在校园、在教室随时随处的彰显……

这一年，我将研究的目光，聚焦在每一次专业会议的聆听与研讨中。

我在各种各样的"圈子"里触摸教育的脉搏。陶西平、史宁中、张绪培、董奇、褚宏启……专家圈里那些精彩的解读，总会让我们看到未来的方向，坚定前行的信心；李烈、卓立、李先启、刘永胜、吴国通、刘长铭、李希贵、程红兵……校长圈里那些闪亮的名字，总能让我们感知行动的力量，发现真善美的光芒。

我常常想，与其他媒体的编辑相比，何以杂志编辑能与作者乃至读者之间有着更为紧密的联系、更深刻的互动，甚至更执着的牵绊？当我经过十年的沉磨，经历了从报纸到杂志的转型之后，我对"编辑"这个名称有了更深刻的体悟和理解。

　　在新闻学教科书中，有很多关于编辑基本素质与修养的界定与阐释。抛开那些纯技术性的表述，我觉得，作为一个教育期刊的编辑，还应该有一些看不到、摸不着，但却必须坚守的"核心素养"。

　　其一，一份理想情怀。教育编辑不仅要拥有一份"媒体人"的新闻情怀，更要坚持一份"教育人"的教育情怀。因为常怀"铁肩担道义，妙手著文章"的豪情，我们对手中的笔满怀敬畏，我们不姑息丑恶，我们更愿意发现美好，以"崇善尚美"的心怀记录教育发展的脚步；我们不跟风炒作，我们更愿意怀着理性与建设性，深度挖掘事实背后的真相，让文字更加有温度，让情感更加有力度。因为常怀"深信教育是国家万年根本大计"（陶行知）的信仰，我们在每一个版面上精耕细作，希望透过我们的观察，传递给更多教育人追梦的动力和勇气；我们在每一个现场全情参与，希望看到更多的教育人，将教育实践的路走得更加铿锵和稳健。

　　其二，一份责任担当。有校长曾经告诉我，每每写完一篇文字，总希望我能帮忙把关，哪怕我只是看一眼，这样他的心里才会更踏实。这样的信任总是让我倍添使命感与责任感。我知道，他是出于对我的专业的认同，以及对这份杂志品质的信赖。如是，我们也必须更加认真地对待每一篇稿件，直至每一个标题、每一个字句、每一个标点。是的，我们经常因为一篇稿件在精心编辑之后呈现的"眉清目秀"而欣喜，因为一篇文字中深入的研究与表达而兴奋，因为发现一篇好稿件、一个好作者而喜悦。但是，与此同时，我们必须面对的是日复一日的常规工作，必须付出足够的耐力与韧性，与每一个文字和标点"锱铢计较"；我们必须耐得住寂寞，坐得了冷板凳，熬得了电脑前同一姿势下的日日夜夜，并且要始终保持乐于"为他人作嫁衣裳"的胸怀……对于同一篇稿件，编辑的标准和要求不同，结果也会不同。这种源自内心而又超越书本的标准和要求，体现着一份期刊对品质持之以恒的追求，其背后必定凝聚着编者一份矢志不渝的责任与担当。

　　其三，一份爱与坚守。我一直觉得，记者或者编辑可以成为一生求索的事业，但却未必能够成为许多人心目中舒心谋生的职业。在"无冕之王"的光环下，很多人看到的是他们出现在各种现场、与各种人物无障碍沟通的"风采"，却无法身临其境体会其生活与工作完全界限不分的生命状态——没有上班下班的概念，没有家与工作单位的区分，没有昼与夜的界限；也无法真实感受一篇篇文字背后的无数个日夜晨昏——没有人说得清每一篇文章的出炉，背后到底凝结着多少次的调整修改、沟通磨合，保存有多少版本的"带修订""去修订"，经历过多少遍纠结与折磨……倘或没有一份热爱在其中，哪里能够有无怨无悔、痛并快乐的坚守？

心若在，梦就在——谨以此文，送给所有拥有梦想和情怀的"老编"，以及即将或者想要走上这条鲜花与荆棘同在的幸福之路的后来者，也送给一如既往地关心和支持我们、愿意品读我们的亲爱的读者。

（刊登于 2016 年第 2 期《中小学管理》）

专业表达的力量

今年的"520"我是在广西柳州度过的。那天上午，我与柳州弯塘路小学的老师们分享"专业表达"的话题时，用两个生活中的案例告诉他们：不一样的表达会带来不一样的结果。姑且不论"520"从什么时候开始变成了一个表情达意的"节日"，不可否认的是，美好的表达的确会让我们更加感觉到生活的美好。那么，对一个教育者而言，专业表达意味着什么？

汉语词条对于"表达"一词的解释极为简洁：表示（思想、感情）。所谓专业表达，就是以专业的方式阐述思想、反映事实、传播经验。演说家用语言表达，作家用文字表达，音乐家用音符表达；诗歌是一种表达，绘画是一种表达，数学公式定理亦是一种表达……表达是我们与世界、与社会沟通的方式，只要能够精准、得体地传情达意，即为一种好的表达。

于校长和教师而言，对于教育专业的专业表达，是对个体或学校成长发展历程进行深度思考、沉淀和提升的过程。教育实践需要我们低下头扎扎实实地行走，亦需要我们抬起头仰望星空去思考。如何告别日复一日的工作重复，在深度反思中解决实践问题，总结教育教学规律，让每天的经历上升为经验？如何走出职业倦怠，突破发展瓶颈，让每一天的自己在专业发展之路上都有所不同？苏霍姆林斯基曾经说过："如果你想让教师的劳动能够给教师一些乐趣，使天天上课不致变成一种单调乏味的义务，那你就应当引导每一位教师走上从事一些研究的这条幸福的道路上来。"因此，引导教师在研究中不断生成、凝练与表达实践智慧，是其专业发展的本质要求。

那么，何谓好的表达？如何才能实现专业表达？

首先，表达方式的选择要恰切适当。文字表达有其独特的力量。有人不善言谈，但胸中有千山万水，句读之间即可跨越山河，将相见之喜、离别之苦、未酬之志、将偿之愿挥洒在笔墨之间。见文如见人，这样的表达常常会直击心灵。表达方式不必强求千篇一律，以自己最擅长的方式呈现最独特的思想，就是最好的表达。数据分析、叙事研究、案例解读、随笔絮语、现场再现……很多时候，能够恰如其分地扬长避短，也是一种人生智慧。

其次，好的表达要言之有物。无论因何表达，意欲表达什么主题什么内容，其中必定要见人、见事、见理，或三者兼具，或具其二者。表达不是空洞的观点阐述，不是不痛不痒的泛泛而论，这样的表达不过是徒费一番笔墨，浪费的是自己和他人的时间。每天面对的学生、课堂，每天要教授的学科；学校发展的规划与蓝图，课程建设的行走与探索，学校管理的细节与困扰……从问题出发，从特色出发，从经验出发，从反思出发，我们所面对的学习、工作和生活，就是表达的起点和选择。

再次，好的表达要有真情实感。爱憎喜乐、忧痛惧扰，那些触动心弦的节点，往往也是促动一个人成长的关键所在。我相信，那些能够打动自己的萦绕真善美的情节，必定也会深深打动他人。多年前，我曾写过一篇叫作《快乐的真谛》的小文，讲述自己作为记者的快乐，在于发现并真实记录那些让自己感动的人与事，借此启迪更多的人，让更多的人从中看到人性的光芒，汲取向上向善的力量。我一直认为，没有真情实感的文字，往往也无法给予读者感同身受的体验。

最后，好的表达要形神兼备、文采飞扬。一篇好文章应该内外兼修，兼具真实的内在美与精致的外在美，也就是从核心思想、段落结构，到字词文法、标题排列，既要呈现主题之新意、思想之独特，亦能不失逻辑之清晰、语言之韵律。我们追求真实、朴实、自然之文风，故作高深、东施效颦类文字体现的不是"雾里看花"的朦胧美，反倒会真正苦了编者和读者。

当下，有校长和教师为评职称而写，也有人为工作总结、经验汇报、应对检查评比而写，任务性的表达多少带有"工具"的成分，少了些"你情我愿"，因而"不愿写""不会写""没的写"成了典型话语。有很多人说，我又不当作家，不必妙笔生花；还有人说，教师和校长当以教育教学实践为核心，其他都属"副业"。"书写"果真无用？好在我们身边并不缺少"坚持书写"的先例。魏书生、李希贵、李镇西、程红兵、窦桂梅、王崧舟等一线校长和教师们，几十年如一日地坚持书写，他们的"记录"不仅化作其教育教学工作螺旋式上升的阶梯，而且实实在在地影响和帮助了更多教育同行，实现了经验的辐射与价值的提升。

那么，如何成就更好的表达？无他，做教育生活的有心人，善观察、常积累、勤思考、多动笔，足矣。

（刊登于 2017 年第 7 期《中小学管理》）

走向理实相融的专业写作

编辑工作实在是个脑力与体力"并驾齐驱"的苦差事。虽然十多年的报纸和期刊编辑经历与经验，已经让我在文字之间游刃有余，但是倘或问及从事编辑工作的体会，我依然会给出这样一句评价。作为一位资深编辑，我每天要处理回复不同作者、读者的稿件咨询，每月要完成各种类型稿件的加工再造，看起来日复一日、年复一年地在电脑前码字，绝大多数时候却都是"为他人作嫁衣裳"。因此在很多行外人看来，编辑工作的技术含量好像也不那么高，这样机械重复的工作有一天是不是将要被 AI 取代，似乎也未可知。

编辑工作又实在是件脑力与体力"交相辉映"的有趣的事儿。尤其是对于一本追求"以专业成就专业"的专业期刊而言，编辑绝非依靠简单的重复、机械的加工就可以胜任工作岗位。期刊上每一篇优质稿件的出炉，都是编辑功力的真实写照与深度检验。约稿的过程，往往也是基于自身的知识底蕴、政策水平、实践认识和业务能力，指导作者写出符合期刊定位的优质稿件的过程。改稿的过程，不仅仅是梳理文字、调整结构，确保文从句顺、言辞规范；更要能够从纷繁多姿的实践中发掘亮点、提炼意义，让理论真正落地于实践，让实践充分彰显理论光泽。

因此，专业期刊的编辑既要了解教育管理理论，具备学术对话能力；又要读懂教育管理实践，具备实践共情能力，进而架设理论与实践的桥梁，让理论更贴近实践，让实践能对接理论，真正做到理实相融。笔者以为，"理实相融"既是对编辑工作的基本要求，也可以作为中小学校长和教师进行专业写作时的标准参照。

那么，如何完成一篇既呈现新知又关照实践的优质论文呢？以下几个路径可以作为写作时的参考。

其一，优化思维，找准关键问题。为了避免面面俱到的工作总结式和浅尝辄止的泛泛议论式文章，作者就要善于找准问题切入点，深入挖掘实践闪光点。以下两种思维方式值得尝试。一是求"新"思维。一方面要关注新现象、新问题；另一方面要以变化的思维、发展的眼光去观察教育实践，在新旧冲突处、矛盾交汇处，寻找最有价值的问题。二是求"异"思维。要善于"找不同"，于寻常中发现变化，于惯性中探求差异，那些突破常规的变化点、差异点，往往就是值得探究的问题生发点。

其二，层层追问，厘清基本事实。为了避免蜻蜓点水式的经验罗列，让写作素材更加厚实、丰满，"剥洋葱式"追问是一种好方法，它有助于作者深入探寻现象背后的原因，发掘基于经验的深层思考、核心智慧。围绕主题，作者不妨展开如下四层追问：一问"为什么"，探究初衷，呈现特定背景下的矛盾冲突；二问"是什么"，梳理过程，呈现实践路径中的具体要素；三问"怎么做"，总结规律，呈现破解问题的关键方法；四问"怎么样"，形成思考与评价，呈现基于成效的启示感悟。

其三，抽象概括，提炼普遍意义。为了避免有事无理的琐碎表达，让经验反映普遍规律，实现意义升华，作者要善于运用抽象概括的方法，将散点式堆砌的事实或案例进行结构化处理，走向系统化表达。首先，对基本材料进行归类整理，让素材"为我所用"。加工素材的过程，也是进一步厘清主题的过程。其次，寻找同类素材的"关联点"或者"共同点"，描述逻辑关系。这是归类事实或案例的根本原因，体现着写作意图，也规划了阅读思路。最后，归纳"关系"或者"共性"背后隐含的意义，呈现真实思想蕴含的价值和本质。

其四，主题阅读，拓宽输入通道。进行意义提炼和价值提升，需要透过现象看到本质。对实践的深刻洞察，既考验着一个人的专业知识储备，也检验着底蕴与见识、视野与格局，这些都非一朝一夕能够达到。因此，优质的输出，一定需要厚重的输入作为积淀与铺垫。《如何阅读一本书》中介绍过一种主题式阅读方法。具体到写作中，基于问题研究的需求选择适合的理论书籍，持续优化自己的"知识链"，有

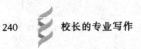

助于在理实转换中进行系统思考，在输出需求中走向理实相生。

由此回看编辑工作，它更是一件促进理实相融的有价值、有意义的事情。曾经我的职业成就感，来源于自己的文字一行行、一篇篇变成铅字。如今我最大的成就感，则是将一篇篇参差不齐的文字修整得眉清目秀，在深挖精耕中促进价值互联、智慧共生，让学术研究对接真实问题，使教育教学改进有据可依；让实践经验走向系统表达，使更多教育人透过鲜活的实践，感受教育智慧，收获意义启迪。

编辑工作的意义和价值正在于此。所以，在这样一个快捷传播的时代，向依然以研究的姿态躬耕于字里行间、为文字"斤斤计较"的老编们致敬！

（刊登于 2020 年第 11 期《中小学管理》）

附录 2：关于专业成长

"遇见"未来教师

"未来呼啸而来，别做一个装睡的人"——2017 年伊始，一本号称"会颠覆你的思考方式"的新书，让很多人经历了与众不同的"烧脑体验"。当我们面对时光之柱，为扑面而来的"人工智能""机器学习""深度学习""数据挖掘"等诸多新技术词汇眼花缭乱时，《人类简史》的作者尤瓦尔·赫拉利在新作《未来简史》中，为我们提供了一种"遇见未来"的新视角。

面对一个被重新定义的未来世界，被时代裹挟着前行的每一个人都不得不思考"我在哪里"，我们的教育、我们的学校也需要"未雨绸缪"。因为我们的孩子将要生活在那个不可知的未来，他们所要面对的"明天的明天"绝非我们所能想象。我们该如何面向未来的教育，为孩子呈现打开未来的方式？我想，只有教师"心系未来"，才能真正走向"为未来而教"。

"未来教师"要葆有悲悯心与仁爱心。在这个"万物互联"的时代，我们不仅要专注自己、关照他人，更要拥有对人类、对自然、对世界的深切的关爱。只有那些内心丰盈、以真情与热爱拥抱世界和生活的教师，才能真正点亮学生的生命，并在学生心中播下"仁爱"的种子，使他们能够从容面对一个充满挑战与不安的未来世界。素有"诺贝尔教学奖"之称的全球教师奖评选就与未来教育之主旨——"包容性"和"公平度"紧密相关。2017 年，我国云南昆明师范专科学校附属中学的杨博雅老师借由"在留守儿童心理健康方面做出的努力"入围前十。在北极偏远村庄任教的加拿大女教师玛吉·麦克唐奈最终摘得该奖项，因为她"用富有创意的教学项目使当地青少年的精神面貌大为改观"。"他们用心呵护每个让世界变得更美好的梦想""他们是未来的雕刻师"——我想，这也正是对"未来教师"最生动的勾勒。

"未来教师"要胸怀大视野与大格局。学生对一门学科的热爱，很多时候缘于教师为这门学科赋予了深深的个人印记，其中包含教师的学识底蕴、精神追求、理想情怀、责任担当等。因此，教师自身就是一门最好的课程。只有教师"心怀天下"，才能引领学生直面瞬息万变的世界，应对走向未来的挑战。深圳"年度教师"孙立春老师就是这样一位"摆渡人"。她将"时代前沿"与"国际视野"融汇于当下教学，带领学生走进"无边界"的创新课堂，共同探索未知的世界。这样的教师，不仅仅是引领学生解决现实问题，更是与他们一起构建未来。

"未来教师"要拥有智慧力和学习力。托马斯·弗里德曼在《世界是平的：21世纪简史》一书中提醒我们，在全球化3.0时代，要在这个"平坦的世界"更好地生活，首先需要培养"学习如何学习"的能力。日本教育家佐藤学也曾提出，在未来学校，教师最重要的任务是成为学习行为的设计者。这就要求21世纪的教师必须成为"学习的专家"，要做一个智慧的授"渔"者。他们要善用资源，善研善学，为学生构筑智慧学习的通道，与学生一起经历项目学习、STEAM学习等创新性学习方式，让学生在深度学习的体验中拔节生长，积蓄能量。

"未来教师"要坚持独立性与思想性。如何让我们的孩子在奔向未来的旅途中坚持梦想、勇于担当，拥有"改进改变"的力量？这就需要我们的教师拥有开阔的视域，以自主之精神、独立之思考、理性之判断、科学之追索，让教育行为改进的"一小步"转化为引领学生成长的"一大步"。上海特级教师于漪老师"教在今天，想到明天""身上要有时代的年轮"等体现时代感的教育思想，彰显了一位教育家型教师独有的风格与情怀。东北师范大学附属中学、江苏苏州实验小学等学校提出培养"学术型教师"的目标，也正是希望新时代的教师能够有独立的教育思想和独特的教学主张。

在刚刚走过的2017年5月21日，以"交叉、融合、相生、共赢"为主题的全球人工智能技术大会在北京召开。面对"未来信号"的不断释放，教师不仅要为孩子"预见"未来的模样，更要为其备好"迎接"未来的行囊，这也是这个时代对"未来教师"的期待。

（刊登于2017年第6期《中小学管理》）

我心目中的"好校长"

每个时代都有"好校长"的标准，每个人心中都有一个"好校长"的模样。在今天这个人工智能扑面而来、"未来"迫在眼前、学校教育面临诸多挑战的新时代，"好校长"又该"长"成什么样？

这些年里，笔者曾经走进几百所中小学校，结识了几百位中小学校长，从他们身上感受到许多鲜明的优秀校长的特质。我也曾选取全国 30 个省（市、自治区）的 36 位优秀中小学校长进行深度访谈，发现他们眼中的"好校长"的特质，与我的感受大致相同。这些特质包括仁爱、情怀、思想、智慧、博学、创新、激情、民主、包容、担当、勇气、格局、坚守、学习、反思……

那么在这么多优秀品质中，哪些品质更加"核心"和"必备"？哪些是好校长特有的素养？笔者以为，以下几点应是"核心"中的核心，"必备"中的必备。

"好校长"胸中有大爱。

这意味着好校长首先要有一颗"温暖的心"，有发自内心的对孩子、对教师、对教育的热爱。

大爱发乎于心，外显于行。心间有爱，则目中有人，由此会真正尊重、宽容、成全每个生命。在一次展示课上，作为评委的北京第二实验小学原校长李烈，很自然地将一张纸巾递给坐在她近旁流鼻涕的小男生——当几乎所有人都在关注这个孩子回答的问题是不是准确时，她关注的是孩子的生命状态。因此，"以爱育爱"不仅仅是一种教育理念，更是为人师者的每一次举手投足。

大爱生发教育情怀，孕育专业情意。因为有爱，校长会始终坚持儿童立场，坚守为了每一个孩子发展的教育价值观。为农家孩子打好生命底色，是宁夏平罗县第四中学校长孙文中的大爱。将学校建设成柔软的富有人文气息的文化场，让孩子们与小羊一起撒欢儿，伴野鸭一起自由生长，是江苏省天一中学校长沈茂德的大爱。

"好校长"脑中有智慧。

他们往往具有化腐朽为神奇的特殊"功力"。

有智慧的校长能够运筹帷幄。他们能够游刃有余地化解办学中的"疑难杂症"，为学校设计因地制宜的发展蓝图。以"拾级而上，阶梯发展"的精准策略，让曾经衰败的学校破茧成蝶、不断登高，是上海浦东新区龚路中心小学校长蔡忠铭的智慧。让生活在钢筋水泥间的城市孩子在真实的"开心菜园"里探究实践，饱含着南昌大学附属小学校长余卫的智慧。

有智慧的校长善于创新。他们能够将平凡的事情做得不同凡响。"给孩子以建设的权力"，让每一个乡村孩子都自信从容，是浙江衢州柯城区万田乡中心学校余鹏校长的智慧。将一所地处偏远、硬件"贫瘠"的农村中学"培植"成一个整洁有序的花园式学校，蕴含着贵州贵阳息烽县黑神庙中学李德贵校长的创意。

"好校长"心中有定力。

他们能够抵得住压力、耐得住寂寞、挡得住诱惑，真正做到"静心办学"。

定力源于对教育理想的执着追求。好校长能够坚守自己的精神家园，做师生筑梦、追梦、圆梦的领航者。以中华优秀传统文化滋养澳门师生生命、涵育澳人家国情怀，是澳门教业中学贺诚校长的文化坚守。让学生更好地"自育自学"，是刚刚离世的著名教育家何炳章先生在担任安徽省合肥实验学校校长期间及其几十年教育生涯中不懈坚持的理想教育。

定力表现在对文化血脉的尊重和坚守。校长对待学校历史文化的态度，决定着一所学校面向未来的"生长性"。让历史根脉踏上时代的节拍，以思想体系的丰富完善推动学校可持续发展，是周群校长为云南师范大学附属小学所做的抉择。三十余年不忘初心的守正创新和"快乐教育"的发扬光大，是张忠萍校长为北京第一师范学校附属小学 60 岁生日提交的完美答卷。

"好校长"行动中有"时代感"。

这意味着校长要有很强的前瞻意识和对时势的敏锐判断。

时代感意味着新视野、新思维、大格局。校长的视野和格局决定着学校发展的高度和"跨度"。刚刚成立五年的北京中学，虽然没有"××教育"的特色宣介，但是学校"共商共治"的民主机制、基于不同学习方式的"走班制"、让学生身体和心灵在大地上行走的"阅历课程"等，却让我们看到了夏青峰校长的办学格局。

时代感意味着与未来同行共进。在"云来云往"的大数据时代，校长应以新技术"点燃"学校和师生发展的引擎。广东深圳南山区文理实验学校吴希福校长坚持在

"云端"谋划教学、教研、管理等事务，呈现了一位"现代校长"的新形象及其在信息时代进行结构化思考、系统化运作的管理智慧。

"好校长"是一个个生动而真实的生命个体。他们身上散发着人性光芒，彰显着人格魅力，凝聚着向善向上的力量。那么，如何才能成为一个"好校长"？做真人、有真爱、用真心，也许是最朴素的路径。多一些好校长，不仅是师生之幸、学校之幸，更是国家、民族和未来之幸。

（刊登于 2018 年第 3 期《中小学管理》）

校长要葆有什么样的"未来观"

定义未来最好的方式是创造未来。面对"乌卡时代"的模糊未知、人工智能的"开疆拓土"，关于未来教育和未来学校的蓝图勾勒，变得更加具体而紧迫。未来学校不仅仅是一幅畅想的画卷，更是每一份当下的努力创造，是今天每一步坚定不移地行走在明天的铿锵回响。

我们将遇见什么样的未来学校？是更加智能化、个性化、开放化，更加真实化、生活化、人本化，还是更加模糊化、流动化、工具化？美国心理学家丹尼尔·吉尔伯特说，人类是唯一会思考未来的动物。如何将未来学校的美好场景转化为现实行动，是每个身处当下的教育人需要直面的必答考卷，更是作为学校管理者的校长必须承担的责任与使命。今天的学校教育要想更好地面向未来，首先需要校长拥有清晰的未来观。

所谓"未来观"，就是人们对未来的基本看法和观点。校长要葆有未来观，就是校长要有关于未来学校的观点，并且能够用未来的眼光解决当下的问题；能够从未来着眼，以对未来的预见把握机遇、直面挑战，规划当下的行动，谋划未来的发展。那么，校长应该秉持什么样的未来观呢？笔者尝试从以下视角提供一些思考。

其一，着眼于可持续发展的价值观。校长对未来的认知，决定着学校的未来，而决定校长视野和格局的，则是深植于内心的价值观。学校教育是为学生一时应考做准备，还是为其一生发展奠基赋能？是培养精致的利己主义者，还是致力于成就

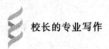

让世界更美好的人？是计较当下的奖牌荣誉，还是谋划学校10年、20年甚至50年的发展？当校长拥有可持续发展的价值遵循，才能放大格局、放远眼光，坚定信念、科学预判，以前瞻视野谋划长期方略，既关照生命差异，也心系家国天下、人类未来。

其二，着眼于自我更新与认知迭代的学习观。如何与未知和变化共处，是时代抛给每个人的问卷。德国教育家第斯多惠在《德国教师培养指南》中曾说，凡是不能自我发展、自我培养和自我完善的人，同样也不能发展、培养和教育别人。学习者掌握未来。面对不确定性增多的领导挑战，校长要拥有深度学习的能力，自觉更新理念系统，持续建构专业知识，快速精进现代技能，成为一个更有智慧、更具创造力的领导者，以更好地与世界和未来对话。

其三，着眼于连接与共生的合作观。伴随社会发展和技术革新，边界的打破和重塑、衍生和迭代成为常态。未来学校的边界在哪里？就在校长关于未来的战略谋划里。面对变幻莫测的未来时空、错综复杂的机遇挑战，校长需要秉承开放共享的理念，打破圈层壁垒，连接更加广阔的资源，融合更加多元的场域，构建和谐共生的生态系统，从而使学校的边界从相对固定的物理空间延伸至数字空间、拓展到社会空间，甚至可以在时间轴和空间轴上纵横驰骋，生长无限可能。

其四，着眼于变革与创新的行动观。未来学校始于今天的坚实筑造。面向未来的学校变革不是推倒重来，而是秉持教育初心的路线擘画、实践基础上的创新完善。校长既要有"守正"的定力，也要有"出新"的思维、变革的勇气，如此方能重构学习方式、重建治理体系、重塑教育生态，在不断地创造与修正中，让未来学校的图景蝶变成惠及所有师生的美好现实。

那么，校长如何基于这样的未来观提升自身领导力，实现角色重构？

其一，葆有成长型思维。这个时代更需要志存高远、勇于逐梦、不惧挑战、坚韧不屈的领导者。他们勇于走出"舒适区"，敢于突破认知"黑箱"、挣脱思维桎梏、不断拓展边界；他们乐于接受挑战，敏于应对变化、纾解困境、专注未来、积极创造；他们具有持久性，拥有抗压力，能够在奔向未来的征途中锲而不舍、披荆斩棘。思维决定行动。身处变革时代，校长需要修炼这样的"成长型思维"，走向终身成长。

其二，葆有同理心与共情力。同理心是一种"以人为本的技能"，共情力是一种人工智能无法取代的能力，它们让未来教育充满暖意。斯坦福大学第 10 任校长约翰·汉尼斯在《要领》一书中强调，"那些致力于在世界上创造积极变化的领导者，能够将这种深切的同理心视为他们行动的驱动力"。那些数据无法包办代替、算法无法精确估量的情感与互动，那些嵌入人性本质和人文关怀的目标设定、行动决策，源自对个体的深切共情，体现着对生命的深刻关照。

其三，葆有使命感与愿景力。强烈的使命感和强大的愿景力是个体与组织发展进步的驱动力。校长要以创造未来的使命感，将高瞻远瞩的愿景规划，转化成清晰可见的行动路径和应对挑战的操作指南，连接起每个团队成员的梦想，让每个个体都能在行动中体会到意义感，在追梦的旅程中蓬勃生长。只有将对未来的描绘，倾注到每一天的教育生活之中，才会有我们所期待的面向未来的理想教育与理想学校。

"征程未有穷期"，用心做好每一个当下，必能创造更好的未来。

（刊登于 2021 年第 1 期《中小学管理》）